U0909022

富國策

任凌云 著

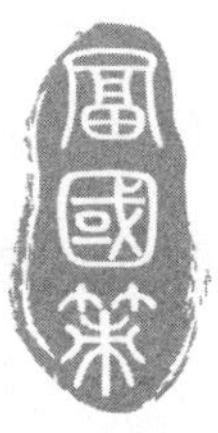

融合西方经济学和政治经济学的探索

面对中国经济发展困境的系统思考

经济日报出版社

图书在版编目（CIP）数据

富国策 / 任凌云著．—北京：经济日报出版社，2016.8

ISBN 978 -7 -80257 -985 -9

Ⅰ．①富…　Ⅱ．①任…　Ⅲ．①中国经济—研究　Ⅳ．①F12

中国版本图书馆 CIP 数据核字（2016）第 172120 号

富国策

作　　者	任凌云
责任编辑	梁沂滨
出版发行	经济日报出版社
地　　址	北京市西城区白纸坊东街 2 号　（邮政编码：100054）
电　　话	010 -63567683（编辑部）
	010 -63516959　83559665（发行部）
网　　址	www. edpbook. com. cn
E - mail	edpbook@ 126. com
经　　销	全国新华书店
印　　刷	北京天正元印务有限公司
开　　本	710 ×1000 毫米　1/16
印　　张	16
字　　数	270 千字
版　　次	2017 年 1 月第一版
印　　次	2017 年 1 月第一次印刷
书　　号	ISBN 978 -7 -80257 -985 -9
定　　价	48. 00 元

序　言

总序　富国策：思想者的华丽转身

贾春宝

欣闻价值中国网上的好朋友，任凌云先生的专著《富国策》即将出版。由于这个自成体系的思想上承亚当·斯密、马克思、凯恩斯，所以足以与国际接轨；同时更由于其立足并结合中国当前经济的实际提出解决方案，故而又带有浓厚的民族情感、民生情结与实用性。

任凌云先生的《富国策》从整个民族利益和民生保障出发，提出了能够实现国家资本、国际资本、民间资本多方共赢的经济学理论和系统政策解决方案。

任凌云先生是本人比较敬重的具有独立思考意识的人，当他邀请本人为其专著《富国策》写序言的时候，我却有了诚惶诚恐的感觉。

虽然本人在过去的64个月期间，写了将近1500篇文章，连同各方面的零散感悟，应该也有上千万字的篇幅了，在专心于自身创作的同时，却很少有时间去关注别人，甚至没有精力为自己的思想反刍。同时由于内心固有的完美主义与被认为是狭隘的民族主义情怀，所以在结集出版方面，总是相对滞后。

思考者是痛苦的，思考也是一次次蝉蜕的过程，更是一次次的浴火重生的过程；思考如收割，却没有丰收时的喜悦，而更多的是对期待思想诞生的焦虑与给思想接生之后的喜悦。

但思想落地之后，总是需要有一个被传播的名字与一件合体的衣服的。而思想的价值并不在于其实质上有多么受到追捧，更多的是看有什么样的标签与衣服。

真正能规避外部的喧嚣，安下心来做学问的人，是凤毛麟角。能如任凌云先生这样，系统思考中国当今的政治经济问题，社会民生问题，用理性的笔触整理出来，即使仅仅有星星点点被决策层采用，都是一件值得称道的事情。

虽然未必每个思想都是完善的，不见得每个观点都是经得起所有人的推敲的，每个文字也还可以继续优化，但为了这样的有意义的思考，我们有必要为其鼓掌喝彩。

其实每个人都自己的思想，能将其用文字记录下来并完善出来，让别人都能看得懂，看得愉快，不至于在断章取义之下有丝毫误解，就是一件不容易做到的事情了。从更高层次上讲，能将自身不断创造的新鲜感与深厚的理论支撑相挂钩，将不断地产生新思想形成体系，就更不是容易做到的事情。

任凌云先生通过他的“共赢经济学理论”做到了对中国经济社会的系统梳理，并持续不断地进行思考、完善以及与人沟通。在这一点上，任凌云先生很值得尊敬。

很多时候，我们没有机会决策、没有机会执行，甚至没有机会建言献策。没有机会亲自执行的时候，我们只有退居幕后，把希望寄托于那些被赋予执行权利的人；我们把自己的智慧诉求于文字，希望能给执政者一些借鉴与启发性的意见。

我们需要客观意识到：

中国有太多人在浑浑噩噩地混日子，而缺乏深远的责任感。

我们需要有建设性的思想者，而不是破坏性的愤青；我们需要的是理性的思想者，而不是感性的破坏者。

任凌云先生就是一个理性的思想者，他没有一篇文章对政府部门、官员、政策简单粗暴的批评，他的批评都充满了理性的思考，并且总是会提供科学的可行的政策建议方案。

上序　共赢经济学：中国走向自由与繁荣的基石

高连奎

这是一本对西方经济学和政治经济学研究集大成，并且具有自己独特创新的著作。

《富国策》的理论基础是共赢经济学，共赢经济学是任凌云先生的首创，其共赢主要是指个体和社会的共赢，他认为市场经济只有实现了个体利益和社会利益的一致性才会是社会整体的共赢。而这里面最重要的就是政府和市场关系的界定问题。

市场与政府关系的论争，已经延续了近两百年，但至今没有定论，关键是人们总面临新的课题。现代经济学研究早已表明，违法犯罪、垄断、负外部性、公众性企业（国有或上市企业）所有者缺位是破坏市场机制正常运行的四大毒药。垄断通过破坏竞争机制导致程序不公平，负外部性是让社会承担成本，让少数人受益，所有者缺位是让企业经营者不劳而获鲸吞所有者财产。任凌云在书中指出由于亚当·斯密的理论没有预见到经济活动的负外部性、公众企业治理中的信息不对称、少数人对稀缺自然资源的占有，而无需对其他人支付足够对价造成市场失灵。1929 年经济大危机爆发宣布单纯市场经济理论彻底破产。

任凌云认为政府必须在初次分配领域做好反垄断、管制负外部性和公众性企业（国有或上市企业）所有者缺位等三件事，并当好守夜人，在二次分配领域，将财政资金根据民生和公共需求按平均主义原则分配给受益人才能实现社会的共赢。而这本书也是从这几个方面对政府行为进行探讨的。而且他的探讨已经超越了西方经济学和政治经济学研究的现有成果。

在市场经济中，负外部性是个极其重要的课题，其主要是指某经济主体的经济活动对另一个经济主体或社会所产生的有害影响，也就是“损人利己”的经济现象。凯恩斯主义通过政府财政政策调节社会经济行为外部性的做法——庇古税，是依靠政府这只看得见的手解决外部性问题。新制度主义者则是用产权理论解决了经济行为外部性，然而这两者都面临问题。

任凌云指出庇古税理论的前提是存在所谓的“社会福利函数”，并且能够找到这个函数，就是必须知道引起外部性和受它影响的所有个人的边际成本或收益，拥有与决定帕累托最优资源配置相关的所有信息。而且要求政府是公共利益的天然代表者。社会福利函数确实客观存在，但是这个函数是一个动态的存在，任何人无法完全准确定性这个函数。从法理上讲政府是公共利益的天然代表，但是代表政府执行职责的公务员都有个人的特殊利益，这导致庇古税使用过程中可能出现寻租活动。新制度主义者科斯的理论前提是产权的明确界定，而事实上，像环境资源这样的公共物品产权往往难以界定或者界定成本很高，从而使得自愿协商失去前提。自愿协商是否可行还取决于交易费用的大小，如果交易费用高于社会净收益，那么，自愿协商就失去意义。因此任凌云并没有完全继承这些思想，而是创造性提出了一系列新思想新理论突破他们的缺陷。他的共赢经济学理论也就是要解决这些问题。

任凌云的主张是：既然社会福利函数确实客观存在，任何人又无法确定这个函数，为什么我们不能从整体上把握这个社会福利函数呢？在没有外部性存在的情况下，市场机制就能自动帮助社会实现社会福利最大化，也不需要知道这个社会福利函数的各种系数和函数关系。在有外部性存在时，市场机制不能自动帮助社会实现社会福利最大化，但是也不需要知道整个社会福利函数，只需要消除影响外部性的因数，还是依靠市场机制实现社会福利最大化。从而避免庇古税理论必须找到社会福利函数——包括引起外部性和受它影响的所有个人的边际成本或收益，拥有与决定帕累托最优资源配置相关的所有信息的难题。而采取划归为公共产权的办法，依靠政府这只看得见的手来调控。

任凌云与西方经济学相同的地方是都主张管制外部性，其不同的地方在于，他认为不需要政府代替市场去完成存在外部性行业的作用，只需要政府来消除影响外部性的因素，然后还是依靠市场实现社会福利最大化。另外他还提出了一套创新的政府公务员绩效考核和薪酬制度来促使公务员利益与政府利益保持一致，从而让政府成为社会公众利益真正的代表，以避免管制负外部性过程中可能出现寻租活动。

任凌云在书中还重点探讨了公众企业所有者缺位的问题。任凌云在书中指出现实经济中贱卖国有资产、经营者畸形高薪酬等问题都是由所有者缺位造成的。目前世界500强的企业中，很少有股份超过1%的自然人股东，在企业管理方面搭便车的思想严重，而且政府缺乏严格执行那些管制公众企业弄虚作假法律制度，这就造成了上市公司所有者缺位和内部人控制。在任凌云的共赢经济学中，他将中国公有制国有企业与在欧美国家的公有制上市公司统称为公众性企业，并认为在管制公众性企业所有者缺位时政府应该发挥出一定的作用。他主张政府不应该直接干预企业，但是可以通过公司治理制度设计间接进行干预。这样政府就清楚了自己的职能边界，不做自己不该做的事情，做好自己该做事情就行了。他认为不管是国有企业还是上市公司，都应该受证监会的监督和约束，可以把证监会作为独立董事指定机构。

任凌云是市场主义者，而且是与世界经济学研究接轨的前沿经济学者，他在书中批评了中国某些学者的无知卖弄，针对"市场道德说"，他认为是市场机制本身不是最道德的机制，而只有在最公正的法律规则和道德约束下，市场机制才会引导人民行动达到最道德最优效率的结果，否则就会是最坏的结果。实际上效率与公平从来都是一致，只有最公平的分配方式才是效率最高的，只有效率最高分配方式才是公平的。不以公平为前提的自由市场经济属于丛林法则，弱肉强食，是最没有效率的。

任凌云的共赢经济学还主张每个人应该平均享受各种社会和自然资源的权利。怎么才能体现这种权利呢？就是政府通过征收资源税让多占用资源的人向少占用资源的人支付对价，再以社会保障的方式向每个人发放。当前反映出稀缺性的资源包括房地产、墓地、煤炭、石油、稀土等矿产。由于土地紧缺，导致房地产建筑用地紧缺、墓地紧缺，加上政府管制不当，使得这些行业垄断严重，这些行业价格高居不下。关键是政府要正确发挥资源税的作用，让稀缺资源变为充足资源。

《富国策》还在财税、金融、投资、科学、教育、卫生、水务、交通、城市垃圾、房地产、粮食、收入分配、殡葬、社会保障等方面都提出体制机制改革方案，并且在发展观念、经济增长方式、经济体制、政府职能、干部作风等五个转变提供了路径。其共赢经济学最大的贡献就是在政府该做什么，不该做什么的问题上，进行了清晰的界定，懂了共赢经济学，政府在该做的事情上就不会畏首畏尾，在不该做的事情上也就不会大包大揽。

任凌云将自己这本厚重十足的《富国策》自谦为"无心之作"，但是只要认真的读过这部作品的人都会发现，这是潜心研究之作，并且具备了世界级研究水平。笔者与任凌云先生相交有年，我认为他之所以能创作出这样一部优质著作，首先与他的专业背景有关。任凌云是从公共管理研究转向经济学研究的，并且在不同的求学阶段分别主修这两方面的课程，都积累了深厚的学术功底，再加上他长期在政府系统工作，因此可以从理论和实践两个角度将这两个学科融会贯通，这是他的独特优势。另外任凌云兄，头脑清醒，志存高远，不迷恋仕途，也不贪图物质享受，这也是他能取得如此成就的原因所在。近年他的理论成果日益引起重视，多篇文稿都被中央部门的内参刊物采用，这都是非常值得庆贺的事。

任何现实问题其实都是学术问题，只有首先在学术上实现的突破，现实中的问题才能得到解决，这本书就是从学术的角度解决现实问题的著作。他确实可以使个人与社会实现共赢，因此我大力推荐朋友们阅读。

下序　中国改革策：破解中国经济发展难题的钥匙

高连奎

中国经济社会发展面临诸多疑难杂症，经济发展速度放慢，资源浪费、环境污染、官员腐败问题突出，同时仍有大量民众没有脱贫，在医疗、教育、科技、养老等方面供给满足不了人民群众需要等问题。继续用凯恩斯主义的投资拉动需求的政策又面对经济发展对资源需求和环境污染超过承受能力问题。面临如此困境，《富国策》正好应运而生，为根治经济社会发展中这些疑难杂症提供了系统全面解决方案。下面就《富国策》如何系统性的既根治官员腐败、贫富悬殊、资源浪费、环境污染等疑难杂症又要保障中国经济经济继续高速发展进行分析。

一、医治中国经济社会疑难杂症的方案设计

医治当前中国经济面临经济降速、官员腐败、贫富悬殊、资源浪费、环境污染等疑难杂症的政策措施进行介绍分析。

1. 财政收入制度改革

(1) 增值税制度改革。不分商品和服务种类（包括农产品在内），也不分小规模纳税人和一般纳税人全部实行13%统一税率的增值税。任何企业和个人缴增值税都可以销项税抵进项税，不直接需要缴税的企业或个人，可以把增值税发票直接交给下游企业抵扣。比如：农民向农资公司购买农资时就可以要求农资公司开增值税发票，农民在向农产品收购企业出售农产品时就可以直接把农资公司的增值税发票给农产品收购企业让收购企业直接抵扣税金。

(2) 所得税制度改革。简化个人所得税制，对个税的薪酬起征点可以提高到 1 万元，1 万～10 万元征收 20%，10 万～100 万征收在 30%，100 万元以上征收 50%。

（3）资源税制度改革。每种资源税征收标准就是征收标准能够使这种稀缺自然资源变成充分资源。当前急需提高税率的资源包括煤炭、石油、天然气、稀土、水资源五种，其他矿产资源税视其稀缺程度提高其税率。以后根据经济发展情况和资源稀缺的情况决定。以煤炭、水力、风力、太阳能几种主要发电资源为例说明如何制定税收标准，这四种资源中，只有太阳能是充足资源，开发成本最高，就是要通过资源税使这四种资源发电成本价格基本一致。按照目前科学技术水平，对煤炭资源和水力资源需要按 70% 征收资源税，对风力资源征收 50% 资源税，煤炭以煤炭销售额为计税基数，水力和风力资源为风电水电销售额。而石油就是煤炭制造石油成本确定其资源税标准。根据目前每度电，火电水电成本 0.2 元左右、风电成本 0.5 元左右，太阳能电成本 1 元左右，当前煤炭每吨收 1200 元资源税，石油每吨收 3500 千元资源税，天然气每吨收 1500 元资源税，水电风电征收 50% 资源税，稀土按照价格的 80% 征收资源税，水资源按水资源公司的销售额 50% 征收，水资源费征收 50% 资源税。对进口的煤炭、石油、天然气、各种矿产资源也按同等标准征税，其他非资源类进口商品也根据资源税占 GDP 的比重为资源税率征收相应的进口资源税。资源税作为在分配时全部平均分配给中国每一个公民，是实现社会收入分配公平的重要手段，也是避免经济危机的有效途径，因此，对资源税政策的调整和转移支付力度调整就是政府对经济实行宏观调控最重要的财政政策。

（4）禁止一切生产性税收优惠减免和财政资金补贴政策。对于一切生产性税收优惠减免政策和行为应该被禁止，一切生产性或选择性财政资金补贴政策应该废除。因为任何形式税收优惠减免和财政资金补贴政策除了造成腐败和不公平竞争之外，对于经济发展没有任何正面意义。

（5）非税制度改革。政府非税收入中只保留罚没性收入，行政性管理型收费全部取消，事业服务性收费企业化。

2. 政府机构改革

根据共赢经济学对政府职责范围的界定，政府只需要维护自由平等市场环境，而让市场配置资源。怎么才能维护自由平等市场环境呢？政府只要做好反垄断、打击违法犯罪、监督信息不对称、限制负外部性、通过征收稀缺自然资源的资源税建立普惠制社会保障体系等几件事情，不直接干预市场对资源配置。

政府改革就是把承担反垄断、打击违法犯罪、监督信息不对称、限制负外部性、通过征收稀缺自然资源的资源税建立普惠制社会保障体系等职责的部门都建立起来，把原来政府管理不属于这个范围事情部门都撤销，把人员补充到该承担职责部门中去，把原来计划经济遗留下来的行业主管部门都变成监管部门，把其中配置资源的职能转移出去组成企业，改变行业主管部门既当裁判员，又当运动员的局面。政府机构改革也是唯一正确有效的供给侧改革措施，其他减税、鼓励创新、创业等所谓供给侧改革都是其实不过是一些设租寻租政策而已，对于社会供给增加没有任何帮助。

3. 财政预算制度改革

按照共赢经济学的税制设计，中国税收就简化为增值税、烟酒消费税、关税、资源税、证券交易税、个人所得税、企业所得税、契税、财产税、版权税、专利交易税、燃油税、钞票发行税等。而按照共赢经济学的财政预算理论，每一种税收都要和政府具体职责对应起来，下面分税种确定财政预算预算制度。

一是国内增值税、关税、进口增税预算。中国内增值税还是按照50%和50%中央地方共享，关税和进口增值税属于中央。中央的增值税、关税都只能用于立法机构、政协机构、行政部门、司法机构、军队等中央和省级机构，通过深入讨论后就这些机构分配比例要用法律形式确定下来。

二是烟酒消费税预算。烟酒消费税全部由中央掌握，用于建立普惠制医疗保险基金，平均分配每一个国民，为他们免费购买基本医疗保险。

三是资源税预算。矿产资源税全部按照人头平均直接返还每个国民。房产占有土地资源税以房产税形式存在用于解决国民住有所居问题。坟地占有土地资源税就用于解决国民入土为安的问题。

四是燃油税预算。都用于道路建设，直接根据销售地原则划分到县市，中央不再调节分配。

五是契税印花税预算。全部归中央，用于补偿投资者在股市中由于监管不善给投资者造成的损失和证监会的工资福利和工作经费。契税划归地方区县市政府，主要用司法系统预算。

六是利得税预算。个人所得税属于地方税收按照人头的办法用于幼有所教的基础教育。企业所得税、遗产税、赠予税全部按人头平均补贴给每个公民用于养老金，企业所得税是中央税，遗产税、赠予税属于区县市地方政府地方税，国有企业利润分红根据所属级别用于补贴当地居民养老费。

七是罚没收入预算。各种罚没收入用于建立各种救助性基金，用于补偿相应违法行为给人民群众造成的伤害，这些基金按照人口比例分到县级。罚没收入都要用于建立补偿不定的受害人的基金。比如：产品质量问题的罚款就用于建立产品质量伤害基金，用于补偿消费者因为商品质量造成的损失，污染罚款就用于建立环保基金，由于环境污染给民众造成的损失，生产安全罚款就用于补偿安全事故受害者。对治安案件和犯罪案件中的罚款和罚金都要用于补偿受害人得到施害人补偿不足的部分。

4. 政府职员薪酬改革

通过财政预算改革，把财政资金分配各个政府部门都固定了下来。分配给各个机构资金包括职能履行费用、人员工资和机构自身建设各种费用，这些机构都不能够存在借贷，当经费不够时只能通过少发工资和减少机构建设解决。任何政府部门再也不能通过收费、罚款增加部门收入，只有依靠工作做好了，经济发展越好，分配到财政资金就越多，办事效率越高，花费行政成本求越低，最后工作人员收入也就越高。人民和人民的代言人国家只考核这些机构职能履行效果，不需再监督这些机构资金使用。如果职能履行的不好，那么这些机构主要负责人和领导班子就要走人，领导班子有权力调整不合格的工作人员。

二、根治中国经济社会疑难杂症的方案效果分析

只要全面落实本书的政策建议，不但能够实现节约稀缺资源、保护环境的绿色发展，还能提高中国经济发展速度，从根本上消灭贫穷，遏制腐败。下面就对这些政策建议效果进行深入分析。

1. 真正实现绿色发展

一是增加按照这样税率标准征收资源税后，我国电价将上涨 1 倍以上，就可以提高电价达到节约用电的目的了。

二是可以基本上消除露天焚烧农作物秸秆的问题，因为火力发电价格提高了 4 倍，而用秸秆发电不需要交资源税，这就使得火电厂有了用秸秆代替煤炭发电的动力。

三是杜绝潲水油流入食品市场问题，因为潲水油炼制汽油柴油的成本比使用石油成本还低。

四是真正节约资源。通过增收资源税，资源价格比原来提高了 1 倍多，真正资源节约企业节约相同资源，节约的成本就多了一倍以上，利润就成倍提高。

五是征收资源税还能够控制自来水公司和电网公司自身浪费行为。因为资

源税在生产前已经征收，自来水公司漏掉了水也要交资源税，这样就迫使自来水公司加强管理，减少跑冒滴漏。通过资源税征收使风电、太阳能发电、水电、火电成本基本一致，而且在深夜用电量下降时，电网公司通过要求降价减少上网电数量时，风电具有最大降价优势，就可以减少火电上网节约煤炭。

六是使城乡垃圾资源化利用更具有可行性。城乡垃圾按照成分可以分成渣土垃圾、易腐质垃圾、可回收垃圾。渣土主要是一些无机矿物质，是一种没有环境污染，各种工程建设都少不了需求量大的廉价资源。易腐质垃圾主要是蔬菜瓜果粮食加工处理食用后残生物，可以用于制沼气和有机肥。可回收垃圾包括金属、塑料橡胶、纸张、残旧布料等，都是非常好的工业原料，都可以回收利用。通过征收高额资源税，使沼气、有机肥、金属、塑料橡胶、纸张、布料等原料价值成倍上升，从而提高个人和企业对垃圾资源化利用的积极性。

2. 缩小贫富差距促进社会稳定

（1）从根本上消灭贫穷。一是通过征收足够的资源税，一年就可以多征收煤炭、石油、天然气等资源的碳税和碳关税 2.2 万亿元，稀土等矿产资源税 1 万亿元，水力、水资源、风力资源税 1 万亿元，可以为国家增加税收 4.2 万亿元左右。4.2 万亿元可以让 13 亿中国人人均分配到 3200 元左右，这个税收主要是高消费人群支出，让低收入人群的收入显著增加，可以让中国 7000 万贫穷人口彻底脱贫，而且再也不会产生新的贫穷者。二是各种罚没收入用于建立各种救助性基金，用于补偿相应违法行为给人民群众造成的伤害，这些基金按照人口比例分到县级。这样就能避免因为产品质量、环境污染、生产安全、违法犯罪等问题由于施害人由于没有赔偿能力导致对事故受害者补偿不足造成受害者贫穷的问题。

（2）避免依靠对权力和资源的占有产生超级富豪。一是通过禁止一切生产性税收优惠减免政策和行为，废除一切生产性或选择性财政资金补贴政策，可以减少一些不法商人通过权力暴富的机会。二是资源税可以避免出现稀缺资源占有者利用自己对稀缺资源占有的垄断地位对其他人形成剥削，产生一个个超级富豪。

3. 政府部门高效履责遏制腐败

一是禁止一切生产性税收优惠减免政策和行为，废除一切生产性或选择性财政资金补贴政策避免官商勾结的腐败行为。二是没有了资源价格双轨制可以减少资源交易中的腐败行为。三是征收资源税可以避免涨价好处都落入了相关垄断企业腰包，养肥了少数人。四是在政府职能和薪酬制度下，可以避免环保、质监、安监、公安等执法部门与违法犯罪企业或个人搞分赃制，从而提高执法效果，并减少腐败行为。

4. 保障中国经济长期高速增长

（1）财政体制改革促进经济增长。一是增值税制度和预算改革增加消费需求。根据中国 2014 年全年国内生产总值 636463 亿元，三次产业比 9.16∶50.54∶48.19 计算，中国第一产业将增加 7579 亿元税收，第二、三产业减少 11563 亿元，这里计算二、三产业税收增减没有考虑原来优惠税率问题，实际上第二、三产业没有减少 11563 亿元，在这里假定减少和第一产业增加税收一样多。考虑到中央和地方分税制度，这项改革将能够使落后农业地区增加 1895 亿元的财政收入，有利于缩小城乡和地区贫富差距。考虑到这部分资金有一部分会分配到原来就发达的地区，估计可以新增加 1000 亿元左右，地方增值税全部都用于地方政府部门工作经费、员工工资、机关建设，这些新增收入将主要用于提高员工工资，缩小发达地区和贫困地区公务员收入差距。这种收入差距缩小，将会提高社会消费需求，按可以提供 50% 计算，将能增加 500 亿元社会消费需求。

二是所得税制度和预算改革增加消费需求分析。个人所得税制度改革在征收的时候能够起到一些公平作用，但是这次改革主要抑制国企和上市公司高管自己给自己发高薪的低劣行为，减少企业经营者利用信息不对称对所有者的剥削，估计减少收入不公平程度 100 亿元左右，增加消费需求 50 亿元。个税预算全部用于地方基础教育事业，而且全部平均分配给学生，将会起到一个非常大公平分配的作用。原来在北京的重点小学，一个学生每年享受了 2 万元财政资金补贴和山区的孩子一年 500 元财政资金补贴相比，这次预算改革将会极大促进公平。7377 亿元个税平均分配将增加 50% 社会消费需求，就是 3688 亿元。企业所得税 24632 亿元全部用于建立普惠制基本社会养老金制度，让所有中国人不管你是否交了社会养老保险，将都享受普惠制基本社会养老金，同时通过收入分配均衡，能够增加 50% 社会消费需求，就是 12316 亿元。

三是资源税制度改革消费需求。征收高额资源税，一年就可以多征收资源税 4.2 万亿元左右，征收资源税同时再加上平均分配可以让中国每年增加消费需求 2.1 万亿元。

四是禁止一切生产性税收优惠减免和财政资金补贴政策效果分析。这样可以为国家节约财政资金2.5万亿元，其中出口退税1万元，其他各种税收优惠减免和财政资金补贴政策合计1.5万亿元。这些收入都会用于其他支出，这里不再讨论分配影响，但是一个明显好处就是可以减少大量执行这些政策的政府工作人员，为中国经济发展潜力做贡献，假设每个县1000人，估计全国就可以精简干部200万人以上。原有从事这些工作的大都是高素质人才，他们进入社会可以创新创业，极大促进技术进步和需求创新。

五是非税收入制度和预算改革效果分析。行政性管理型收费全部取消和事业服务性收费企业化将减少政府1.5万亿元收入，剩下罚没性收入约为5000亿元。各种罚没收入用于建立各种救助性基金，用于补偿相应违法行为给人民群众造成的伤害，这些基金按照人口比例分到县级。这样就能避免因为产品质量、环境污染、生产安全、违法犯罪等问题由于施害人由于没有赔偿能力导致对事故受害者补偿不足的问题。从而促进收入公平，5000亿元的收入公平分配，按照50%增加消费需求计算，应该可增加2500亿元消费需求。

综上所述，通过上述实现公平分配改革可以增加消费需求37554亿元，除以636463亿元，等于5.9%。就是说以2014年为基础，通过财政制度改革促进中国经济社会收入分配公平增加经济社会消费需求，2015年中国经济发展速度在现有基础上可提高5.9%，如果2015年经济发展速度是7.1%，那么经济发展就能达到13%。根据中国消费所在收入比例和美国消费在收入中所占比例相比较，中国还有20%的提升空间，加上消费乘数效应，估计提升空间在100%左右，30年平均就是3.3%，加上现有的经济发展速度5%左右，中国经济就能保持8.3%的高速再发展30年。

（2）政府机构改革增加人力资源供给。通过政府部门工作经费、建设资金、薪酬收入限定在中国内增值税、关税范围，把中国政府维护公平自由市场环境成本维持在13%左右。通过财政预算改革，把财政资金分配各个政府部门都固定了下来，政府机构都不能存在借贷现象，当经费不够时只能通过少发工资和减少机构解决。任何政府部门再也不能通过收费、罚款增加部门收入。只有依靠工作做好，全国或者地方经济发展越好，分配到的财政资金就越多，办事效率越高，花费行政成本越低，最后工作人员收入也就越高。人民和人民的代言人国家只考核这些机构职能履行效果，不需再监督这些机构资金使用。如果职能履行的不好，那么这些机构主要负责人和领导班子就要调整，领导班子有权力处置不合格的工作人员。这样，一个政府机构的员工工资和工作经费总额基本固定，人员越少，工作效率越高，工资收入就越高。原来政府机构希望给自己增加新职能，因为有职能就有收入。现在政府机构希望淘汰自己过时没有用的职能，因为少一个职能就可以少搞一件事，少一份开支，自己就可以多得一分收入，就会形成一个对政府机构精简的内控机制。通过政府机构改革，把政府职能限定在反垄断、打击违法犯罪、监督信息不对称、限制负外部性、通过征收稀缺自然资源的资源税建立普惠制社会保障体系的范围内。把政府从直接干预经济资源配置的事务中解脱出来，从而控制政府规模，让更多人从事满足物质和精神需求商品和劳务中去，为中国经济长期高速增长提供丰富人力资源。

《富国策》不仅仅提供了上述的能够实现节约稀缺资源、保护环境的绿色发展，还能提高中国经济发展速度，消灭贫穷，遏制腐败的这些政策建议。《富国策》还对科研教育、养老医疗、金融保险、住房城建、城乡一体、粮食生产、城市供水、交通运输、投资贸易等几乎所有社会热点难点问题提供了和谐共赢系统的解决之道。因此，《富国策》就是遵循科学发展观，根据共赢经济学理论思想设计出来的一把名副其实的破解中国经济发展疑难杂症的万能钥匙。

高连奎：系知名经济学家 北京睿库社科研究院研究员 著有《中国大形势》《中国大趋势4：中国经济未来十年》《大格局》《看懂中国经济的第一本书》《世界如此危机》等书。

目 录
CONTENTS

富国策（上）

01

共赢经济学

绪 论

第一节 财富、国家、国民与政府

我研究撰写《富国策》的目的就是让国家更加富强，人民更加幸福。我们需要研究一套鼓励国民创造财富、增进幸福的经济理论和经济体制机制。现在社会舆论包括很多专家学者普遍把国富与民富对立起来，把现在中国贫富现状定为国富民穷。我的这篇文章将重新规范财富、国家、国民、政府的定义，通过对财富内涵和外延界定的研究，认识什么才是真正的财富，什么才是真正创造财富的机制以及国富民富的统一性。

一、财富的内涵与外延

1. 关于财富定义的研究

《辞海》给财富的定义就是具有价值的东西，这个定义让人不好理解，因为本来价值这个词语就有很多种解释。英国著名经济学家戴维·W·皮尔斯主编的《现代经济词典》给出了“任何有市场价值并且可用来交换货币或商品的东西都可被看作是财富”的定义。我认为《现代经济词典》的定义仍不能准确界定财富的范围。一方面，这个定义把很多属于财富的东西排除在了财富之外，比如清新的空气，优质的水源，这些东西也许不可以换来货币或者其他商品，但是对人们非常重要。另一方面，这个定义又把很多不属于财富东西划归为了财富，比如毒品，可以换来货币和金钱，但是危害人们的身体健康和精神健康。因此，我认为能够使人们的身体更加健康，人们的精神更加愉悦的东西才是财富。所以我给财富的定义是：能直接或间接使人们的身体更加健康或者精神更加愉悦且数量有限的东西。

2. 财富的内容

根据“能直接或间接使人们的身体更加健康或者精神更加愉悦且数量有限的东西”的财富定义，在现在社会中它到底包括一些什么内容呢？

一是自然资源。联合国环境规划署将其定义为：在一定的时间、地点条件下，能够产生经济价值，以提高人类当前和未来福利的自然环境因素和条件。通常包括矿物资源、土地资源、水资源、气候资源与生物资源等。

二是产品和劳务。产品是指由人们生产出来，被人们使用和消费，并能满足人们某种需求的任何东西，包括有形的物品、无形的服务、组织、观念或它们的组合。劳务是以活劳动形式为他人提供某种特殊使用价值的劳动。这种劳动不是以实物形式，而是以活劳动形式提供某种服务。这种服务可以满足人们精神上的需要，也可以满足人们物质生产的需要。

三是优质自然环境。自然环境是环绕人们周围的各种自然因素的总和，如大气、水、植物、动物、土壤、岩石矿物、太阳辐射等。自然环境不是财富，但是优质自然环境就是财富。因为优质自然环境可以使人们的身体更加健康，人们的精神更加愉悦。并且人们为获得优质自然环境需要付出代价，比如一个地方被污染了，再恢复原来优质自然环境需要时间和人力物力的投入。

四是公平正义的社会环境。社会环境指人类在自然环境基础上，通过长期有意识的社会活动，加工改造自然物质，创造出的新环境，社会环境包括各种社会关系、法律、道德、制度等。充斥黑社会、土匪、强盗的社会环境绝不是财富，只有公平正义的社会环境才是财富。

3. 财富与货币的关系

马克思认为：货币是充当一般等价物的特殊商品，是商品交换发展和价值形态发展的必然产物，具有价值尺度、流通手段、支付手段、贮藏手段和世界货币等五种职能。马克思对货币的定义适合于金属货币，但是对于纸币和电子货币等现代货币来说是不适合的。现代货币是指以某一权力机构为依托，在一定时期一定地域内推行的一种可以执行交换媒介、价值尺度、延期支付标准及作为完全流动的财富的储藏手段等功能的凭证。一般可以分为纸凭证及电子凭证，就是人们常说的纸币及电子货币。那么现代货币的本质是什么呢？我接受现代货币只是一种符号，一种名目上的存在的观点。我认为：货币只是财富的计量单位，货币的数量对于一个国家社会财富总量来说没有任何意义。但是一个国家内部每个实体（个人或者单位）占有货币的多少能够反映每个实体对财富的占有情况。每种资源、商品或劳务的价格变化，能够改变社会收入分配和国民对财富占有情况。货币的数量对一个国家社会总财富没有影响，但是可以影响社会成员对财富的分配占有状态，这就是货币与财富的关系。

二、国家、国民和政府的关系

1. 关于国家、国民和政府的定义

过去有很多学者对国家进行过定义。西塞罗那在《共和国》中说道，国家乃人民之事业，而人民是许多人基于法的一致和利益的共同而结合起来的集合体。马克思主义认为：国家就是暴力机器，是一个阶级用来镇压另一个阶级的有组织形式的暴力。《富国策》将采用如下定义：国家是在一定的领土内拥有外部和内部主权的所有人和物的总和。国民就是指取得了这个国家国籍的所有人。广义的政府包括立法机关、行政机关、司法机关、军事机关。狭义的政府仅指行政机关。富国策中政府一般都指广义的政府。

2. 国家、国民和政府的关系

关于国家、国民和政府的关系，我是这样认为：国民是国家中人的总和，国家的最大利益就是国民的利益，国家的一切行动都是为了国民的幸福，国民之间的法律地位人人平等，政府是从国民和国家的物中选拔出来维护国民利益的人和物的总和。政府存在的目的就是维护所有国民的利益，如果政府只能维护部分国民的利益，那么这个政府最终必然会被推翻。

三、国家财富与国民财富

1. 国家财富的核算方法

目前我们对国家财富的核算方法一般采用国内生产总值（Gross Domestic Product，简称 GDP）。就是指在一定时期内（一个季度或一年），一个国家或地区的经济中所生产出的全部最终产品和劳务的价值。但是计算最终产品和劳务的市场价值加总来计算 GDP 在实际中几乎是不可能做到的。所以计算 GDP 时采取生产法、支出法和收入法，通常采用是支出法和收入法。按照国际上最通行的核算 GDP 的支出法，国内生产总值共有四个不同的组成部分，其中包括消费、私人投资、政府支出和净出口额。

如果按照最终产品和劳务的市场价值加总来计算GDP的话，那么GDP还能够准确的衡量产品和劳务增加，只是未涵盖自然资源、优质自然环境和社会环境。但是现实中GDP核算都是用生产法、支出法和收入法等间接方法，用这些间接的方法计算GDP，就是产品和劳务实际增加也不能衡量，甚至背道而驰。比如：人们长期诟病的一种现象，两辆车相向而来，没有相撞，那么不产生GDP，如果相撞了，那么GDP就上来了，保险、医疗、汽修汽配等行业GDP都增加了，但是实际上反而破坏了社会财富。

因此，共赢经济学理论认为GDP不是一个完美的衡量财富的指标，一个国家不能只用GDP衡量国家实力和财富，应该再选用一种新的指标来衡量国家财富和实力。这个新指标就是社会财富的增加值。

2. 国家财富源泉与增加途径

（1）国家财富的源泉。2005年底，世界银行发布的《国别财富报告》把国家财富的源泉归纳为三项：一是生产资本，指一般人较熟悉的资本项目，包括机械、设备、基础设施、城市用地等等。二是自然资本，包含原油、天然气、矿藏之类的无法再生之资源，以及耕地、牧区、自然保护区等。三是无形资本，指整体财富扣除生产资本和自然资本之后所剩下的部分，组成要素有人口的知识技能、特殊专长、社会互信程度以及各种正式与非正式的社会组织制度。

（2）国家财富增加途径。亚当·斯密提供了两个增加财富方法：一是要提高工人的劳动生产率，这主要靠发展分工；二是要增加从事生产劳动的人数，这主要靠增加资本。根据亚当·斯密的分工增加财富的理论，一个国家可以通过国际贸易使财富获得增加。除了亚当·斯密提供的增加财富的方法外，共赢经济学理论认为还可以通过经济体制机制的改进来增加财富。至此，就可以得出增加财富途径就是科学技术研究、教育、培训、经济理论创新、经济体制机制创新。

3. 国富与民富的关系

国家财富的增加就能够让每个国民平均财富增加，但是国家财富的增加并不一定让所有人的财富增加。如果分配制度不当，反而会让大多数民众感到国富民不富。优越自然环境、公平正义的社会环境属于公共资源，每个国民都能平等的享受。自然资源本来也是公共资源，本来也应该让所有国民平等享受。只有产品和劳务是由个人或者企业创造，要实行按效分配的原则，谁创造财富多，谁分配的财富就应该多。但是在现实中，由于在管制外部性方面的制度缺陷，导致有些企业或者个人创造财富时破坏了自然环境，不需要付出对价。由于政策法律和政府部门薪酬制度设计的缺陷，导致一些政府官员做出违法乱纪的事情，破坏社会的公正。由于资源税设计缺陷，导致谁占有资源谁受益的局面，多消费自然资源的人也不需要给少消耗资源的人支付对价。正是这些制度设计的缺陷，导致我国的国富成为少数人富，其中有贪官奸商，当然也有很多真正高效率创造了更多更好产品和劳务的人富了。

第二节　正确的国民经济发展目标

国民经济发展的目标就是为了最大限度满足国民的物质和精神生活需要。而现代宏观经济学理论把国民经济发展的目标定位为经济增长（GDP）、扩大就业、控制物价、国际收支平衡，现代宏观经济学对国民经济发展目标的定位是一种用手段替代目标的舍本逐末的做法。而且这些指标并不能准确反映国民经济真实发展状况，这四个指标的好坏与满足国民的物质和精神生活需要的水平并不是必然正相关，甚至很多时候正好相反。因此，需要找出能够真正准确衡量满足国民的物质和精神生活需要水平的国民经济发展的指标。

一、经济增长指标（GDP）的缺陷

1. GDP 指标完全忽视了家庭内部成员之间提供的产品和服务

因为 GDP 是按商品和劳务的市场交易价格计算出来的，而非市场交易活动则无法计入经济总量。所以家庭成员之间提供的产品和服务以及家庭自产自足产品都无法计入 GDP。比如家庭成员对小孩和老人照顾，家庭成员所做的洗衣做饭等家务工作都没有记入 GDP，但是这些工作对于提高国民的物质和精神生活的质量至关重要。

2. GDP 指标有时会把对社会财富浪费和破坏记为增加 GDP

由于我国 GDP 指标统计一般采取收入法，这种核算方法是从生产过程创造收入的角度，根据生产要素在生产过程中应得的收入份额反映最终成果的一种核算方法。按照这种核算方法，增加值由劳动者报酬、生产税净额、固定资产折旧和营业盈余四部分相加得到。这种 GDP 统计方法把大量没有增加社会财富甚至浪费社会财富行为记入 GDP。比如很多城市大拆大建行为、拉链路行为，

道路等公共设施建设维修维护中的浪费行为等。一个典型的例子：安乡县黄安公路2010 年刚刚修建了水泥路，按质量标准要求使用年限20 年以上，但是实际上才 4 年不到大部分路面都已经损坏，现在只好再投资 4000 多万元重新修建。如果 2010 年修建严格执行国家标准，2014 年就不需要重修，就没有 GDP，结果由于是豆腐渣工程，现在又要重新修建，给建筑公司职工增加报酬、给地方政府增加了税收，给企业增加了利润，增加了很多 GDP，但是实际上不给社会增加任何福利，反而损害了社会福利，浪费了大量社会资源。还有环境污染问题，比如一个高污染污染企业在提供产品和服务过程中增加了 GDP，治理环境又增加了 GDP，但是实际上环境污染带给国民的是负福利。

3. GDP 指标不能真实体现不同国家之间的国民经济发展水平

一是因为 GDP 指标完全忽视了家庭内部成员之间提供的产品和服务，如果一个国家家政服务市场化水平高，那么这个国家的 GDP 就高，但国民经济实际产出并没有增加。二是由于国家之间 GDP 的比较只能将本国货币计算 GDP 按照汇率折算成为国际通用货币计算的 GDP，这种折算导致各个国家的国民经济实际产出计量失真。因为外汇汇率只能反映出进口商品比价关系，而进出口商品只占一个国家的国民经济总产出很小的比例，这种国家之间 GDP 比较难免以偏概全。

正是 GDP 指标的这个缺陷，导致一些国家政府为了提高本国 GDP 在世界上的排名，不惜牺牲国民利益，人为提高本国货币的汇率。比如我国由于执行了出口退税、低标准资源税、低标准污染物排放等经济政策导致，我国人民币汇率高估。我认识一个经济书刊出版人，他就特别害怕人民币汇率下降，因为人民币汇率下降会导致我国 GDP 国际排名下降。实际上出口退税、低标准资源税、低标准污染物排放等经济政策的本质就是牺牲国家税收、贱卖国家资源、牺牲国民生命健康补贴外国消费者的行为。比如：2013 年世界 GDP 前三位美国、中国、日本分别是 15.83 万亿美元、8.3 万亿美元、5.3 万亿美元。如果按照人民币汇率下降 30%，那么美国、中国、日本分别是 15.83 万亿美元、5.81 万亿美元、5.3 万亿美元。中国的 GDP 就从相当于美国 52.4%，下降到 36.7%。实际上这些数字上变化根本不能反映一个国家商品和服务产出的真实水平，没有任何意义。如果比较美国和中国真实水平，根本没有那么大差距，甚至中国真实商品和服务产出已经超过了美国。因为中国第三产业价格水平基本上只有美国的五分之一，而第三产业占了美国 GDP 的 50% 以上，中国也占了 45%。把这些价格因素考虑进去之后，中国 GDP 不但不会少于美国，还可能会超过美国。

4. GDP 指标与国家财富增长没有必然正相关性

经济增长 GDP 与老百姓幸福没有直接关系，人民物质生活是否丰富不在于 GDP 的多少，而在于财富的积累。把 GDP 等同于人民物质生活丰富，等同于社会财富的增加，导致一些伪经济学家发出这样奇谈怪论，汶川地震灾后重建可以提高中国的 GDP，日本大地震的灾后重建可以让日本走出经济衰退。这些观点在中国官员还很有市场。他们浪费国家财政资金，还美其名曰：拉动内需。

综上所述，GDP 既不能反映一个国家真实产品和服务的产出总量，又不能准确反映一个国家国民经济产出水平在世界上真实位置，也不能反映出一个国家国民幸福程度，所以 GDP 不能作为一个国民经济体发展水平的衡量指标。

二、扩大就业指标的缺陷

就业率指就业人口与 16 岁以上总人口的百分比。就业人口包括指定时期内届满一定下限年龄，有工作并取得报酬或收益的人，有职位而暂时没有工作（如生病、工伤、劳资纠纷、假期等）的人以及家庭企业或农场的无酬工作者。就业率指标存在以下明显缺陷。

1. 不能准确反映国民真实就业水平

就业率统计把照顾别人家的孩子、老人等家务工作算作就业，而没有把在自己家庭里从事照顾小孩、老人等家务工作计算为就业，这种就业率完全忽视了家庭成员对自己家庭的老人、小孩照顾等家务工作的贡献。而实际上在自己家庭中所做的各种家务工作比在别人家做同等工作对社会贡献更大，因为照顾自己家庭的老人、小孩，不但可以起到照顾老人、小孩的作用，还可以增加家庭成员之间的感情，促进社会和谐。

2. 就业率的高低与人民幸福程度没有正相关性

扩大就业与人民幸福不但没有必然正相关关系，有时甚至还得其反，人们工作时间越少，收入越高才会越幸福。不然中国共产党怎么会在革命时期领导工人罢工，要求减少工作时间，提高工资标准呢？人们都忙于工作、苦于加班而无奈放弃假日和休闲，从而造成人们闲暇时间和感受人生、享受生活时间的减少，这样生活哪里有幸福可言。因此，提高工作效率，减少工作时间，提高民众收入才是正道。增加就业不过是一个增加民众收入的手段，而把增加就业作为国民经济发展目标就是一种典型把手段当成目标的舍本逐末行为。

3. 扩大就业政策只会造成不公平竞争和腐败

扩大就业政策无非就是针对部分人群和企业给予税收优惠、资金支持和政府人力资源部门提供培训、中介等服务。对一部分企业和人群实行税收优惠、资金支持，就必然造成对其他企业和人群的歧视和不公平。既然这些优惠政策只有少数企业和个人能够享受，官员就必然会利用发放优惠政策权力进行寻租，从而产生腐败。由政府提供这些本应该由市场提供职业培训、中介等服务，其服务往往针对性差，脱离市场需要，而所花成本远远高于市场成本。

三、物价稳定指标的缺陷

物价本质就是货币流通量与商品流通总量的一个比值，在货币流通总量不变的情况下，物价高低就反映出市场提供商品和服务的丰富程度。对于具体的商品和服务来说，其价格变化是商品供求关系变化的信号。因此，物价稳定作为衡量经济发展的指标存在严重缺陷。

1. 物价控制目标实现好坏与人民幸福没有必然联系

控制物价与人民幸福也没有固定关系，我国计划经济时期物价控制得很好，但人民物质生活资料异常短缺。物价控制目标还让政府左右为难，当价格下降时，就担心农民、企业等生产者赚不到钱，当价格上涨，又担心居民生活成本高。其实商品变化不过是市场供求关系的反应，政府根本不用过于担心商品市场价格变化。人为控制物价只会扭曲市场供需关系，人为控制粮食、蔬菜、肉食等部分商品价格的本质就是让劳动人民承担货币发行过量的成本，特别是让农民承担成本，鼓励让有钱人浪费。在计划经济时代控制物价的后果就是减少商品供给导致用于满足人民物质生活资源异常缺乏，黑市交易问题严重。

2. 政府调节物价往往造成不公平竞争和腐败

比如在 2008 年猪肉价格暴涨时，发改委是出台了繁养母猪补贴政策和鼓励建立规模养猪场政策，可是补贴还没有发到农民手中，肉价就开始暴跌了，又需要补贴杀母猪了。其实只要猪肉价格高，养猪能够获得超过市场平均利润，即使政府不补贴养猪，扩大养猪的人就会很多。猪肉价格暴跌，发改委又出台了猪肉收储政策，结果又只会延长肉价在低位运行，农民更加赚不到钱。因为猪肉收储政策使得一部分有权势的养猪户卖出猪肉的价格高于市场价，他们可以加大养猪规模，而普通农民只能按市场价格销售。而猪肉收储政策又使猪肉储备在高位，压制了市场价格的上升。实际上，猪肉价格下降，养猪没有钱赚，养猪人就减少养猪数量，减少供给。政府调节物价的政策不但破坏了市场运行机制，还制造腐败。奖励规模养殖场政策，有关系的人才能享受补贴。猪肉收储政策除了增加政府财政支出外，还增加了猪肉生产的社会成本，压制了猪肉市场价格上涨，让少数有权势的养猪户受益，并且相关执行部门和人员可以收受好处。

四、国际收支平衡指标的缺陷

国际收支平衡就是指一国国际收支净额即净出口与净资本流出的差额为零。其实对于一个市场经济国家来说，国际收支平衡根本不能算是一个问题，出口多了，其货币汇率就会上涨，进口多了，其货币汇率就会下降。在市场经济条件下，国际收支根本就不需要成为国民经济发展的一个目标。

五、正确的国民经济发展的指标

正确的国民经济发展目标应该是以不断增加物质和精神财富总量来满足人民群众物质文化生活需要，提高人民群众幸福感。用来衡量物质和精神财富总量指标就是在污染排放标准、生态环境保护标准、基础货币增长发行量等固定下来后，用税收指标、社会保障水平、社会公平指数等三个指标衡量。

1. 国民经济发展的前提条件

国民经济发展的前提条件就是规定每一种污染物排放标准，规定每一个地方生态环境保护标准，比如湿地、森林、草原等保护标准，将基础货币发行增长率固定下来。只有规定了每一种污染排放物的标准，并严格执行，才能保证空气、水、土壤的质量，才能保证国民最基本生活质量。只有规定每一个地方生态环境保护标准，并严格执行，才会有优良的生态环境，才会有美好的家园。只有把基础货币增长发行量等固定下来，才能用货币准确衡量国民经济发展的水平。

2. 国民经济发展的衡量指标

（1）税收指标。要让税收指标成为衡量一个经济体发展水平指标，就要制定公平合理税收制度，一是税种设计要简单，只要增值税、个人所得税、消费税、资源税就够了，二是保持每个税种的税率长期不变，除了资源税之外，其他税种的税率都可以长期不变。这样的话，税收多少就可以准确反映一个国家经济发展水平，而不像 GDP 在统计中可以作假，官出数字、数字出官，比如

2013 年中国各个省市区的 GPD 加总后比国家公布的 GDP 要多出 6 万亿元。税收一方面用来建立社会保障体系以保障人民群众基本生活，另一方面用于维持保障社会公平正义的政府机构运行，其中增值税就用于政府机构，包括立法、政府部门、军队、司法等机构，个人所得税、消费税、资源税用于建立社会保障体系。

（2）社会保障水平。社会保障水平高低体现在两个方面，一个用于社会保障资金的多少，另一个是社会保障的公平程度。社会保障资金的多少由税收水平决定，社会保障公平程度由社会保障制度决定。要设计出公平社会保障制度最重要就是避免因人而异的保障政策，特别是要避免分穷人和富人的社会保障制度。一个完整公正的社会保障体系就是面向所有人的幼有所教、病有所医、住有所居、老有所养的普惠制社会保障体系。像现在针对穷人设计保障性住房、低保制度都应该废除，因为一个人贫富是很难鉴定，不能让保障性住房、低保制度都演变成了有些人的福利。

（3）社会公平指数。社会的公平一是要求制度设计公平，二是要求制度执行的公平。制度设计公平就是要求一个国家法律、制度、政策没有歧视。目前中国存在大量歧视性、不公法律、制度、政策需要改进，比如城乡居民待遇方面就存在大量不公平法律制度。制度执行公平就是要执行单位和个人不贪赃枉法。无论制度设计公平，还是制度执行的公平都离不开政府机构高效运行。用于维持保障社会公平正义的政府机构运行的增值税的税率保持不变的情况下，政府机构效率越高，雇佣的人数越少，那么从事生产活动的人就越多，创造的社会财富就越多，那么政府征收增值税也越多，政府部门工作人员待遇也就越好。一个公正的社会，每一个人都只能通过劳动创造财富，而不能依靠剥削别人积累财富，这样就能促进社会财富不断增长。

第一章

共赢经济学的提出

如果把经济学分为两大流派，那么一派就是以效用论为基础的西方经济学，另一派以劳动价值论为基础的马克思政治经济学。然而，西方经济学面对资本主义经济危机束手无策，政治经济学未能预测到社会主义计划经济体制解体。因此，需要一个新的经济学理论体系，这个理论必须能够同时解释资本主义经济危机爆发原因，又能解释社会主义计划经济行不通的根源，并且同时破解这两个难题。这新的经济学理论就是共赢经济学。

第一节　追寻经济危机的根源

经济危机是指一个或多个国民经济或整个世界经济在一段比较长的时间内不断收缩（负的经济增长率）衰退的危机。其特点：商品滞销，利润减少，导致生产（主要是工业生产）急剧下降，失业大量增加，企业开工不足并大批倒闭，生产力和产品遭到严重的破坏和损失，社会经济陷入瘫痪、混乱和倒退状态。世界经济自1825年英国第一次发生普遍的生产相对过剩的经济危机以来，市场经济体发生了数十次经济危机，从20世纪30年代第一个计划经济体建立以来，计划经济体也经常爆发供给不足物价上涨的经济危机。市场经济体的经济危机的特点在二战之后发生了两次比较大的变化。根据经济危机的特点不同，经济危机可以分为自由市场型经济危机、计划经济型经济危机、滞胀型经济危机、财政金融型经济危机等。本文将通过对各种经济危机产生的原因进行分析，探寻经济危机的根源。

一、自由市场型经济危机

随着1776年亚当·斯密的《国富论》出版，迅速影响到欧美各国，从而在欧美各国确立了自由市场经济体制。1825年英国发生第一次普遍的生产过剩的经济危机，随后每隔10年左右发生一次经济危机。在1900年危机之后，差不多每隔七八年就发生一次经济危机，到了1929～1933年大萧条时，自由主义主导的市场经济体仅仅依靠市场力量几乎无法走出危机的泥潭。

面对自由市场经济危机，学者们对危机原因的看法主要有三种，第一种自由市场主义者，他们认为自由市场经济能够自动调节走出经济危机。实际上，市场确实也有自动修复的功能，在没有政府干预的情况下，经济从危机萧条中又复苏高涨。经济危机直接的表现就是需求不足，为什么会需求不足了，根据边际效率递减规律，可以推断出是贫富差距造成了需求不足。

在这里举一个例子说明贫富差距导致需求不足。假设一个经济体内一共10个人，总收入100万元，每个人第一个消费储蓄偏好一致，当收入1万元时，消费率100%，新增收入1万元时，新增收入消费率为90%，以此类推，第十个1万元收入的消费比10%，超过10万元后的收入基本上不消费。如果收入分配平均，那么这个经济体总收入中有55%用于消费，45%用于投资和储蓄。如果收入不平均，假设10个人收入分别为2万元、4万元、6万元、8万元、10万元、10万元、12万元、14万元、16万元、18万元，那么这个经济体总收入中只有44%用于消费，而56%用于投资和储蓄。

市场机制对经济危机是这样自我修复的：主要通过商家的打折促销流到了老百姓的口袋里，是变相提高了穷人的货币购买力，把富人消费不了的消费份额转给了老百姓消费，从而缓解危机。通过自我修复后，经济社会发展比前一周期达到更高的水平，这主要是科学技术进步的结果。市场机制对经济危机的自我修复功能是有局限性的，如1929年的大危机运用市场机制已经无法自我修复了。

第二种是计划经济学者，他们认为自由市场经济危机的根本原因在于自由市场经济制度本身，生产的社会化与生产资料私人占有形式之间的矛盾。这个矛盾体现在两个方面，一方面，生产者各行其是，各生产部门比例的不协调，当比例失调达到经济不能承受程度时就导致经济危机。所有生产者都拼命发展生产，加强对工人的剥削，结果是劳动者有支付能力的需求落后于整个社会生产的增长，商品卖不出去，造成生产的相对过剩，从而导致经济危机。计划经济学者认为自由市场经济危机的根本原因在于自由市场经济制度本身，所以他们主张用计划经济替代市场经济。经济结构失调不是市场经济的专利，计划经济也会出现结构失调。马克思主义者也认为贫富差距是市场经济型经济危机主要原因，这个观点与自由市场主义者观点一致。但是自由市场主义者没有指出贫富差距的原因，而马克思主义者认为是资本剥削劳动导致了贫富差距。

第三种是凯恩斯主义学派，他们认为自由市场型经济危机的主要原因是商品总需求的减少，他们认为维持整体经济活动数据平衡的措施可以在宏观上平衡供给和需求。所以凯恩斯主义者主张调节社会总需求（包括消费、投资、出口、政府对货物和劳务的购买）、实现经济稳定增长为目标，提出在萧条时期要减低税率、增加政府开支实行赤字预算、增发公债、增加货币供应量、降低利率等以刺激投资和消费；在高涨时期则提高税率、控制政府开支、控制货币供应量增长、提高利率等，以遏制投资和消费。

二、计划经济型经济危机

从苏联建立第一个计划经济国家到二战之后东欧、中国等计划经济国家成立，在20世纪70年代，世界上差不多一半国家实行了计划经济体制。二战后到1980年，计划经济国家发展速度比市场经济国家发展还要快，但是也发生过多次产品供给短缺危机。到20世纪80年代末期，计划经济国家片面发展重工业造成经济结构严重失衡，导致人民生活水平低下。最后导致了东欧各国剧变，苏联解体，中国和越南向市场经济转型，世界各国除了朝鲜和古巴之外基本上实行市场经济体制。市场经济体出现的是需求不足的经济危机，而计划经济体出现的是供给不足经济危机。

计划经济学者认为在自由市场经济体制下，生产者各行其是，各生产部门比例的不协调，当比例失调达到经济不能承受程度时就导致经济危机。结果计划经济体制下各生产部门比例的不协调，其比例失调比市场经济体制下还严重。计划经济体制下，对劳动者实行按劳分配，结果却导致劳动者动力不足、效率低下。所以仅仅认为资本剥削劳动导致收入分配中贫富差距而导致经济危机的推导也不准确。

为什么计划经济行不通呢？首先计划经济体的计划制定者不是先知，无法预知每个人对每种产品需求，也就不可能知道社会对一种产品的总需求。其次就是每个人的劳动对社会的贡献不能用具体劳动的劳动量衡量，也许简单劳动可以衡量，但是复杂脑力劳动就无法衡量了。相反，尽管市场经济中每个生产者也不知道每个人对其产品的需求，但是由于每个生产企业相对比较小，可以根据市场需求及时调整生产计划，结果就是自由市场经济体的结构失衡反而比计划经济体的结构失衡要小一些。计划经济体制对简单劳动可以衡量，而对复杂劳动很难衡量，复杂劳动得不到应得的报酬，结果就出现了计划经济体创新动力远远不如市场经济体。

三、滞胀型经济危机

二战后西欧国家和北美国家在凯恩斯主义的影响下，实行有宏观调控的市场经济，市场经济体又发生了多次经济危机。这些经济危机属于世界性经济危机的只有三次，即1957~1958年，1973~1975年和1980~1982年的经济危机，并且危机的来势没有过去那样凶猛，萧条和复苏两个阶段，界限不清；高涨阶段经济增长乏力，有时还发生曲折和波动。

很明显，凯恩斯主义的宏观调控政策对危机冲击力下降能够起到了重要作用，具体来说，起到了以下几个作用：

1. 固定资本投资幅度下降不大。政府实行减免税收，加速折旧，以及其他各种优惠待遇去鼓励投资，再加上科技革命不断开展，要求固定资本加速更新，还有就是政府搞了大量公共设施建设。所有这些，即使是在危机期间，也使固定资本投资的下降幅度不大，从而缓和了危机的深化。

2. 个人消费需求下降幅度较小。消费信贷的扩大，社会保险制度的改进，以及工人组织程度提高，抵抗资本家降低工资的力量增强，使消费的下降遇到了阻力，从而减轻了危机的严重程度。

3. 由物价暴跌转为物价上涨。政府在货币金融上和财政上实行膨胀政策，在危机期间，物价不仅不下跌，反而大幅度上涨，缓和了危机的冲击力量。

凯恩斯主义的措施为什么会起到这些作用呢？从本质上讲，就是部分地解决了分配不公的问题。第一，政府大量公共投资，实际上是让没有钱的人也能够消费（公共产品消费是不花钱的）；第二，社会福利制度，实际上就是把富人的钱通过税收再以社会福利形式发给穷人；第三，通货膨胀的本质就是把民众存款贬值，这种贬值有利于降低生产者的融资成本，减轻企业还贷压力，避免了企业因为还不起债而大批破产。

然而凯恩斯主义并不能消除危机，以20世纪70年代初期爆发的两次石油危机为导火线，导致整个资本主义世界陷入了“滞胀”（高通胀、高失业、低经济增长）的困境。面对“滞胀”，凯恩斯主义政策束手无策。为什么面对“滞胀”，凯恩斯主义政策束手无策？一是凯恩斯主义者没有找到自由市场经济体贫富悬殊的根源，只是通过财政政策和货币政策让政府扩大投资增加社会总需求消除了一些贫富悬殊问题。在这个过程中，凯恩斯主义者还忽视了政府配置资源过程中让执行者有大量设租寻租行为，从而产生了大量腐败。这一点从20世纪50年代到80年代西方国家政府官员和改革开放以来中国政府官员的腐败高发和资源短缺就可以证明。

四、财政金融型经济危机

上世纪90年代以来，原苏联、东欧国家几乎是齐步走式地向市场经济制度转轨。从拉美、亚洲到非洲，各类经济模式国家几乎都无一例外地使市场机制在资源配置中越来越发挥基础作用。这样在全球重新确立了市场机制的资源配置和收入分配的基础性地位，并且同时市场经济体国家的政府还通过税收、信贷、社会福利等手段调节经济。但是世界经济并没有从此一帆风顺，从2007年美国次贷危机到2008年全球金融危机到2009年开始的欧债危机，世界经济爆发了有史以来影响范围最广，持续时间最长的经济危机。直到2013年12月16日，爱尔兰退出欧债危机纾困机制成首个脱困国家，但还有希腊等多国没有走出困境。然而美债危机又迫在眉睫，2013年1月美国债总额就已经突破16.39万亿美元，美债违约只是迟早的事情。

笔者在《2008美国金融危机爆发的根源》一文中就指出，金融危机爆发的根源就是收入分配的不均和政府对上市公司治理中的所有者缺位的漠视。2008年危机金融危机实际上是对收入分配失衡和经济结构失衡的一次自我修复，金融危机带来的最大后果就是中国等亚洲国家国际投资大量缩水，欧美金融机构的资产大量缩水，美国穷人的负债通过破产就自然冲抵了。而欧债危机从本质讲是凯恩斯主义政策受到了欧元区货币政策限制，使欧元区财政赤字国不能够通过发行货币偿还消除政府赤字。美债危机也是凯恩斯主义政策受到国内民众对通货膨胀的批评，接受新自由主义者通过政府借债消除赤字，而避免货币超发导致通货膨胀造成的。财政性经济危机的本质也是收入分配不公平导致需求不足。只是政府一方面通过财政赤字在一定程度缓解需求不足，另一方面通过政府借债替货币发行消除赤字避免通胀。但是政府负债太多，迟早有一天，民众不敢再给政府借钱，政府借不到钱，又还不起钱的时候，政府就只有两条选择，一是宣布破产赖账，二是发行钞票，发行钞票后果就是急剧的通货膨胀，破产就是政府信用彻底丧失。

五、经济危机的根源

通过对自由市场型经济危机、计划经济型经济危机、滞胀型经济危机、金融财政型经济危机等四种经济危机的原因分析，经济危机的根源就基本上出来了。经济危机的根源就是收入分配不公，从自由市场型经济危机、滞胀型经济危机、金融财政型经济危机等三种市场型经济危机来看，似乎经济危机的根源就是收入分配不均，但是计划经济体收入分配相对平均，结果却导致供给不足缺乏创新的经济危机。所以说经济危机的根源是收入分配不公，就是说劳动者付出的劳动没有得到应得报酬导致了经济危机。但是怎样才能实现收入分配公平呢？现在以亚当·斯密市场经济为基础的微观经济学、以马克思的计划经济为基础的政治经济学和以凯恩斯政府调控为基础的宏观经济学的三大经济学理论都没有完全找到正确答案，因此，需要探求一种能够实现每个劳动者“各尽所能，按效分配”的公平分配方式的新经济学理论。

第二节　远离危机的共赢经济学

我在上一节《追寻经济危机的根源》一文中指出了经济危机的根源是收入分配不公，就是说劳动者付出的劳动没有得到应得报酬导致了经济危机，只有探求一种能够实现每个劳动者“各尽所能，按效分配”的公平分配方式的新经济学理论才能远离经济危机。笔者将市场、计划、宏观调控三种机制对资源配置有效性进行分析，寻找出了能够实现社会资源最优配置的机制，从而让“各尽所能，按效分配”的公平高效的分配模式得以实现。在这里我把这个研究社会资源最优配置的机制的新经济学理论称为共赢经济学。

一、市场机制有效性分析

1. 为什么自由平等市场经济能够实现社会资源分配的最佳状态呢？

在自由平等市场经济中，每个商品和服务的供应方所提供的商品和服务首先满足需求方的效用需求，并且供应方提供商品和服务的价格最低，需求方才会接受供应方的产品和服务，供应方才能得到报酬，而需求方只有出得起不低于其他需求方价格，供应方才会给需求方提供商品和服务。既然要求供应方提供的商品和服务价格最低，就要供应方用最少的资源生产产品和提供服务。我们的湖南安乡县客车轮胎销售市场行业发展变迁为例来展示市场机制如何让资源实现最优配置。

2005 年以前，安乡县汽车北站有两个为客车提供轮胎销售和修补服务的商家（以下分别称为甲商家和乙商家），甲商家位置在不临街的车站口，乙商家位置是车站外的临街门面。甲商家对于客车司机来说，换胎补胎更加方便，乙商家临街可以接更多过路货车业务。乙商家为了接到客车轮胎业务，采取策略就是销售给客车的轮胎每条销售价格比甲商家便宜 5 到 10 元，这样乙商家就从甲商家那里抢来了一杯羹，形成了甲商家占据了主要客车换胎补胎市场份额，乙商家占有少部分客车换胎补胎市场份额和外面货车补胎换胎一部分市场的局面，最后达成了客车换胎补胎市场力量均衡。在市场机制的作用下，甲乙商家相互竞争使得他们只能取得适当的利润，给客车提供满意服务，形成安乡县范围内的客车换胎补胎市场资源配置最优化。

2005 年在车站外又新开了一家汽车换胎补胎商家（称为丙商家），从事客车、小汽车和货车的换胎补胎业务。丙商家刚进安乡县汽车换胎补胎市场，通过一段时间促销和营销宣传之后，在小汽车换胎市场占有了一席之地。但是客车轮胎市场客户已经被甲乙两个商家瓜分，轮胎销售价格没有下降的空间，无法通过降价达到进入市场目的。面对这种局面，丙商家对安乡县客车轮胎换补进行深入调查，发现了两个问题导致客车轮胎实际使用寿命远远低于设计使用寿命。一是轮胎选用不当，根据轮胎组成材料和花型设计，不同轮胎适合于不同路面。比如钢丝胎适合于水泥路面，使用寿命是 10 万公里，但是有些车在简易路面跑不到 5 万公里就因为轮胎钢丝被岩石等尖锐物顶断而爆胎，尼龙胎在简易路面慢速行驶可以跑 4 万公里左右，但是到水泥路面高速行驶不到 2 万公里就磨损完了。二是车况不佳导致轮胎异常磨损严重，本来可以跑 10 万公里的轮胎，有时候因为异常磨损不到 1 万公里就磨损完了。面对这种情况，丙商家针对客车推出了一种新业务——轮胎租赁服务，因为客车每年所跑线路和班次基本稳定，丙商家就按月收租金方式给客车用户出租轮胎。租金设计就是按轮胎销售价除以轮胎设计使用寿命 7 成计算，一条轮胎使用如果能够达到设计寿命，就不但可以赚取销售利润，还可以赚取 30% 的额外利润。这项业务一推出就吸引了大量原来因为轮胎选用不当和车况不佳造成轮胎使用费过多的客户。其结果导致甲商家和乙商家客户大量流失，乙商家首先就支撑不下去，关门歇业转行做旅社生意了。甲商家积极应对，采购与丙商家相同轮胎，采取压低销售价格方式与丙商家竞争。在甲商家努力下，最后实现了部分客户回流，最后甲商家和丙商家又形成了市场竞争均衡。为什么丙商家有核心竞争力之后，市场还会形成均衡呢？因为丙商家业务推出一段时间后，甲商家和客户就学会了什么轮胎在线路上耐用，甲商家就可以给客户提供这种轮胎，由于甲商家位置对客车用户来说更加方便，所以同样价格一般客户会选用甲商家的换胎服务。对于车况不佳客户通过丙商家指导维修好了，客户等到租期一满就不会继续租胎了。当然车况不佳是动态的，只要客户车辆出现用胎异常，客户就会来租胎。最后就形成了租胎和少部分买胎找丙商家，大部分买胎找甲商家的均衡局面，形成新阶段安乡县小范围的客车换胎补胎市场资源配置最优。

这里的资源配置最优是一种帕累托最优，帕累托最优是指资源分配的一种理想状态。假定固有的一群人和可分配的资源，如果从一种分配状态到另一种状态的变化中，在没有使任何人境况变坏的前提下，使得至少一个人变得更好，这就是帕累托改善。帕累托最优的状态就是不可能再有更多的帕累托改善的状态。需要指出的是，帕累托最优只是各种理想态标准中的“最低标准”。也就是说，一种状态如果尚未达到帕累托最优，那么它一定是不理想的，因为还存在改进的余地，可以在不损害任何人的前提下使某一些人的福利得到提高。但是一种达到了帕累托最优的状态并不一定真的很“理想”,① 这种最优只是在一定科学技术条件下的，科学技术发展了，就可以推进帕累托改善，也就是说帕累托改善是无止境的。2005 年以前安乡县客车补胎换胎市场均衡是一种在当时技术条件下资源配置的帕累托最优，而 2005 年以后安乡县客车补胎换胎市场均衡是一种在新的技术水平下资源配置帕累托最优。

---

① 百度的帕累托最优词条

2. 为什么现实中市场经济会经常爆发各种危机呢？

因为市场机制实现社会资源分配达到最佳状态需要一个重要前提，就是市场中所有主体处于自由平等的状态，没有强迫交易、被迫接受、被欺骗的情况，才能实现社会资源分配达到最佳状态。而现实社会中，市场主体之间强迫交易、被迫接受、被欺骗等不平等情况是普遍存在的，因此要让市场机制实现社会资源分配的最佳状态就要消除这些不平等。经济学前辈已经发现了犯罪、垄断、负外部性、信息不对称等四种破坏市场机制实现社会资源分配达到最佳状态的前提。

违法犯罪是违法犯罪分子对受害者进行了剥削，在企业经营过程中，有些企业欠账不还就是一种典型破坏市场机制的违法犯罪行为。违法犯罪分子违背了受害人的意志，把自己行为强加给受害人。违法犯罪泛滥将会使公私财产、人民生命健康遭受损失，危害市场经济秩序，破坏司法公正，破坏民主法制。

垄断是垄断资本利用自己优势地位对客户和消费者进行了剥削。在对安乡县客车轮胎市场的调查中就发现了一种价格垄断行为，安乡县所有换胎补胎经营户联合起来，成立了补胎协会，统一提高补胎价格，他们从 2005 年以来两次提高补胎价格，第一次补胎基准价格从 5 元提到了 10 元，第二次从 10 元提高到 20 元。最典型的垄断是供水、供气、供电、供热的垄断。垄断的显著特征就是让交易的相对方不得不接受单方面的条件，在交易中没有平等和自由。

负外部性是资本损害社会其他人利益，却不用付出代价。典型的负外部性就是环境污染和安全事故。环境污染受害人是公众，而施害者很多时候也是一个群体，现在雾霾就是一种群体造成的，他们破坏了空气质量却让所有人承担代价。安全事故的受害人和施害人都是明确的，但是施害人往往面对事故就无力全部赔偿，结果导致一部分责任由政府和社会承担了。负外部性造成了严重环境危机和社会危机。

信息不对称既有企业通过欺骗剥削消费者，也有经营者欺骗剥削所有者。产品质量问题就是企业通过欺骗剥削消费者的行为，上市公司和国有企业高管做假账拿高薪就是典型的经营者通过欺骗剥削了所有者。产品质量问题导致严重社会诚信危机，而上市公司和国有企业所有者缺位是造成 2008 年世界金融危机的两大根源之一。①

---

① 2008 美国金融危机爆发的根源研究．任凌云，2009.11.06. 国研网．

除了垄断、犯罪、外部性、信息不对称等四种导致市场经济主体不平等情况外，我研究还发现了一个新的导致市场经济主体在市场中处于不平等状态的因素，就是人们对自然资源和社会公共资源占有的不平等。人们对自然资源和社会公共资源占有不平等导致了很多人失业，有力无处使，一方面会导致贫富悬殊，一方面会造成社会不稳定。

正是对自然资源和社会公共资源占有的不平等和垄断、犯罪、外部性、信息不对称等五个因素导致了经济危机、环境危机、社会危机。

二、计划经济为什么行不通

马克思主义的政治经济学认为生产资料的私人占有和产品的社会化必然会导致产生周期性的经济危机，解决的办法只有实行公有制和计划经济。后来社会主义国家经济体制全面从计划经济体制向市场经济体制转型证明计划经济理论难以行通。计划经济发生经济危机其实也是因为公平及效率出现问题。

计划经济为什么会行不通呢？计划经济国家一个显著特征就是这个国家提供的商品和服务都非常单一，并且数量不能满足人民群众的生活需要。因为每个人对商品效用认识是不同，而且人们需求还不断发展变化，任何人都不能预知所有人对每一种商品效用的认知，也就无法事先知道每个人需求，因此再聪明的国家经济计划的制定者也不可能制定出能够满足人们丰富需求的商品和服务计划。

这里还需要澄清一个问题，计划经济行不通，但是并不是表示社会不需要计划。相反，计划无处不在，每个人工作生活都需要计划，每个企业需要生产销售发展计划，每个政府工作部门需要工作计划，每一级政府也需要对自己应该负责工作做出计划，但是绝对不需要政府制定包罗万象的经济发展的计划(规划)。

三、宏观调控理论存在缺陷

宏观经济学无论凯恩斯主义还是货币主义都不能从根本上解决经济危机问题，他们能够缓解经济危机属于瞎猫碰到了死耗子。在上一节《追寻经济危机的根源》中我就指出了凯恩斯主义的措施能够起到缓解经济危机的作用从本质上讲，就是部分地解决了分配不公的问题。第一，政府大量推进公共投资，实际上是让没有钱的人也能够消费（公共产品消费是不花钱的）；第二，社会福利制度，实际上就是把富人的钱通过税收再以社会福利形式发给穷人；第三，通货膨胀的本质就是把民众存款贬值，这种贬值有利于降低生产者的融资成本，减轻企业还贷压力，避免了企业因为还不起债而大批破产。但是这一缓解危机的方法鼓励浪费和腐败，在凯恩斯主义主导下的市场经济体，曾出现三次高通胀、低增长、高失业率的“滞胀”危机。并且这些危机都有一个共同的特点，就是都与能源危机联系在一起，都是典型的短缺性经济危机。

货币主义者认为货币供给量变化是导致经济危机的原因，这显然是本末倒置了。尽管经济危机发生的过程中，货币不断紧缩，这是客观事实，但是这是由于经济危机导致货币紧缩，而不是货币紧缩导致经济危机。因为现代货币尺度具有非常大伸缩性，比如：如果按照购买力计算，现在英镑只有初期英镑购买力的几百分之一了。如果不出现经济危机，生产产品增多，基础货币供应量不变，只会引起纸质货币购买力上升，就是按实际购买力计算，实际货币投放量就会变大。因此稳定货币投放量变化不会导致经济危机，相反，不确定性的货币投放会加剧经济波动的风险。

四、共赢经济学理论

通过对市场、计划、宏观调控等三种资源配置机制研究发现，市场机制是唯一可能实现社会资源最优配置的机制，只要找出了违法犯罪、垄断、负外部性、信息不对称、对自然资源等社会公共资源不平等占有等五种导致市场机制不能实现社会资源最优配置的因素。因此，一个经济体的管理者——政府只要通过反垄断、打击违法犯罪、监督信息不对称、限制负外部性、通过征收稀缺自然资源的资源税建立普惠制社会保障体系等行为承担起了维护这个经济体成员平等自由的责任，市场机制就能实现社会资源分配达到最佳状态。其实反垄断、打击违法犯罪、监督信息不对称、限制负外部性早就成了世界各国政府共识，有些自然资源也征收了资源税，只是在现实中垄断、违法犯罪、信息不对称、负外部性仍然无处不在，还有很多人生活没有保障。所以还需要进一步探索经济发展规律，研究出确实可行的反垄断、打击违法犯罪、监督信息不对称、限制负外部性、通过征收稀缺自然资源的资源税建立普惠制社会保障体系的制度政策，从而建立“各尽所能，按效分配”的社会资源最优配置的社会经济制度。

之所以把我关于经济研究的理论称之为共赢经济学，就是因为按照共赢经济学理论建立经济社会制度能够让经济体中的每一个人都能充分发挥自己的才能，并且能够根据自己为社会做出的贡献获得应得的报酬，实现个人利益最大化和社会利益最大化的统一。

第二章

共赢经济学的理论基础

本章将通过对西方经济学的理论基础效用论和政治经济学理论基础劳动价值论进行更加深入研究，并对价值规律、需求规律、个人利益最大化规律、货币流通规律等市场规律基本问题进行再研究，提出形成一个全新的统一了西方经济学和政治经济学理论基础能够比较全面的解释业已发生的各种经济现象的共赢经济学理论体系。

第一节 统一效用论和劳动价值论

如果现代经济学只分为两派的话，那么一派就是以效用论为基础的西方经济学，另一派以劳动价值论为基础的政治经济学。这两派曾经势不两立，相互攻击。实际上，这两种经济学理论各有所长，可以相互取长补短。以西方经济学为指导实行市场经济的资本主义国家是贫富悬殊需求不足的经济危机不断，以政治经济学为指导实施计划经济的社会主义国家，经济效率低下，消费品供应短缺严重。在这里将通过分析西方经济学效用论和政治经济学劳动价值论与现实耦合性，进一步完善效用论和价值论，实现两者统一，使其构成共赢经济学的理论基石。

一、西方经济学效用论的成功与不足

1. 西方经济学效用论的主要观点

西方经济学认为：一件东西要有价值，除有效用之外，还必须具有稀缺性。例如一杯水对井边的人而言，倒掉也毫不在乎，这时，这杯水只有效用而无价值；但对沙漠旅行者而言，水壶中剩下的最后一杯水，有了它如获甘泉，没有

它则不胜口渴的痛苦，于是这杯水就产生了价值。西方经济学认为效用是指对于消费者通过消费或者享受闲暇等使自己的需要、欲望等得到的满足的一个度量。稀缺性是指相对于人类多种多样且无限的需要而言，满足人类需要的商品和服务是有限的。商品和服务相对于需要的稀缺程度就决定了商品和服务的价格。

2. 西方经济学效用论成功之处

效用价值论成功之处就在于发明了效用这个概念。通过效用分析消费者对商品和服务的需求比利用使用价值论更加符合客观实际。效用论研究市场对商品和服务需求时不仅考虑了使用价值不同的商品效用差异，而且考虑到了不同消费者的个体差异导致不同人对同一商品的效用判断不同，并且还考虑到了同一个人在已经拥有该商品数量差异而对市场相同商品会做出不同效用评价。比如：使用价值一样的商品，因商品品牌不同，消费者对其效用认知是不同的，比如对于两双运动鞋，品质完全一样，只是一双贴上了耐克商标，一双贴上了上海回力商标。从使用价值讲这两双鞋完全一样，但是现实中消费者的效用感觉是不同的。同一种商品，不同的人对其效用认知也不同，比如有人认为 1 万元买个 LV 包很值，有人觉得 500 元都不值。效用可以用来分析市场对商品和服务的需求，而使用价值几乎不能准确分析市场对消费品需求。当一个人已经拥有一定数量某一商品后，这个人就会对市场上这种商品效用评价降低。

3. 西方经济学效用论不足之处

一是西方经济学关于效用的定义还存在缺陷。首先这个定义限制效用使用范围，效用不仅仅可以用于商品对消费者的作用，还可以适用于企业政府等法人组织。其次西方经济学的定义片面地强调效用对消费者个体的主观感受，而对商品效用的客观性有些忽视。对于生产企业、军队、政府等用户来说，物品效用具有非常强的客观性。比如：一条生产线就可以用生产能力、质量水平、资源消耗等指标衡量。

二是稀缺性价值说显然不能够让人们认识到创造价值的真正源泉。稀缺性确实可以解释边际效用论无法度量商品的价格，但是不能真正揭示创造价值的源泉。而且现实中，资本主义国家经济危机不断，出现与稀缺性正好相反的生产过剩，需求不足的危机。

实际上，西方经济学犯了一个明显的错误，就是把商品和服务的价格当成了商品和服务的价值，从而把效用论和劳动价值论对立起来，造成了西方经济学和政治经济学之间的矛盾。

二、政治经济学劳动价值论的成功与不足

1. 劳动价值论主要观点

劳动价值论是先从商品的二因素，即价值和使用价值的分析开始，从而提出了劳动二重性学说，即具体劳动和抽象劳动，具体劳动创造使用价值，只有抽象劳动才创造新价值。劳动价值论也分析了价值量，得出了商品的价值量是由社会必要劳动时间决定的结论，并提出了资本剥削劳动者的剩余价值学说。使用价值是政治经济学用来研究商品（服务）性质的基本概念，政治经济学认为使用价值是能满足人们某种需要的物品属性，使用价值是物品的自然属性。使用价值是由商品的物理化学性质决定，一般来说，使用价值是存在于商品的物理化学特征之中，不会因人而异，只会随着人类社会发展而被发现新的使用价值。比如：煤炭的使用价值在古代就是只能用来燃烧，而现代还可以提炼出各种化工原料，并且这些使用价值对于同一个时代每一个人都一样的，没有区别。

2. 劳动价值论成功之处

劳动价值成功之处就是可以解释资本主义国家爆发经济危机的原因。资本主义国家的经济危机的表现就是人民的收入消费不了生产过剩的商品。资本主义国家之所以出现需求不足，就是因为劳动是商品劳务的价值源泉，而在资本主义社会不公平的制度下，部分资本通过控制稀缺资源剥削了劳动和其他资本，导致社会收入分配不合理，贫富悬殊。但是这里的剥削不是资本剥削劳动者，单纯讲资本剥削劳动者的剩余价值理论是不准确的，现实中存在资本剥削资本、资本剥削劳动，劳动剥削资本等各种情况。比如：垄断企业的资本和劳动都剥削了其他资本和劳动，国企和上市公司高管自己给自己发高薪的行为就是劳动剥削了资本所有者。

3. 政治经济学不足之处

一是无法准确解释市场对商品和服务需求。政治经济学提出的使用价值用来研究商品性质存在明显缺陷，使用价值具有质的不可比性，满足人们不同需要的物品，不能比较哪一种使用价值多少。因此，通过对商品使用价值的研究无法判断社会对具体商品需要程度，更是无视不同个体对商品价值判断的差异。这一点正好是效用论的优点。比如：在前面讲的运动鞋例子。利用使用价值几

乎不能准确分析市场对消费品需求，对生产资料需求可以使用一下。依据劳动价值论建立起来的社会主义计划经济国家普遍面临一个问题就是：商品都非常单一，并且数量不足。并且这些国家为什么会出现商品短缺的现象？因为商品和服务的使用价值可以确定，但是每个人对商品和服务效用认识是不同，任何人都不能预知其他人对某种商品效用的认知，就是消费者自己都不知道未来自己需要什么，所以再聪明的国家经济计划的制定者也不可能制定出能够满足人们丰富需求的商品和服务的计划。

二是计划经济无法让劳动根据其劳动效果得到应得的回报。政治经济学的劳动价值论还有一个明显的不足，就是在社会实践中不能让劳动得到应得的回报。政治经济学提出了“按劳分配”的分配原则，而这里的按劳分配就是按劳动量分配，与劳动实际效果没有必然关系，就是说与劳动为社会做出实际贡献没有关系。这就导致劳动者不注重工作的效果，人浮于事，整个社会效率的低下。所以政治经济学的劳动价值论还需要完善。劳动是创造价值的唯一源泉，但是政治经济学提出“各尽所能按劳分配”原则的内涵应该有所改变，按劳分配不是按照劳动量分配，而是按照劳动效果分配。为了区别于政治经济学提出的“各尽所能按劳分配”原则，共赢经济学提出了“各尽所能按效分配”原则。

三、效用论与劳动价值论的统一

两种价值论经过几百年的理论交锋和几十年的实践交锋，两种价值论在理论上互有输赢，实践中边际效用论略占上风，毕竟现在市场经济在世界上占有主导地位。造成两种理论对立的原因在于意识形态作怪，其实效用论可以解释人们对某种商品和劳务的需求，而劳动价值论可以解释社会的总需求和总供给，所以两种价值论完全可以统一起来。而且根据新统一起来的价值论设计的经济政治制度既可以避免供应不足的危机，也可以避免需求不足的危机。

1. 两种价值论有可以对应的共同点

奥地利学派的物品的效用可以与劳动价值论的使用价值对应起来，稀缺性可以和价值对应起来。一杯水对井边的人而言，倒掉也毫不在乎，是因为井边的人取这杯水花费劳动很少，其实这杯水也是有价值的，只是很小，小到可以被人忽视了。对于沙漠旅行者而言，价值大是因为水壶中剩下的最后一杯水花费的劳动多。现实中有时沙漠旅行者可能愿意花出运送这杯水 10 倍甚至 100 倍价值的价格获得这杯水。这与劳动价值论也不矛盾，因为商品在某个时间的价格由供求关系决定，如果在沙漠之中建立一个基地，用于接待旅行者，那么那杯水的价格从长期来说就会等于运送这杯水的劳动价值。

2. 两种价值论分歧的融合

在人类商品社会初期商品的价值是由劳动决定的，这一点是边际效用论者也能够接受的。人类商品社会初期有什么特点呢？就是人人平等享受自然赋予的资源，就是说每个人面对环境和享有自然资源的权力都是一样的。在资本主义制度下，资本通过占有稀缺自然资源的产权，正是这种稀缺自然资源的占用不公平现状，引起了特定资本对劳动和其他资本的剥削。天赋人权，大自然赐给人民自然资源应该人人平等地享受。如果社会能够根据天赋人权的原则，让人人平等享用自然资源的制度，那么劳动是创造价值的源泉在市场经济条件下就能够体现出来，劳动也能得到应得的财富。

3. 统一的价值论

在物品的效用方面，物品除了客观存在的使用价值，还有每个人都感知不同的边际效用。在物品价值方面，劳动是创造价值的唯一源泉是不容置疑的，但是只有在人人平等享受自然资源的权利的条件下，劳动是创造价值的唯一源泉才能在现实社会中表现出来。并且边际效用与价值还相互关联，即一种商品的边际效用的变化，往往还会影响该种商品价值的变化。当人们认为商品效用在变大时，人们就会增加对这种商品的需求，市场需求增加，就会导致商品的价格上涨，商品价格上涨，就会引起生产这种商品的企业利润增加，行业利润增加就会引起其他效率更低的资本和劳动进入该行业，从而导致该商品的单位商品所含的社会劳动增加，这种增加就会使商品价值增加。同理，当人们认为商品效用变小时，人们就会减少对这种商品的需求，市场需求减少，就会导致商品的价格下跌，商品价格下跌，就会引起生产这种商品的企业利润下降，企业利润下降就会首先淘汰效率最低资本和劳动，从而导致该商品所含的社会劳动减少，这种减少就是商品价值的减少。

四、共赢经济学价值论

共赢经济学价值论可以概括如下：效用是人们需求的原动力，是商品和服务对需求者的需求满足程度的度量，而劳动是创造商品和服务价值的源泉，也是人们收入的源泉，劳动在创造商品的同时也创造了市场需求。只有自由平等的市场经济条件下，劳动才能生产出满足人们的需求的商品和服务，劳动才能根据其实际贡献的大小得到应得报酬。

什么是真正自由平等市场经济呢？没有垄断、没有欺诈、没有负外部性、没有违法犯罪，人人平等享受大自然赐予的资源的市场经济就是真正自由平等的市场经济。要建立真正自由平等市场经济，不但要求政府承担起反垄断、控制信息不对称、管制负外部性、打击违法犯罪的责任，还要通过征收能够让所有自然资源都变得充分的资源税建立全面普惠制社会保障体系，实现人人平等享受大自然赐予的资源，而且还要建立让所有政府职员也能“各尽所能按效分配”的政府职员绩效薪酬制度。

第二节　个人利益最大化规律

“个人利益最大化”是西方经济学中最重要的假设前提，然而就是这个重要的假设，却从来没有人对其与现实社会的耦合性加以证明，形成了重大的理论缺陷。正是这个缺陷导致经济学的统一性、实证性、普遍性遭到质疑。本文将对经济学这个最重要假设与现实社会的耦合性进行论证，将其上升为个人利益最大化规律，并研究如何利用这个规律实现社会利益最大化。

一、关于个人利益最大化规律的界定与理解

1. 关于利益的定义

不同的人对具体利益看法可能截然相反。有人认为纳税是利益，也有人认为偷税是利益，有人认为守信是利益，也有人认为背信是利益。如果问一个人，你的最大利益是什么？犯瘾的吸毒者会说“海洛因!”输钱的赌徒会说“赌本!”但是，犯瘾的吸毒者也可能说“彻底戒掉!”输钱的赌徒也可能喊出“再也不赌了!”。当然对于利益，人们也有共识，比如任何人都喜欢清新的空气，清澈的河水。那么究竟应该怎么样定义经济学中利益概念呢？所谓利益就是用来满足人们生理和心理需要的物质或精神的产品和劳务。利益大小怎么衡量呢？根据共赢经济学理论关于价值源泉的观点，从消费者的角度来说，就是依据效用的大小来衡量。

2. 关于个人利益最大化规律的界定

不同的人会由于自己的生活习惯、道德品质、宗教信仰、政治抱负、所在社会经济制度的不同而对同一种产品和劳务的效用大小判断有所不同。对于一个道德高尚的人来说，老百姓对其肯定比给他金山银山都重要。对于道德低下的人来说，可以要钱不要脸。尽管每个人对每种具体利益的效用大小判断有所不同，但是每个人都会选择能够让本人得到最大利益或者最符合自己利益的行为，这就是个人利益最大化规律。所以个人利益最大化规律就是每个人都会充分利用法律法规道德规范，选择能够让本人得到最大利益或者最符合自己利益的行为。这里的个人不仅仅是自然人，也可以是企业、政府部门、社团组织等法人，或者是任何一个可以界定的群体，比如一个家庭、一个村庄、一个国家。个人利益最大化规律就是任何一个可以界定清楚自然人或者群体都会追求自身利益最大化。一个人会追求自己个人利益最大化，一个家庭就会追求自己家庭利益最大化，一个企业会追求自己企业的利益最大化，一个国家会追求自己国家利益最大化。

3. 个人利益最大化规律的普遍适用性

个人利益最大化规律是社会领域的客观存在，就跟万有引力定律是自然界的客观存在一样。个人利益最大化规律具有普遍性，适用于所有的人，适合于人类社会各个阶段。

（1）个人利益最大化规律适合于所有人。不管他是道德高尚还是道德败坏，不管他高贵还是贫贱，一个人都会选择能够让本人得到最大利益或者最符合自身利益的行为。只是人们对于同一件事情的利益认识各不相同，所以最后人们选择行为也可能各不相同。比如：雷锋同志干一行、爱一行、钻一行，关心战友，关心群众，乐于助人。这也是雷锋同志为了自身利益最大化做出的选择，雷锋同志的人生信仰就是把“毫不利己、专门利人”看成是人生最大的幸福和快乐，政治抱负就是全心全意为人民服务和为共产主义奋斗终生。再比如笔者本人，寒窗苦读、见义勇为、笔耕不辍，在金钱和地位方面无所求，这也属于为了实现个人利益最大化做出的选择，因为本人认为其最大利益就是通过自己思考和行为为社会做出贡献。

（2）个人利益最大化规律适合于所有社会。个人利益最大化规律从人类社会产生一直到现在，无时无刻不在发挥着作用。原始社会，族群实行平均主义分配方法，在族群之间，要么相互通婚，组成部落，要么就是相互征战，杀死敌对族群的所有人。人们这些行为也是个人利益最大化一种表现形式，因为原始社会生产力水平非常低下，一个人没有能力捕获足够的猎物和生产出足够物品，而且只有平均分配才能保障族群的繁衍，留下其他族群的俘虏也没有价值。随着人类生产力水平的提高，人们就再不杀死俘虏，而是让俘虏成为奴隶。当人们发现掠夺成本过高，当两个族群和部落势均力敌时，人们发现用物品交换获得自己想要的物品成本更低。战争和物品交换都是人们追求个人利益最大化选择的结果，都是个人利益最大化规律的具体表现。可以说交换是人类最伟大发明，是实现个人利益最大化和社会利益最大化统一的有效途径。在只有交换这个途径实现个人利益最大化时，实现个人利益最大化的步骤有两个：第一个步骤是用最低的成本为别人提供满足其生理和心理效用需要的产品和劳务获得最大报酬收入。第二个步骤是用自己的收入从他人那里购买最大限度满足自己生理和心理效用需求的产品和服务。这里的报酬收入，一般就是货币，但是也可能是荣誉和人情，荣誉和人情本身就是可以满足人们心理需要的特殊产品和劳务，同时又是一种隐性的收入，还可以换来其他满足生理和心理需要的产品和劳务。一直到二战结束为止，战争和交换都是国家之间实现个人利益最大化主要途径，二战之后，世界各国主要通过完善交换的规则实现利益最大化，而战争退居次要地位。

交换从奴隶社会开始就成了国家内部自由人实现个人利益最大化手段，但是1925年开始在部分国家实行计划经济。在计划经济体制下，国家在生产、资源分配以及产品消费各方面，都是由政府事先进行计划。个人没有了独立性，也不能讲条件，不能提奖金、按能力分配或按贡献分配，对于上级只能无条件服从，给你多少是多少，叫你怎么干就得怎么干。在这种搞多搞少一个样情况下，实现个人利益最大化的选择就只能不主动做事情，少做事情，偷工减料。在计划经济时代，我们农村的生产队就出现过有的队员打农药时不放药水的情况，而且我们那个生产大队是湖南省的先进生产典型，当时省委书记毛致用还住在我们生产大队调研过数天，我们生产队又是我们生产大队先进生产典型。在当时中国其他地方人们选择不主动做事情，少做事情，偷工减料的情况那就更多了。在计划经济体制下，个人利益最大化规律一样适用，只不过市场经济表现为追求最大经济收入最大化，计划经济体表现为自己付出尽可能的少。

二、社会利益最大化的内涵

1. 社会的定义

社会是共同生活的人们通过各种各样社会关系联合起来的集合，人类社会就是共同生活在地球的人们通过各种各样社会关系联系起来的集合。人类社会分为很多子社会系统，这些子社会系统从高到低划分为全世界、国家联盟、国家、地方。如图 1－2－1 所示，全球人类社会由多个国家联盟组成，每个国家联盟又由多个国家组成，也有些国家没有加入任何国家联盟，每个国家又由地方构成，地方社会还可以分为更小的地方子社会。除了全球社会之外，其他层次的每个社会系统既相互独立又相互影响，每个子社会系统主要由公民、家庭、企业和政府四个组成单元构成。

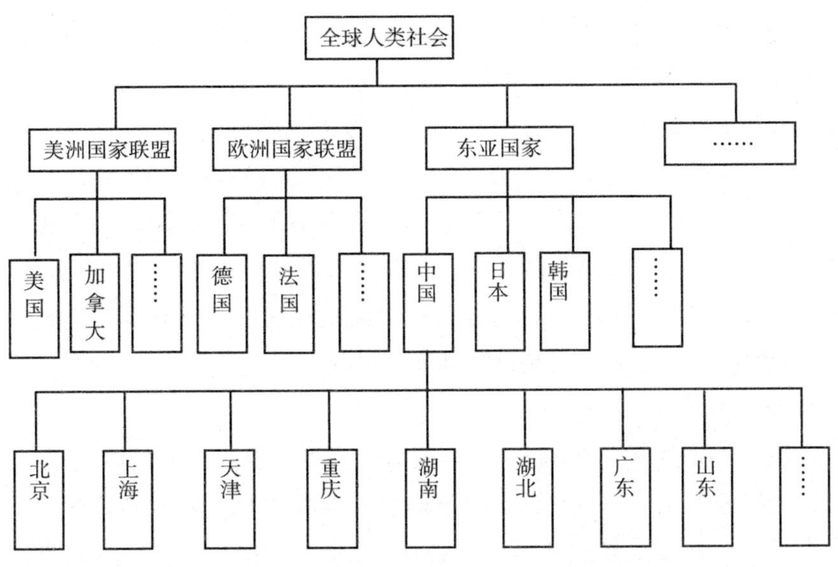

图 1－2－1：人类社会构成层级图

2. 社会构成单元的内涵和外延

现代社会由各种各样社会单位构成，根据社会构成单位的职能特点，可以分成公民、家庭、企业、政府四类。

（1）关于公民的内涵和外延。公民是在一个社会中享受法定权利承担法定义务的自然人，是社会最基本构成单元。每个公民都以交换、家庭、企业、政府四种社会关系与自身之外发生关系。在现实社会中，一个公民可以具有家庭、企业、政府的性质，比如：单身家庭、个体企业、一个小村庄推举领头人。但是在这里研究时，只把公民作为家庭、企业、政府的组成部分和关系调整的对象。

（2）关于家庭的内涵和外延。家庭以婚姻和血缘为纽带的基本社会单位，包括父母、子女及生活在一起的其他亲属。家庭职能主要包括性爱职能、繁衍职能、经济职能等。家庭经济职能就是家庭为了满足家庭成员生活发展需要进行组织家务劳动、子女教育等活动。那种为了满足家庭之外他人的需求而进行经济活动，不属于家庭的经济职能，而属于企业的职能，因为这个时候家庭实际上是以企业身份对外的，而且并不是所有家庭都具有这种经济职能。

（3）关于企业的内涵和外延。是通过生产满足社会物质和精神需要的产品和劳务而获得经济报酬的组织，是社会创造财富主要社会单元。按照这个定义，学校、医院、教堂、慈善机构等事业单位和社会团体都可以归入企业的范畴。

（4）关于政府的内涵和外延。政府是从国民和国家的物中选拔出来维护所有国民利益的人和物的总和。政府包括立法机关、行政机关、司法机关、军事机关。政府存在的目的就是代表国家维护所有国民的利益，如果政府只能维护一部分国民的利益，那么这个政府就必然最终会被推翻。政府可以看成一种特殊的企业，是一种拿了社会税收，为社会提供物质和精神的产品和劳务的组织。只是政府获得经济收入多少与其为社会提供物质和精神产品和劳务的数量和质量没有直接关系。并且政府又是社会制度和规则的制定者。

3. 社会利益最大化的含义

个人利益是社会利益的基础，社会利益归根到底要落实到具体的人。因此，所谓社会利益最大化就是所有社会成员的总利益最大化。社会利益最大化体现在两个方面，一方面是自然环境、社会环境、产品和劳务等总产出的最大化。另一方面是社会产出分配状态最优化，因为每个产品和劳务对于不同人来说，效用是很不一样的，所以在产出一定的情况下，通过改进产出分配状态增加社会总利益，产出分配状态最优化可以实现社会成员总效用的最大化。那么什么状态下才是社会利益最大化状态呢？每个社会成员都不存在被逼迫、被欺诈进行交换或付出时产出分配状态就是社会利益最大化状态。比如：一个企业主要由员工、经营者、股东构成，在企业经营成果分配时。如果存在被迫劳动，那么员工分配就不是最优分配状态，像黑砖窑这样的企业是不能实现社会利益最大化的。如果一个企业通过欺骗手段来吸引股东投资，那么这种收入分配状态也不是最优分配状态，像一些做假账的国企和上市公司也不能实现社会利益最大化。

三、运用个人利益最大化规律实现社会利益最大化

个人利益最大化规律是人类社会存在的客观规律，任何否定和无视个人利益最大化规律的行为都会受到社会惩罚。我们只有正确运用这个规律，才能实现社会利益最大化。下面就以国家这个层次为例，研究如何通过规范个人、家庭、企业、政府这四类社会构成单元，运用个人利益最大化规律实现社会利益最大化。

1. 交换是人类社会实现个人和社会利益统一的最伟大发明

在只有交换这个途径时，实现个人利益最大化的途径有两个：第一个是用最低的成本为别人提供满足其生理和心理效用需要的产品和劳务获得最大报酬收入。第二个是用自己的收入从他人那里购买最大限度满足自己生理和心理效用需求的产品和服务。就是说，交换首先是让别人满意后，才能让自己满意。在自由平等交换规则下，在个人成本等于社会成本的情况下，每个人追求个人利益最大化就要先让别人利益最大，也就同时实现了社会利益最大化。但是人类社会构成单元除了个人之外，还有家庭、企业、政府等集体社会单元，家庭、企业、政府这些集体社会单元中利益分配不仅仅是依靠交易，所以必须创新这些社会单元分配机制，实现个人、集体、国家利益一致。而且由于外部性的存在，使得个人成本也不总是等于社会成本，所以还要创新外部性管制规则让个人成本与社会成本一致。这样就可以让个人在追求个人利益最大化时就能够同时实现集体、国家利益最大化。

2. 实现个人、家庭、国家利益统一的规则创新

家庭利益最大化就是所有家庭成员个人利益的总和最大。实现家庭利益最大化体现在两个方面，一方面是从家庭成员用最少成本为家庭之外的人提供产品和劳务获得经济收入，再用最少的经济支出从外界获得最大限度让家庭成员生理和心理满足的自然环境、社会环境、产品和劳务；另一方面是家庭收入分配状态最优化。但是每个成员之间的利益存在一个此消彼长的问题，比如，有的人不赡养老人，有的人赌博输了，卖老婆孩子，还有的人为了自己利益干涉子女婚姻等。所以要实现个人利益、家庭利益、国家利益的统一，就要需要用

法律和家庭道德伦理规范每一个人的行为，保障所有家庭成员之间人人平等，合法权益不受侵害。在这种情况下，个人利益最大化就可以等同于家庭利益最大化、国家利益最大化。

3. 实现个人、企业、国家利益统一的规则创新

一个企业由员工、经营者、股东构成，作为社会创造财富的主体，企业利益最大化就是企业经济利益最大化，企业利益最大化包括员工、经营者、股东三方面利益最大化。首先企业在追求自身利益最大化过程中，在与其他人进行交换时可能存在一个企业成本小于社会成本的问题，比如企业可能存在垄断、负外部性和信息不对称等行为都会造成企业成本小于社会成本的问题。因此只有消除了垄断负外部性信息不对称的存在，才能够让个人生产成本和社会成本一致。其次，企业经营成果在内部员工、经营者、股东之间进行分配时，经营者可以利用自己优势地位压制员工，经营者还可以利用信息不对称欺骗股东。比如中国出现过多起黑砖窑事件，就是典型的经营者非法利用自己优势地位压制员工的行为。所以需要用法律和社会规范来保障员工和经营者地位平等，在企业经营者和员工建立一个自由平等交换关系。要建立科学合理公众性企业治理制度，保障股东与经营者之间信息对称，消除所有者缺位的现象。消除外部性、垄断、信息不对称、奴役等问题，才能够实现个人、企业、国家利益的统一，这个时候企业追求经济利益最大化就会成为实现社会利益最大化的动力。

4. 实现个人、政府、国家利益统一的规则创新

政府就是为了社会的公共利益而存在的，政府代表着国家利益和全体国民利益。但是政府也是由一个一个职员构成的，在实际中很难保证政府职员个人利益、政府官员利益、国家利益一致。所以必须创新政治体制、创新绩效和薪酬机制确保政府职员个人利益、政府官员利益、国家利益统一，让政府职员追求个人利益最大化时能够顺便实现政府利益、国家利益最大化。

四、结论

个人利益最大化规律是人类社会产生以来就普遍存在，一直支配着人们行为的客观规律。这个规律是人类社会进步的动力，但是在缺乏自由平等公正的社会规则时，就会成为吃人的魔鬼。所以从人类产生以来，人们一直在孜孜不倦的探索自由平等社会规则，从原始社会到奴隶社会、封建社会、资本主义社会、共产主义社会，社会规则越来越自由平等民主，越来越有利于个人利益和

社会利益的统一。前面从个人、家庭、企业、政府等社会构成和运行机理分析出了现在人类社会制度体制破坏自由平等公正的社会规则的主要问题是外部性、垄断、信息不对称、违法犯罪等问题广泛存在，政府制度缺陷导致政府职员个人利益、政府官员利益、国家利益相背离问题普遍存在。共赢经济学理论就是通过防止外部性、反垄断、消除信息不对称、打击违法犯罪和创新政府治理结构等方面创新社会经济体制机制，使公民、家庭、企业、政府等社会单元的利益与社会总体利益一致，让个人利益最大化规律成为社会发展进步动力的新经济学理论。

第三节　对需求规律再研究

需求定律指在其他条件不变的情况下，商品的价格和需求量之间反向变动的关系，即价格越低，需求量越多；价格越高，需求量越少。这个定律是西方经济学的基础经济理论之一，然而这个西方经济学基本定律却没有得到经济学界的广泛认可。反对者认为对于需求定律，不仅仅是“吉芬物品”一种“例外”，还有炫耀性商品、投机性商品两种“例外”。既然是客观规律就不应该存在任何例外，因此现在西方经济学关于需求定律的描述是错误的，至少是不完整的。因此，需要对需求规律进行再研究。

一、什么是需求

经济学的需求是指在一定时间范围内，市场中消费者愿意并且能够购买的商品数量。需求的成立必须满足两个条件，一是消费者必须有购买的欲望，二是消费者必须要有购买的能力，二者缺一不可。需求可以分为单个需求和市场需求，单个需求指单个消费者对某种商品的需求，市场需求指消费者全体对某种商品需求的总和。研究市场需求首先就要研究每个消费者的需求。消费者为什么会产生购买某个商品的欲望呢？这是因为这种商品可以满足消费者的一种欲望需要。

关于人的欲望需要，马斯洛需求层次理论进行过深入研究。亚伯拉罕·马斯洛于 1943 年在《人类激励理论》论文中提出，人类需求像阶梯一样从低到高分为五种，分别是：生理需求、安全需求、社交需求、尊重需求和自我实现需求。第一层次：生理上的需要，包括呼吸、水、食物、睡眠、生理平衡、分泌、性等。第二层次：安全上的需要，包括人身安全、健康保障、资源所有性、财产所有性、道德保障、工作职位保障、家庭安全等。第三层次：情感和归属的需要，包括友情、爱情、性亲密等。第四层次：尊重的需要，包括自我尊重、信心、成就、对他人尊重、被他人尊重等。第五层次：自我实现的需要，道德、创造力、自觉性、解决问题能力、公正度、接受现实能力。自我实现的需要是最高层次的需要，是指实现个人理想、抱负，发挥个人的能力到最大程度，达到自我实现境界的人，接受自己也接受他人，解决问题能力增强，自觉性提高，善于独立处事，要求不受打扰地独处，完成与自己的能力相称的一切事情的需要。①

市场上产品和服务按照满足人们需求的类型，归纳出来可以分为衣食住行用、学信娱闲等类型的商品和服务。衣食住行用学娱闲等比较明确，信就是信仰，包括忠孝义等的需要。衣食住行用等商品和服务用来满足人们的物质需要和马斯洛需求理论中第一个层次需要，学信娱闲主要满足人们精神需求和马斯洛需求理论中后四个层次需求。无论是人们的物质需要还是精神需要，要转化为需求，都受到客观条件限制。这些约束条件主要有收入、时间、精力、身体等。物质类需求主要受收入和身体需要量、个人现实条件限制。比如人们对食物都需要，在温饱满足之后，食物的需求总量用热量值计算的话就不会再有提高，收入再提高，只会让食物的消费结构发生变化。对衣物需求也有类似的特点，在收入水平不断上升过程，市场总需求量达到一定数量后，收入就会促使需求结构变化。一个家庭衣柜的大小往往决定其家庭对衣物需求的总量。物质类的需求都有类似的特点，市场需求数量是有限的，对质量和性能的需求是无限的。精神类需求主要受到时间和精力的限制，从需要上说，精神类需要是没有止境的，但是人的时间和精力有限，结果就导致精神类需求在数量上也是有限的。因此市场对任何产品和服务需求从数量上讲都是有限的。人们需求的有限性是导致资本主义经济危机的诱因之一，当然资本主义经济危机的根本原因在于资本主义国家实施市场经济不是真正平等自由的市场经济，很多人受到了严重剥削，导致有人因为没有分配到资源而无法依靠自己劳动为其他人提供产品和服务。

---

① 百度词条 需要层次理论

综上所述，任何满足人们物质或精神需要的商品和服务的市场需求都是有限的，只有人们对满足自我实现需要的用货币计量的财富的追求是无限的，在真正平等自由市场经济中，人们首先创造出了能够满足他人需要的商品和服务后，才能获得用货币计量的财富。因此，人们创造生产满足他人需要的商品和服务的欲望是无限的。由此可知，那种担心建立普惠制社会保障体系之后，人们都会变得懒惰而期望不劳而获的担心是多余的。

二、决定需求变化的三大因素

决定需求的三大因素就是效用、收入、价格。共赢经济学是这样定义效用的：效用是人们需求的原动力，是商品和服务对需求者的满足程度的度量。收入就是需求者的收入。价格就是商品和服务的市场价格。所谓需求规律就是决定商品和服务需求的效用、收入、价格等三大因素的变化，引起市场对该商品需求的变化规律。

1. 效用对商品和服务市场需求的影响

在收入和商品价格不变的情况下，市场需求者对效用评价提高，市场需求必然增加，市场需求者对效用评价降低，市场需求必然减少，也就是说，商品市场需求量和效用正相关。比如：十八大以来，反腐倡廉氛围形成后，市场需求者对奢侈品的效用评价显著降低，导致中国市场上对奢侈品需求量显著降低。

2. 收入对商品和服务市场需求的影响

在效用和商品价格不变的情况下，收入对商品和服务市场需求的影响会产生多种情况。前面已经研究了，人们对满足其一种消费需求的商品和服务的总量基本上不会变化。如果把满足人们一种消费需求的商品和服务分为高中低三种，当人们收入增加时，就造成低档商品市场需求量下降，中档商品需求量变化根据收入分配结构和收入增加具体情况才能确定，高档商品需求量上涨的结果，当人民收入减少时，就造成低档商品市场需求量增加，中档商品需求量变化根据收入分配结构和收入减少具体情况才能确定，高档商品需求量下降的结果。

3. 价格对商品和服务市场需求的影响

在效用和收入不变的情况下，价格对商品和服务市场需求影响会产生多种状况。对于投资品来说，价格变化会导致需求者对投资品的效用认知发生变化。比如：房地产市场有时会出现买涨不买跌现象，股票市场有时会出现价格上涨交易量放大的现象。因此，对投资品来说，需求与价格正相关还是负相关，与需求者因为价格变化产生效用认知变化有关。当投资品价格上涨时，如果需求者认为商品价格还会涨，需求量才能增加，如果需求者认为投资品价格不会涨了，需求量会降低。价格变化对于消费品来说，前面已经研究了，人们对满足其一种消费需求的商品和服务的总量基本上不会变化。当商品价格下跌，如果需求者认为商品价格还会跌，需求量就会减少，如果需求者认为商品价格不会跌了，需求量会增加。价格变化对于消费品来说，价格变化必然导致人们收入发生变化，商品价格上涨会导致人们实际收入降低，商品价格下跌必然导致人们实际收入增加。这时候价格变化对需求影响就相当于收入变化对商品和服务的影响。如果把满足人们一种消费需求的商品和服务分为高中低三种，当商品价格下跌，就相当于人们收入增加，就造成低档商品市场需求量下降，中档商品需求量变化根据收入分配结构和收入增加具体情况才能确定，高档商品需求量上涨的结果，当商品价格上涨，人们实际收入就减少，就造成低档商品市场需求量增加，中档商品需求量变化根据收入分配结构和收入减少具体情况才能确定，高档商品需求量下降的结果。价格上升时需求量本应下降的商品而实际需求量反而上涨的商品就是西方经济学教科书称为吉芬商品的一种特殊商品。

三、需求规律的完整表述

综上所述，完整的需求规律应表述如下：商品和服务市场需求量与其效用正相关，高档商品市场需求与人们收入正相关，低档商品与人们收入负相关，投资品需求量与其价格变化没有确定的相关性，高档消费品的需求与商品价格负相关，低档消费品的需求与商品价格正相关，中档消费品的需求量与商品价格关系要具体问题具体分析。

高档消费品的需求与商品价格负相关就是西方经济学中的需求定律，我把低档消费品的需求与商品价格正相关的规律认定为吉芬定律，都是商品需求规律的一部分。但是从古到今，经济学界认可吉芬现象就只有一次，那就是爱尔兰灾荒时，土豆的价格上涨，土豆的需求量反而增加。为什么一个普遍存在的规律却这么难观察到呢？

因为市场是复杂的，满足人们一种需求的低档商品也由很多厂家生产，除非一家企业垄断了所有的生产，否则对具体企业来说，市场对其产品需求永远符合需求定律，所以尽管该商品属于吉芬商品，但是没有一个企业敢于提高自己产品的价格。

观察吉芬商品往往只能在特殊时期才能观察到，在发生灾害时，吉芬发现了土豆符合吉芬定律。在2008年金融危机时，电视报道中国高档服装在欧美的市场销售量反而增长，就是印证了吉芬定律。因为金融危机使欧美国家国民收入减少，中国高档服装价格实际上就是变相上涨了，结果销售量反而增长。现实中很难出现这种吉芬定律环境，但是政府可以创造环境让吉芬定律发挥正面作用。

四、需求规律再研究的现实意义

理解需求规律的现实意义是可以因此指导中国政府制定出口政策。可以这样说，中国出口欧美的大部分商品都符合吉芬定律。以服装为例，在一定时间内欧美国家人们的收入是确定的，用于购买服装的支出计划也是确定的，比如他们原计划购买10套服装，7套中国服装，3套法国意大利的高档服装，法国意大利的服装是中国服装价值的5倍以上。如果中国服装降价了，消费者可能买了7套中国服装和3套法国意大利的高档服装后，还有结余，他们就会考虑舍弃一套中国服装，用结余的钱购买一套法国意大利高档服装。但是中国服装涨价了，情况就不一样了，买7套中国服装后，只够买2套法国意大利的高档服装和1套中国高档服装（只比中国普通服装价格约高）了，结果消费者反而舍弃了一套法国意大利的高档服装，多买了一套中国高档服装。不仅在服装业有这种情况，所有出口欧美的劳动密集型产品都会出现类似情况。

然而，具体某个出口企业是不能提高商品价格的，因为对于具体企业来说，其商品需求变化完全符合需求定律，价格上涨，需求量就会下降。如果政府取消出口退税政策，那么所有企业的成本都提高了，他们就必须统一提高商品的价格，这时候吉芬定律就会发挥作用，实现中国商品出口价格上升，出口的数量也同步上升的局面。当然这里对一个其他发展中国家同类出口商品采取忽视的处理办法，主要是中国对这些国家同类商品的竞争优势非常大，远远不止17%的价格优势。而且从2004年至今，人民币升值了30%，但是中国商品出口的数量反而增加，也证明了这个研究的正确性。

第四节 重新认识价值规律

价值规律是指商品的价值量取决于社会必要劳动时间，商品按照价值相等的原则互相交换，其表现形式是商品价格受供求关系的影响，围绕价值上下波动。价值规律是引导社会经济发展的最基本经济规律，是其他经济规律的基础。但是无论西方经济学还是政治经济学对价值规律的理解和认识都存在不足，导致西方经济学和政治经济学得理论体系都存在致命缺陷，西方经济学指导下的资本主义社会经济危机总是会周期性爆发，政治经济学指导下的东欧和苏联的计划经济社会最后全部解体，中国也走上社会主义市场经济改革道路。因此，我们必须重新理解和认识这个社会经济发展的最基本经济规律——价值规律。

一、劳动、资本、大自然和价值的关系

价值规律的标准化描述就是商品的价值量取决于社会必要劳动时间，商品按照价值相等的原则互相交换。因此，劳动和价值关系非常密切，可以说商品的价值是由劳动创造，但是劳动是不是商品价值唯一来源呢？西方经济学之父亚当·斯密认为商品价值来源于三个方面：地租、资本和劳动，西方经济学的主流学者也基本上认可这个论述，但是资本能够创造新的价值说法一直遭到政治经济学者的反对，现实中资本剥削劳动的现象一直存在，而且是造成资本主义经济危机的根源。以李嘉图为代表的政治经济学者则认为劳动是创造价值的唯一源泉，这一结论遭到了西方经济学者无情的批判，几乎没有还手之力。马克思创立了劳动二重性的学说，论证了价值是凝结在商品中的抽象劳动，并对于决定商品价值量的社会必要劳动时间的内涵作了精确的论证，社会必要劳动时间决定商品价值，调节商品生产和商品交换，价格围绕价值波动，正是价值规律为自己开辟道路的表现形式。这些论述是非常符合实际的，但是剩余价值理论明显存在缺陷，资本必然剥削劳动说法也存在一定缺陷。而且提出完全公有制和计划经济等解决问题方法也被实践证明行不通。下面将详细从劳动、资本、大自然和价值的关系出发探寻价值规律。

1. 劳动和价值的关系

劳动定义很多，在这里采用下面这个定义。劳动是发生在人与自然界之间的活动，其实质是通过人的有意识的，有一定目的的自身活动来调整和控制自然界，使之发生物质变换，即改变自然物的形态或性质，为人类的生活和自己的需要服务。从这个定义来看，商品价值来源于两个方面，一是劳动，二是大自然。没有大自然，劳动就没有对象，没有劳动，大自然也不能满足人类生活需要。因此，劳动是价值的唯一源泉是错误的，大自然的活动也是商品价值源泉之一。比如如果自然界中没有煤炭，那么人类只能使用木头燃烧进行生产生活，大自然创造了煤炭这种资源，就降低了人类炼铁炼钢的成本。尽管商品的价值源泉有两个，但是大自然赋予人类的一切都是人类的共同财富，天赋人权，人人平等，因此可以认为大自然资源价值是存量，一切增量价值来源都是人类的劳动，资本也能创造价值的说法是错误的。

2. 资本和价值的关系

资本是用于生产的基本生产要素，即资金及厂房、设备、材料等物质资源。前面已经论述了资本不创造新价值，但是企业为什么会有利润呢？企业利润来自五个方面：一是资产所有者的劳动，投资是一种非常复杂的劳动。二是企业经营管理者的劳动，经营管理是一种复杂劳动。三是通过占有稀缺自然资源，把大自然之功归于自己，实际上是资产所有者的投资决策这种劳动剥削其他人。四是通过垄断、商业欺诈、让社会承担成本等手段等方式获取超额利润。五是通过违法犯罪的手段获得非法收入。企业的前两个利润来源都是劳动，应该受到尊重和政府的保护。中间两个利润来源都是由于社会制度设计缺陷造成的，应该人们谴责，并且政府应该改革经济社会制度，避免这种行为继续存在。最后一个利润来源应该受到法律制裁。

3. 大自然和价值的关系

关于大自然与价值关系，前面已经论述，大自然的活动是商品价值源泉之一，但是天赋人权，人人应该平等享受大自然创造的一切资源，因此可以认为，大自然资源价值是存量，增量价值都是人类劳动创造的。

二、劳动如何创造价值

创造商品价值的劳动可以分为三种：第一种是投资决策，第二种是经营管理，第三种是生产作业。任何一个商品从产生到消费者手中都离不开投资决策、经营管理、生产作业这三种劳动。一个企业要提供一种商品，首先需要通过项目投资决策，把人财物都组织起来，再通过经营管理让一线生产人员用最低成本生产出来符合质量标准要求商品，并销售给消费者。个体经营者投资决策、经营管理、生产作业这三种劳动往往都是由个体经营者一个人完成，中小型企业投资决策和经营管理者两种劳动往往都是由企业经营管理层负责，大型股份集团公司往往投资决策、经营管理这两种劳动都由不同机构承担，一般是董事会负责投资决策，总经理负责经营管理。这三种劳动中投资决策是最为复杂的脑力劳动，需要知识和掌握信息最多，经营管理是一种以脑力劳动为主，体力劳动为辅的较为复杂劳动，生产作业相对简单，一般以体力劳动为主，但是有些生产作业也基本上是脑力劳动，比如：软件程序员的编程工作。对一个企业来说，哪一种劳动更加重要呢？这与企业本身的大小和其所在社会经济发展状况有关。一般来说，企业规模越小，所处社会经济越不发达，投资决策就越容易被忽视，生产技术就越重要；企业规模越大，所处社会经济越发达，投资决策就越重要，生产技术起的作用就越小。比如：一个小餐馆，其生意好坏基本上由一个厨师的厨艺决定。海尔集团能够在20世纪80、90年代在家电行业脱颖而出靠的就是管理。而曾经是世界上最大手机生产商的诺基亚因为在智能手机上的一个投资决策错误就导致企业陷入困境，卖掉了自己的品牌。

劳动是创造商品价值的唯一源泉，但是是否所有创造和生产商品的人类劳动都能够创造价值呢？不能。马克思论证了价值是凝结在商品中的抽象劳动，商品的价值量由商品所含社会必要劳动时间的量决定。如果一种商品所含必要社会劳动时间没有所消耗的各种原材料所含社会必要劳动时间多，那么这种商品就没有创造新价值，如果少，那么就是负价值。一般来说，人类在创造商品的过程中付出三种劳动，投资决策劳动最容易出现负价值，经营管理次之，生产作业最不容易出现负价值。所以现实中经常出现企业破产关门，员工马上可以到其他企业上岗再就业。当然投资决策劳动能创造出正价值也是最多的，企业利润主要由投资决策这种劳动创造。尽管一般情况下生产操作这种劳动出现负价值的时候相对比较少，但是现实中也广泛存在，如生产中出现残次品。

三、价值实现的路径

在资本主义市场经济社会中，价值实现的主要路径就是通过市场交换，在社会主义计划经济社会中价值实现的主要路径主要通过计划分配。商品价值量是社会必要劳动时间的量决定，这个时间是一种客观存在，但是这个客观量是无法精确计算出来的。为什么呢？第一，我在《统一西方经济学和政治经济学的理论基础》就论述了商品的效用对于不同的人评价不同，消费者到底愿意为这种商品付出多少价格不能计算。第二，一般一个商品创造出来生产操作的劳动价值和少量经营管理的劳动可以计算，但是里面所含投资决策劳动根本无法定量计算。所以在社会主义社会的“各尽所能，按劳分配”原则就只能在简单劳动中适用。这就使得社会主义社会只有简单劳动的价值得到应得的回报，而投资决策和大多数复杂经营管理类劳动创造价值得不到应得的回报，负价值也受不到惩罚。结果就导致社会主义国家商品单调，创新比较少。

商品的价值在资本主义市场经济是否都能够通过市场交换反映出来呢？显然不能全部反映出来，第一个方面是资本主义私有制。资本主义私有制使得部分资本可以通过占有稀缺自然资源，把大自然之功归于自己，使得其他资本和劳动受到剥削。第二个方面是部分资本通过垄断、商业欺诈、让社会承担成本等手段等方式获取超额利润，美国的华尔街就是金融投机的天堂。第三个方面国防、司法等政府领域不是由市场机制决定收入分配。第四个方面在资本主义国家还存在一些对具体生产企业财政补贴政策，特别是针对农业的补贴非常普遍。这些制度和政策设计的缺陷使得资本主义国家并不是完全通过市场交换实现商品的价值，这就导致一部分劳动没有获得应得的报酬，而另外一些劳动获得了超额报酬。这也就是资本主义经济危机的根本原因。

商品的价值在中国社会市场经济是否都能够通过市场交换反映出来呢？显然也不能，第一个方面是自然资源公有制并不能让所有人民平等自由享受稀缺自然资源，反而由于所有者和经营者信息不对称，使得大自然之功给企业带来的超额利润往往成了与这些企业和经营者的功劳，使得其他资本和劳动受到限制。第二个方面在中国资本通过垄断、让社会承担成本等手段等方式获取超额利润的现象比欧美资本主义国家还严重，比如：中国存在大量保护和支持行业部门垄断法律法规，而且中国的少数质检和环保等执法部门与垄断企业形成了一种违法所得分配潜规则。第三个方面是国防、司法等政府领域也跟欧美国家一样，不是由市场机制决定收入分配。第四个原因中国还存在很多利用财政支持补贴具体企业生产经营政策。据此分析，中国当前实行的市场经济尚不能够完全修正资本主义的制度和政策缺陷，一部分劳动没有获得应得的报酬，而另外一些劳动获得了超额报酬的现象更加严重。这一点从我国腐败和贫富悬殊比发达资本主义国家更为严重可以得到证明。

综上所述，商品价值只有在平等自由市场经济中通过市场交换才能实现，政府所要做的就是通过不断创新制度和机制，建立真正能让市场起决定性的作用的市场经济制度，并维护这个制度。

四、价值规律的正确认识和启发

1. 价值规律的正确认识

通过上面研究可以得到对价值规律的正确认识：自然资源和资本只是人们劳动的对象，商品的价值都是通过人类的投资决策、经营管理、生产操作三类劳动创造出来，商品价值量决定于生产商品的社会必要劳动时间量，但是社会必要劳动时间量没有人能够准确计算出来，所以商品价值只有通过市场交换才能得以实现。

2. 价值规律的启发

启发一：，因为没有人能够计算出具体劳动的实际价值，所以计划经济100%行不通，只有市场经济才能实现按照具体劳动的实际价值分配，也就是按照劳动的效果分配，简称“按效分配”。

启发二：资本主义私有制不能解决资本通过占有稀缺自然资源剥削其他人的问题，还使得其他人失去了劳动的对象。比如：经济危机时经常出现煤炭工人失业了家里没有煤炭烧。资本主义社会不能保证每个人都有劳动权利，简单地说就是不能实现“各尽所能”。

启发三：既然没有人能够计算出具体劳动的实际价值，那么我国相关主管部门的定价行为都违反了价值规律，其后果就是帮助企业形成了价格垄断，导致消费者利益受损害。

启发四：既然资本主义私有制和社会主义公有制都不能解决资本通过占有稀缺自然资源侵占其他人利益的问题，还使得部分国民没有劳动的对象的矛盾，所以所有制并非决定因素，我们只需要尊重历史，尊重市场规律就行了。

启发五：西方经济学和政治经济学对价值规律认识都存在不足和长处，所以我们应该对这两个不同经济学理论采取扬弃的态度，既不能把他们奉为圣典，也不能全盘否定。所以共赢经济学融合西方经济学和政治经济学为一体。

启发六：只有市场交换才能实现商品所含劳动的价值，只有建立一个人人平等享受自然资源，没有垄断，没有欺诈，没有负外部性，没有犯罪，政府各个部门的劳动也能够通过市场交换实现其价值的市场经济，才能实现“各尽所能，按效分配”，才能把每一个人的创造力都激发出来。共赢经济学就是研究如何建立这样的市场经济的经济学。

第五节 现代货币流通规律

政治经济学关于货币的定义和货币流通需求规律的归纳适合于金属货币时代，但是现代货币体系是由国家法律规定的，不以任何贵金属为基础的独立发挥货币职能的信用货币为基础。信用货币有着与金属货币不一样的流通运行规律。共赢经济学认为信用货币时代货币运行规律有如下特点：一是货币的价值尺度具有很大伸缩性，所以需要建立一个衡量货币购买力的标准价值尺度——标准元来衡量货币价值；二是一个经济体名义货币供应量的变化只会造成货币现实购买力变化，过量的货币发行只会造成通货膨胀；三是经济通缩型经济危机与货币发行无关，根本原因就是经济制度缺乏公平正义，导致分配悬殊，引起有效需求不足。本节将从这些方面研究信用货币的运行规律。

一、关于纸币价值尺度的问题

货币作为财富的价值尺度与尺、天平等物理化学度量工具有显著的差别，与纸币作为价值尺度的差别就更加大了。长度单位米是固定的，质量单位千克也是固定的，都不会随着时间的推移而变化，而货币单位元现实购买力具有很大伸缩性，其尺度是不断变化的。因此，为货币本身确定一个价值度量标准非常重要。纸币本身所含劳动很少，用纸币本身所含劳动价值量来衡量货币单位的价值显然不适合，纸币的价值只能用货币购买力衡量。为了更好体现纸币价值尺度的功能，社会应该建立一个标准元的概念，把标准元购买力固定下来，现实中纸币购买力与标准元进行比较，从而确定现实中一元的购买力变化。现实元与标准元的价值比较，就比 CPI 这一消费者价格指数更加直观，有了标准元这个概念，对过往几十年，甚至几百年货币购买力变化也能够一目了然。CPI 一般只能反映前后两年货币购买力变化情况，对过去某一年货币购买力很难搞清楚。那么怎么确定标准元的价值尺度呢？

第一步选用适合衡量标准元购买力的商品和服务。适合衡量标准元的商品应该具有如下特点：一是必须是人们长期需要的商品，二是商品质量标准较好衡量，三是商品价格采集非常简单。根据适合衡量标准元的商品的特点，我们可以从满足人们吃穿住行需求的商品中寻找，在每一类商品选择三种人们需求量最大，质量标准最好衡量，价格最好采集的商品。吃的商品就是大米、面粉和猪肉，穿的商品就是棉布、羊毛和蚕丝，住的商品就是城市商品房、城市房租、农村建房，行的商品和服务包括公交车运输、出租车运输、货物运输。

第二步选定适合衡量标准元购买力商品和服务的价格采集点。在全国范围内建立200个左右检测站，每个监测站选择10个左右价格采集点。监测站选择办法就是每个省会城市选择一个，每个省在其市级城市中选择两个城市检测站，再在其县级城市中选择4个农村监测站，农村监测站的价格采集点必须有5个选择在乡镇。

第三步就是计算现实元的购买力。检测总站每天收集全国所有检测站的价格采集情况，通过汇总平均处理，就计算出现实元的购买力。可以某一天现实元的购买力确定标准元购买力，也可以一段时间现实元的平均购买力确定标准元的购买力。以每标准元可以购买衡量标准元12种商品数量的形式确定下来，这样标准元的购买力就固定下来了。以后就是可以通过发布现实元和标准元比价确定现实元的真实购买力了。

二、关于纸币供求规律

从费雪方程、剑桥公式、到凯恩斯、弗里德曼的货币理论都把货币需求定律当成了货币运行规律，他们认为货币需求量很重要，甚至认为货币供应量与需求量不相吻合是造成经济危机根本原因。这些货币理论给我们一种约定俗成的误导，就是好像信用货币购买力跟金属货币一样其价值基本稳定，而实际上纸币的现实购买力伸缩性非常大，在货币数量固定的情况下，货币可以通过其购买力的变化适应经济发展的需要。所以一个经济体名义货币供应量与经济发展并不必然相关，下面就通过通缩型经济危机和滞胀经济危机的研究归纳纸币供求规律。

1. 通货膨胀归根到底就是基础货币发行过多造成

通货膨胀指在纸币流通条件下，货币发行量过大导致货币贬值，而引起的一段时间内物价持续而普遍地上涨现象。根据价格上涨的程度可以分为低通货膨胀、急剧通货膨胀、恶性通货膨胀三类。一般认为价格上涨幅度在10%以内为低通货膨胀；总价格水平以每年10%以上，100%以内比率上涨为急剧通货膨胀；货币几乎无固定价值，物价时刻在增长，人们对货币完全失去了信心的通货膨胀为恶性通货膨胀。

造成通货膨胀的原因主要有严重的自然灾害、大规模的战争以及基础货币发行过多三个原因。自然灾害和战争不属于经济学研究范围，从经济学角度讲通货膨胀的根本原因只有一个就是基础货币发行过多，人们对通胀的预期会起到推波助澜的作用。

（1）以往经济学理论关于通货膨胀原因分析。以往经济学理论认为造成通货膨胀原因有需求过大拉动、成本过高推动、经济结构不合理等原因，只看到了通货膨胀的表象，没有抓住通货膨胀的根源。

需求拉动的通货膨胀是指总需求过度增长所引起的通货膨胀，就是“过多的货币追逐过少的货物”。市场上为什么会出现过多的货币呢？就是因为政府发行了过多的基础货币，因为人们收入都是依靠出卖劳务和产品获得，从这个角度讲需求不可能超过供给，新增需求只有一种解释，就是政府增加了基础货币的发行。

成本推进通货膨胀是指由于厂商生产成本增加而引起的一般价格总水平的上涨。造成的成本向上移动的原因有：工资过度上涨、利润过度增加、进口商品价格上涨。工资是劳资双方协商结果，一个企业的利润没有显著上涨，工资上涨是不可能的。利润上涨如果是因为生产效率提高是不会造成价格上涨的，只会造成价格下降。如果这里工资上涨是一种与效率没有关系的上涨，只能是商品价格上涨，商品价格上涨，根据供求定律就是需求大于了供给。成本推动型膨胀的本质就是需求拉动型膨胀。

结构型通胀是指收入结构与经济结构的不适应和错位而引起的通胀。发生的原因是：高成长性部门和行业因种种限制，不能获得资源和人力，资源价格和工资水平上升，而夕阳行业和衰退行业尽管资源和人力过剩，收入不仅不会下降，反而因攀比效应而上升，工资成本推动物价上涨；劳动生产效率高的部门，高速增长，带动工资上升，其他各部门向高增长部门看齐，使工资增长率超过劳动生产率，从而引起通胀；劳动力市场的技术结构、地区结构、性别结构的互不适应，工资水平只能上不能下，使“失业与空位”并存，最终导致通胀。结构型通胀发生的原因显然是属于计划经济体才会存在的现象。在市场经济中，当高成长性部门和行业资源价格和工资水平上升时，其他部门和行业的资源和人力就会进入高成长性部门和行业，就会增加这个行业资源和人力的供给，导致这个行业收入水平下降，其他行业资源和人力供给会减少，从而导致其他行业工资水平上涨，最终各个行业平均收入水平略有提高，但是这个时候整个社会的供给也会提高。但是在计划经济条件下会出现通货膨胀，是因为计划经济条件下，夕阳行业和衰退行业的高工资只有政府给予补贴才能维持。实际上政府提供了更多货币。

一旦形成通货膨胀，便会持续一段时期，这种现象被称之为通货膨胀惯性，对通货膨胀惯性的一种解释是人们会对通货膨胀做出的相应预期。预期对人们经济行为有重要的影响，人们对通货膨胀的预期会导致通货膨胀具有惯性，如人们预期的通胀率为10%，在订立有关合同时，厂商会要求价格上涨10%，而工人与厂商签订合同中也会要求增加10%的工资，这样，在其他条件不变的情况下，每单位产品的成本会增加10%，从而通货膨胀率按10%持续下去，必然形成通货膨胀惯性。这种预期造成通货膨胀惯性是客观存在的，但是这种通货膨胀也是货币发行量超出程度为限。如果通货膨胀超过了货币超发，就会成为通货紧缩的前奏。

（2）过多的货币导致通货膨胀的机理分析。

低通货膨胀一般就是因为新增发行基础货币过多引起的市场货币供应总量增加引起的。低通货膨胀发生时，人们对货币还比较信任，不会因为通胀预期引起货币流通速度变化，但是在市场利润普遍上涨情况下，会促进市场投资热情，会提高市场货币乘数，导致市场货币供应总量增长会大于基础货币增加比例，但是投资增加又会导致商品和劳务供给增加反过来又控制物价上涨。一般来说基础货币发行没有增长的情况下，低通货膨胀过后通货紧缩就会来临。急剧通货膨胀发生时，人们对货币币值稳定已经没有信心了，从而引起抢购风暴，导致货币流通速度成倍增长，引起市场货币供应总量成倍增长。急剧通货膨胀发生后，如果不停止新增基础货币供应，不对市场价格进行管制，那么急剧通货膨胀就会发展成恶性通货膨胀，最后只能以货币改革结束。民国时期法币退出历史舞台就是个很好的通货膨胀例子。据统计，从抗日战争爆发到国民政府崩溃（1937－1949）的十二年间，纸币发行量累计增加了1400多亿倍，致使同期物价上涨了85000多亿倍。① 这里物价和货币发行量相比有60倍差距，考虑

---

① 百度的通货膨胀词条

到货币还有灭失情况，实际货币数量增加和物价上涨的差别更大。俄罗斯20世纪90年代的通货膨胀也是一个典型的和平时期通货膨胀的例子。俄罗斯在上世纪90年代初通货膨胀率高达2500%以上。许多老年人辛辛苦苦存上一万卢布，满以为可以靠它度过晚年，通货膨胀把他们剥夺得几乎一无所有。在莫斯科街头有一幅漫画，排队的顾客对着一位正在切香肠的胖胖的女售货员大叫："快一点，快一点！"她切的第一片标价为1000卢布，第二片2000卢布，第三片3000卢布……当时俄罗斯政府通过发行钞票应对财政危机，发行了过多货币让俄罗斯人民对卢布完全丧失了信心。

综上所述，低通货膨胀发生原因就是基础货币发行偏多造成，急剧通货膨胀是货币发行过多，人们心理预期推波助澜的结果。所以说通货膨胀归根到底是基础货币发行过多造成的。

2. 通货紧缩的根源是经济制度的缺陷

通货紧缩就是物价的全面持续下降，并且通常都会伴随经济衰退。没有经济衰退也就没有物价持续下降了。什么原因导致通货紧缩呢？通货膨胀是货币发行过多造成的，与通货膨胀相反通货紧缩是货币发行过少造成的吗？但实际上通货紧缩与货币发行多少无关，是由于经济制度缺陷导致收入分配不公平造成的。下面就对通货紧缩形成原因进行分析。

（1）为什么通货紧缩与货币发行量无关。因为通货紧缩发生前后，市场基础货币数量没有减少，通货紧缩后比通货紧缩前基础货币量还要多一些。当然货币紧缩时，市场货币供应总量是减少的，这种减少来自两个方面，一是由于人们对银行失去信心，多取现金，减少了存款比例，银行存款减少，导致货币乘数减少。二是人们都愿意持有货币，减少交易导致货币流通速度变慢。

（2）通货紧缩产生过程分析。消费的有效需求不足，导致企业的利润下降，甚至亏损，企业亏损又使银行形成大量坏账和大量不良资产，银行大量坏账又导致银行利润下降，甚至亏损。银行一亏损，客户又挤兑，客户挤兑又导致市场货币现金比例提高，同时没有被挤兑的银行也自然会"惜贷"和"慎贷"，又导致银行存贷比下降。现金比例提高和存贷比下降都会造成货币乘数减少，导致市场货币总供应量减少。这样通货紧缩就产生了，通货紧缩的出现，又会使企业利润减少，生产停滞，失业增加。而失业的增加，会使人们的情绪低落，产生悲观心理，对经济和生活丧失信心，更愿持有较多的货币，居民和企业的这种行为将使货币流通速度下降。在货币乘数减少和货币流通速度下降的情况下，通货紧缩就会越来越严重，最后，必然会出现企业大量破产，银行倒闭的危机。

那么又是什么原因造成有效需求不足呢？共赢经济学理论认为社会贫富悬殊过大造成了消费不足，储蓄过多，投资相对过剩。整个社会经济活动可以归纳为两类，一是消费，二是投资，投资是为了消费。根据边际效用递减规律，商品和劳务的边际效用是递减的，由此可以得出随着人们收入水平提高，用于消费的收入比例就会下降。在社会总收入一定情况下，收入分配差距越大，社会总收入用于消费的比例就越小。这里列举一个简单例子说明：假设社会总收入是 10 万，一共有两个人，每个人收入都是 5 万元时，消费收入比是 50%，当一个人收入每增加 1 万元，消费收入比就下降 10 个百分点，每减少 1 万元，就增加 10 个百分点。收入平均分配时，社会总消费收入比就是 50%。当一个人收入是 4 万元，另一个收入是 6 万元时，社会总消费收入比就是（$4\times60\%+6\times40\%$）$\div10=48\%$。

既然是贫富悬殊造成了消费不足，那么贫富悬殊到什么程度才会造成消费不足引起通货紧缩呢？又是什么原因造成这种导致通货紧缩贫富悬殊呢？贫富悬殊到达什么程度会发生通货紧缩，没有绝对数字标准。因为每个人是有差异的，有着不同消费储蓄习惯，所以只能给出一个定性分析。共赢经济学认为在公平正义经济制度下，人人都能平等享受大自然赋予的一切资源，都能实现各尽所能，那么市场竞争导致收入分配差距不会导致通货紧缩，只有在不公平经济制度下，一部分人失去了劳动的权力，另外一些占据强势地位的企业或个人剥削其他人造成贫富悬殊才会造成通货紧缩。这里剥削与资本和劳动者无关，只与其是否占据强势地位与他人形成不平等竞争有关。

3. 滞涨是政府反通紧型经济衰退不得要领的结果

前面分析了通货膨胀归根到底是基础货币发行过多造成的，通货紧缩与基础货币发行量无关，而是由经济制度缺乏公平正义引发的。因此，治理通货膨胀可以通过控制基础货币发行量达到目的，用增加基础货币发行量办法治理通货紧缩，就只能导致通货膨胀，同时经济继续衰退。治理通货紧缩只能找出关于经济的不公平的法律、法规、规章、政策等经济制度缺陷，再修改完善这些制度规定。

经济制度缺陷也不是一成不变的，从现代经济体制确立以来，随着时间推移。经济学研究者首先发现了导致市场垄断经济制度的缺陷，后来又发现了导致负外部性控制不力的制度缺陷，随着公有制越来越普遍，所有者缺位的制度缺陷也表现出来了。市场垄断、负外部性、所有者缺位等属于微观经济制度设计缺陷，这三类缺陷分别造成相关企业对消费者、社会公众、所有者的剥削和抢劫，形成了严重分配不公，并导致不合理贫富悬殊。现在中国的商业银行就是既利用国家法律对金融垄断保护剥削客户，又利用信息不对称造成经营者瓜分所有者权益的典型。再后来凯恩斯、弗里德曼等经济学者对经济危机原因错误认识形成一套错误宏观经济学理论，又让官僚集团有机可乘，他们借机利用手中权力操控国家宏观经济政策，形成对国民的抢劫和剥削。

三、结论

共赢经济学货币理论主要观点总结如下：第一，经济发展对货币的需要量建立在货币购买力稳定基础上，而纸质货币购买力具有很大伸缩性，即使基础货币供应量不变，随着经济发展用衡量货币购买力的标准价值尺度——标准元的货币总量会随之上升，加上现实中任何人任何机构都无法准确预计经济发展需要的货币量，所以任何对货币需求量的研究都是没有价值的。第二，一个经济体名义货币供应量的变化只会造成货币现实购买力变化，过量的货币发行只会造成通货膨胀，经济通缩型经济危机与基础货币发行量无关，而是这个国家经济法律、法规、政策等制度缺乏公平正义导致货币乘数和流通速度变化造成，所以基础货币发行不能作为一个宏观经济调控的政策着力点。

第三章

构建平等自由市场环境理论

共赢经济学认为只要建立一个人人平等享受自然资源，没有垄断，没有欺诈，没有负外部性，没有犯罪，政府各个部门的劳动也能够通过市场交换实现其价值的市场经济，就能实现“各尽所能，按效分配”，就能把每一个人的创造力都激发出来。本章将研究反垄断、反欺诈、管制负外部性、货币政策、政府治理等构建平等自由市场环境理论。

第一节　反垄断理论创新

反垄断是共赢经济学理论赋予政府在初次分配领域经济管理的四大职能之一，反垄断理论是共赢经济学理论的重要组成部分。本文将通过分析我国垄断形成的原因和垄断形成的根源，提出一系列反垄断的方法步骤。

一、我国行业垄断形成原因分析

我国垄断行业包括石油、供气、电力、供水、有线电视、教育、医疗、殡葬业、出租车、公交车、线路班车、房地产电信、邮政、农村排灌系统、道路、铁路、港口、粮油储备、银行、保险等行业，还有性交易、毒品、赌博可以作为一个特殊垄断行业。

1. 传统反垄断理论对垄断形成原因分析

（1）自然垄断。就是指由于资源条件的分布集中而无法竞争或不适宜竞争所形成的垄断，与规模经济紧密相连，指一个企业能以低于两个或者更多的企业的成本为整个市场供给一种物品或者劳务。

（2）政府管制造成垄断。一是许可类垄断，包括出租车、公交车、线路班车等。出租车、公交车、线路班车等行业由于政府对牌照数量控制，造成城市出租车、公交车与线路班车供给有限，引起垄断，导致这些行业分配严重不公，牌照炒卖现象严重。二是只有加强国家垄断才能保障国家安全的错误思想导致的所谓经济安全类垄断。包括石油、粮食储备、银行、保险等。这些目前所谓经济安全类垄断企业简直就是人民的吸血鬼，社会主义的蛀虫。三是计划经济行业管理制度遗留下来的垄断。殡葬业也是本该由市场机制调节的行业，主管部门为了自身利益人为制造了垄断。四是民生保障类。包括教育、医疗、养老院等。这种垄断都是由于大部分经费由政府提供，大部分服务也由政府提供造成。这种机制造成企事业单位之间的不公平竞争，使公办企事业单位处于竞争的优势地位，而形成垄断，造成了效率低下，资源浪费。五是知识产权保护造成的垄断，由于知识产权保护，形成一种产品和技术独占机制，从而形成垄断。

（3）资源稀缺类垄断。对于人们的无限需求来说，世界上任何资源都是稀缺的，当前反映出稀缺性的资源包括地产、墓地、煤炭、石油等矿产。由于土地紧缺，导致房地产建筑用地紧缺、墓地紧缺，加上政府管制不当，使得这些行业高度垄断，这些行业价格高居不下。关键是政府要正确发挥资源税的作用，通过市场机制变稀缺资源为充足资源。

（4）市场选择类垄断。在以自由竞争为基本特征的市场，企业为了攫取更多的利润，在激烈的竞争中，大企业往往凭借自己在经济上的优势，不断排挤和吞并中小企业，使生产资料、劳动力和劳动产品的生产日益集中于自己手中。生产和资本的集中发展到一定程度，则意味着企业数目减少，一类产品的大部分生产都集中在几个大企业手中，它们之间比较容易达成协议，共同操纵部门的生产和销售，从而使垄断的产生。这种垄断主要体现在汽车、家电、钢铁等行业。

（5）黄赌毒——特殊垄断行业。我国处于社会主义初级阶段，私有制还大量存在。黄赌毒等产业属于黑社会和其保护伞控制下的垄断行业。

2. 共赢经济学理论对垄断根源的分析

共赢经济学理论认为只有市场选择类垄断和知识产权保护产生垄断属于经济发展的必然结果。其中市场选择类垄断需要政府管制，而知识产权保护产生垄断是有时间限制，在一定时间范围内保护这种垄断有利于创新，但是年限一到，这种垄断就将不复存在。其他垄断类型都是政府运用错误的经济理论，制定错误的经济政策造成的，只需要修改政策，市场就能打破垄断。

像供气、供电、供水、有线电视、电信、公路、铁路、港口、农村排灌系统等所谓自然垄断行业，初看起来，都是天然垄断，在一个地区或者一个城市建一套供气、供电、供水、电信等管线系统，两套管线系统都太浪费了。但是实际上建立两套管线系统可以增加人民福利，并且本来这些管线系统可以交叉经营，形成相互竞争。供气、供水、供热等完全可以让他们进入对方的经营领域经营，这样就可以形成三套供气、供水、供热管线系统。之所以出现这么多所谓自然垄断行业，都是因为政府受到计划经济思维的束缚和传统西方经济学的垄断理论的误导，制定了一些禁止竞争的政策保护保垄断造成的。

出租车、公交车、线路班车等行业由于政府对牌照数量控制，造成城市出租车、公交车与线路班车供给有限，引起垄断，导致这些行业分配严重不公，牌照炒卖现象严重。这也是由于政府对牌照控制的方法不正确造成的。黄赌毒也是属于黑社会和其保护伞控制下的垄断行业。对于人们的无限需求来说，世界上任何资源都是稀缺的，只要政府正确发挥资源税的作用，通过市场机制变稀缺资源为充足资源。

二、共赢经济学反垄断的方法步骤

反垄断的最好方法就是给它制造竞争对手，在垄断实在无竞争者时，才由政府出手进行价格管制。提出具体反垄断机制创新。

1. 清理保护垄断的法律法规政策。一是打破电网公司独家经营，允许其他企业或个人经营电网。二是打破供水、供气、供热、有线等行业的准入限制。三是要转变观念，要认识到市场才能保障国家经济安全，相反垄断只会危害经济安全，废除一些所谓经济安全采取的保护垄断政策，放松石油、粮食储备、银行、保险等行业准入限制，对其亏损不予补贴。四是对计划经济行业管理制度遗留下来的垄断要从根子上撤销行业主管部门。

2. 创新行业管理机制反垄断。一是对管线造成垄断的行业可以实行产品生产部门（服务提供商）与管线网络部门分离的方法，就现在一套网线（或网管）内，允许许多产品生产商（服务提供商）存在，从而实现生产（服务）企业之间的竞争，在生产部门与管线网络部门之间形成市场关系，可以相互监督，这些行业包括供气、电力、供水、有线电视、电信、铁路等。二是通过产权界定方法解决垄断问题。比如对农村排灌系统，可以通过土地流转和排灌管理新机制解决小范围（一个县以内）的排灌问题。三是对许可类垄断，包括出租车、公交车、线路班车等，政府可以创新行政许可方式，可以采取价格控制数量方法，对出租车、公交车、线路班车等行业牌照行政许可价格固定，数量由市场机制控制，以立法可以轻松消除牌照炒卖现象和行业分配严重不公的问题。四是对于民生保障类垄断。采取政府提供补贴资金给国民，服务由市场选择主体承担的模式反垄断。五是通过征收资源税控制需求的增长，促使稀缺资源变为充足资源。

3. 强制分拆超级垄断企业反垄断。对于危害效率和公平的超级大型垄断企业采用强制分拆的方法。比如当年对电信的分拆，对中石油和中石化分拆。现在有必要对中国移动、联通、电信进行进一步分拆，主要是用网络与服务商分离方法进行分拆。

4. 黄赌毒——特殊垄断行业的反垄断。对于黄赌毒这个行业是否需要依靠立法与行政手段来禁止，还需要进一步论证。

5. 价格管制反垄断最后杀手锏。在短时间不能打破垄断情况下，应实行暂时性价格管制，政府在制定价格时要采用新机制，应用黑箱理论，不要依靠企业自身成本定价，比如供气、供水、有线电视、港口、公路收费等。

三、反垄断利器政府价格管理机制创新

政府价格管理是反垄断最后的杀手锏，但是发改部门在价格管理中由于运用不当，让价格管制反而成为市场造成价格垄断的帮凶。为什么？原来成本监审定价制度存在严重的缺陷，很容易造成把企业成本当成社会平均成本，形成一种鼓励浪费、制造腐败的机制，客观上促使相关企业结成价格垄断同盟。因此，需要运用一种新理论来完善成本监审制度，科学定价。笔者曾经在《黑箱理论在政府定价中的应用》① 中提出了用黑箱理论替代现行的成本监审制度。下面就介绍在成本监审中如何运用黑箱理论。

（1）黑箱理论介绍。所谓“黑箱”，就是指那些既不能打开，又不能从外部直接观察其内部状态的系统，比如人们的大脑只能通过信息的输入输出来确定其结构和参数。黑箱理论从综合的角度为人们提供了一条认识事物的重要途径，尤其对某些内部结构比较复杂的系统，对迄今为止人们的力量尚不能分解的系统，黑箱理论提供的研究方法是非常有效的。黑箱理论的研究方法的出发

① 黑箱理论在政府定价中的应用 任凌云

点在于：自然界中没有孤立的事物，任何事物间都是相互联系，相互作用的，所以，即使我们不清楚“黑箱”的内部结构，仅注意到它对于信息刺激做出如何的反应，注意到它的输入—输出关系，就可对它做出研究。如果我们能设计出一个系统，在同样的输入作用下，它的输出和所模拟的对象的输出相同或相似，就可以确认实现了模拟的目标。

（2）把企业定为黑箱的理由。企业看起来，内部结构好像清晰的，但是公司是由人组成，人的思想是非常复杂的，因此企业的运行机理也非常复杂，外部人很不容易弄清其全部运行机理。相反通过黑箱理论就容易了解企业的运行机制，我们通过给企输入不同的信息，可观察到其输出不同的结果，我们会发现相似的企业输入相同的信息，企业也会给你输出相近的结果。比如：对于一个垄断企业，给其输入这样的信息，其销售的产品是一种需求弹性小，没有竞争对手的商品，其销售价格要由价格部门根据其实际成本加成固定比例确定，那么该企业就会想方设法提高其经营成本。为什么呢？一是如果企业内部成本高了，价格部门依据较高的内部成本定价，其实质就是让群众为低效管理埋单；二是如果企业内部成本低了，价格部门依据较低的内部成本定价，其实质就是企业把自己通过努力争取的成果无偿送给别人。既然管理差了可以让群众埋单，管理好了要无偿送给别人，那么谁还会努力把企业管理好呢？相反，同样一个垄断企业，给其输入这样的信息，其销售的产品是一种需求弹性小，没有竞争对手的商品，其销售价格要由价格部门根据其主要外购原材料成本变化而调整，其内部成本不再影响其销售价格变化，其降低成本后增加的利润归企业和经营者及员工，那么该企业就会想方设法降低其经营成本，提高利润。

（3）企业黑箱成本的界定。成本监审要把企业内部成本划归为黑箱成本，不在成本监审范围之内。一个企业内部会随着管理水平的高低变化的成本，一般包括生产成本、销售成本、管理成本等企业内部成本，主要原材料和资源外购成本一般可以排除在外，如果主要原材料属于市场调节价格，也归于黑箱成本。比如自来水的定价过程中只有电费属于政府定价，其他原材料都是市场定价，因此除了电费之外，其他项目都纳入黑箱处理。

第二节 外部性理论创新

传统经济学理论认为外部性是造成市场失灵的重要原因，政府必须承担管制负外部性，经营具有正外部性的公共事业。但是共赢经济学理论认为政府只需要管制负外部性，对于所谓具有正外部的公共事业，只需要政府提供资金，具体服务完全可以通过创新体制机制由市场提供。政府为这些具有正外部性公共事业提供资金也是源于人生来平等，每个人应该平等享受一切自然资源和社会公共资源，而不是因为从事公共事业的行为具有正外部性。

一、庞古和科斯关于外部性理论的论述

1. 庇古税理论及其局限性

（1）庇古税理论

庇古认为，边际私人净产值是指个别企业在生产中追加一个单位生产要素所获得的产值，边际社会净产值是指从全社会来看在生产中追加一个单位生产要素所增加的产值。如果每一种生产要素在生产中的边际私人净产值与边际社会净产值相等，它在各生产用途的边际社会净产值都相等，而产品价格等于边际成本时，就意味着资源配置达到最佳状态。但是，实际上边际私人净产值与边际社会净产值之间存在下列关系：如果在边际私人净产值之外，其他人还得到利益，那么，边际社会净产值就大于边际私人净产值；反之，如果其他人受到损失，那么，边际社会净产值就小于边际私人净产值。庇古把生产者的某种生产活动带给社会的有利影响，叫作“边际社会收益”；把生产者的某种生产活动带给社会的不利影响，叫作“边际社会成本”。在没有外部效应时，边际私人成本就是生产或消费一件物品所引起的全部成本。当存在负外部效应时，边际私人成本与边际外部成本之和就是边际社会成本。当存在正外部效应时，企业决策所产生的收益并不是由本企业完全占有的，还存在外部收益，边际私人收益与边际外部收益之和就是边际社会收益。通过经济模型可以说明，存在外部经济效应时纯粹个人主义机制不能实现社会资源的帕累托最优配置。所以政府应当采取适当的经济政策，消除这种背离。这种政策建议就是庇古税：对边际私人成本小于边际社会成本的部门实施征税，即存在外部不经济效应时，向企

业征税；对边际私人收益小于边际社会收益的部门实行奖励和津贴，即存在外部经济效应时，给企业以补贴。①

（2）庇古税理论的局限性

庇古税理论的前提是存在所谓的“社会福利函数”，并且能够找到这个函数，就是必须知道引起外部性和受它影响的所有个人的边际成本或收益，拥有与决定帕累托最优资源配置相关的所有信息。而且要求政府是公共利益的天然代表者，并能自觉按公共利益对产生外部性的经济活动进行干预。但现实情况，尽管社会福利函数确实存在，但是任何人都无法完全准确找到这个函数。政府可以是公共利益的天然代表，但是代表政府执行职责的公务员都有个人的特殊利益，会导致庇古税使用过程中可能出现寻租活动，导致资源的浪费和资源配置的扭曲。再者，政府干预本身也是要花费成本的，如果政府干预的成本支出大于外部性所造成的损失，从经济效率角度看消除外部性就不值得了。

2. 科斯定理及其局限性

科斯定理：只要财产权是明确的，并且交易成本为零或者很小，那么，无论在开始时将财产权赋予谁，市场均衡的最终结果都是有效率的，实现资源配置的帕雷托最优。②

科斯理论的局限性：自愿协商成为可能的前提是产权是明确界定的。而事实上，像环境资源这样的公共物品产权往往难以界定或者界定成本很高，从而使得自愿协商失去前提。自愿协商是否可行，取决于交易费用的大小，如果交易费用高于社会净收益，那么，自愿协商就失去意义。

二、共赢经济学外部性理论探究

1. 共赢经济学外部性理论的目标

庇古和科斯对关于外部性理论的贡献是不容置疑的，庇古税是依靠政府这只看得见的手解决外部性问题，科斯定理是用市场这只看不见的手解决外部性问题。社会福利函数确实客观存在，但是这个函数是一个动态的存在，任何人无法完全准确定性这个函数。从法理上讲政府是公共利益的天然代表，但是代表政府执行职责的公务员都有个人的特殊利益，这导致庇古税使用过程中可能

---

① 百度庇古税理论词条
② 百度科斯定理词条

出现寻租活动。科斯理论的前提是产权是明确界定的，而事实上，像环境资源这样的公共物品产权往往难以界定或者界定成本很高，从而使得自愿协商失去前提。自愿协商是否可行还取决于交易费用的大小，如果交易费用高于社会净收益，那么，自愿协商就失去意义。因此，共赢经济学外部性理论一是要解决无法确定社会福利函数和公务员与政府、社会利益不一致导致庇古税失效的问题，二是解决公共物品产权界定和交易费用过高导致科斯定理失效的问题。

2. 捕捉社会福利函数的思考

既然社会福利函数确实客观存在，任何人又无法确定这个函数，为什么我们不能从整体上把握这个社会福利函数呢？在没有外部性存在的情况下，市场机制就能自动帮助社会实现社会福利最大化，也不需要知道这个社会福利函数的各种系数和函数关系。在有外部性存在时，市场机制不能自动帮助社会实现社会福利最大化，但是也不需要知道整个社会福利函数，只需要消除影响外部性的因数，还是依靠市场机制实现社会福利最大化。从而避免庇古税理论必须找到社会福利函数——包括引起外部性和受它影响的所有个人的边际成本或收益，拥有与决定帕累托最优资源配置相关的所有信息的难题。

3. 公务员与政府利益的融合

政府执行职责的公务员的个人利益，导致庇古税使用过程中可能出现寻租活动，从而导致政府与社会不一致。因此，必须创造一种公务员利益与政府利益一致的制度机制，让政府成为社会公众利益真正的代表。

4. 公共物品产权界定的方法

既然像环境资源这样的公共物品产权难以界定，为什么就不能放弃对某些公共物品产权界定呢？很好界定的产权就进行产权界定，不好界定的就不去界定，而采取划归为公共产权的办法，依靠政府这只看得见手来调控。

5. 外部性交易费控制的思路

科斯认为，交易费用应包括度量、界定和保障产权的费用，发现交易对象和交易价格的费用，讨价还价、订立合同的费用，督促契约条款严格履行的费用等等。外部性的交易费用源于制度设计，也就可以通过制度设计控制交易费。

三、共赢经济学外部性理论及其应用

1. 共赢经济学外部性理论的主要观点

一是社会福利函数确实客观存在，但是没有人能够知道这个社会福利函数的各种系数和函数关系，只有市场机制才能按照社会福利函数客观要求帮助社会实现社会福利最大化。二是由于外部性存在，市场机制不能自动帮助社会实现社会福利最大化，所以政府需要管制外部性，但是也不需要政府代替市场去完成存在外部性行业的作用，只需要消除影响外部性的因素，还是依靠市场实现社会福利最大化。三是政府必须创新公务员绩效考核和薪酬制度来促使建立公务员利益与政府利益一致的制度机制，让政府成为社会公众利益真正的代表，避免庇古税使用过程中可能出现的寻租活动。四是对于正外部性不需要由政府确定补偿到具体企业，确定补偿多少，这样就会避免政府官员寻租行为。五是对于产权容易界定，局部性的外部性可以通过实施方和承受方自由协商，不能达成协议可以通过法律途径解决。

2. 共赢经济学外部性理论的应用

一是对于环境保护、产品质量、安全生产等负外部性问题可以由政府直接禁止管制，但是政府也应该创新制度机制，避免监管部门与被监管人之间产生分赃行为。

二是对于民生社会保障的养老、住房、医疗、教育、殡葬等正外部性事业，共赢经济学理论是从人生来平等，每个人应该平等享受自然资源和社会公共资源，而不是因为这些事业具有正外部性。只需要政府提供资金，具体服务完全可以通过创新体制机制由市场提供。

三是对于自来水、电力、水利、道路、航道等这些所谓的正外部性公共事业，完全可以通过建立一种明晰产权方法，引进竞争机制，让市场机制发挥主导作用。

正是过去外部性理论对养老、住房、医疗、教育、殡葬等民生社会保障事业和自来水、电力、水利、道路、航道等公共事业的外部性问题的错误认识，导致政府在这些领域中插手太多，导致寻租严重，效率低下。本书将在后面章节中对这些领域既让政府承担起自己责任，又发挥市场高效率的特点提出一系列的体制机制创新方案。

第三节 对信息不对称理论的反思

信息不对称是指在市场经济活动中，各类人员对有关信息的了解是有差异的，掌握信息比较充分的人员，往往处于比较有利的地位，而信息贫乏的人员，则处于比较不利的地位。传统信息不对称理论认为：信息不对称会造成市场失灵，是市场经济的弊病，要想减少信息不对称对经济产生的危害，政府应在市场体系中发挥强有力的作用。但是实际上信息不对称不仅仅会造成市场失灵，也会造成政府失灵，政府干预并不能解决市场经济中信息不对称问题。在这里将就信息不对称和市场失灵、政府失灵的关系以及如何解决信息不对称造成的市场和政府失灵等问题展开探讨。

一、信息不对称和市场失灵

阿克尔洛夫、斯宾塞、斯蒂格利茨等三位获得诺贝尔经济学奖的经济学家分别从商品交易、劳动力和金融市场三个不同领域研究了这个课题。

阿克尔洛夫从当时司空见惯的二手车市场入手，发现旧车市场由于买卖双方对车况掌握的不同而滋生矛盾，并最终导致旧车市场的日渐式微。为了便于研究，阿克尔洛夫将所有的旧车分为两大类，一类是保养良好的车，另一类是车况较差的“垃圾车”，然后再假设买主愿意购买好车的出价是10000美元，差车的出价是5000美元，而实际上卖主的收购价却可能分别只有8000美元和4000美元，从而产生了较大的信息差价。当买主发现自己总是在交易中处于不利位置，他会刻意压价，以至低于卖主的收购价，例如好车的出价只有7500美元，差车价只出3500美元，这便使得交易无法进行，面对这种情况，旧车交易市场的卖主通常会采取以次充好的手段满足低价位买主，从而使得旧车质量越来越差，最后难以为继。

斯宾塞的研究着重于劳动力市场，他从长期的观察发现，在劳动力市场存在着用人单位与应聘者之间的信息不对称情况，为了谋到一个较好的单位，应聘者往往从服装到毕业文凭挖空心思层层包装，使用人单位良莠难辨。

斯蒂格利茨将信息不对称这一理论应用到保险市场，他指出，由于被保险人与保险公司间信息的不对称，客观上造成一般车主在买过车险后疏于保养，使得保险公司赔不胜赔。同样，在保险市场上，道德风险来自保险公司不能观察到投保人在投保后的个人行为：如果保险者不按常规履行合同或故意遭险，往往会使保险公司承担正常概率之上的赔付率；这时的逆向选择来自保险公司事前不知道投保人的风险程度，从而使保险水平不能达到对称信息情况下的最优水平。当保险金处于一般水平时，低风险类型的消费者投保后得到的效用可能低于他不参加保险时的效用，因而这类消费者会退出保险市场，只有高风险类型的消费者才会愿意投保。当低风险消费者退出后，如果保险金和赔偿金不变，保险公司将亏损。为了不出现亏损，保险公司将不得不提高保险金。这样，那些不大可能碰到事故的顾客认为支付这笔费用不值得，从而不再投保，高风险类型消费者就会把低风险类型消费者“驱逐”出保险市场。这就是保险市场的逆向选择问题。

这三个诺贝尔经济学奖获得者分别从旧车市场、劳动力市场、保险市场对信息不对称进行了研究，他们的研究成果揭示了由于信息不对称的存在可能导致市场出现逆向选择的问题，劣胜优汰，造成市场失灵。

二、解决市场中信息不对称的方法

信息不对称的存在可能导致市场出现逆向选择的问题，劣胜优汰，造成市场失灵。那么如何才能解决信息不对称造成市场失灵问题呢?

以旧车交易市场为例，对于卖主来说，如果他们一贯坚持只卖好车不卖一辆“垃圾车”，长此以往建立的声誉便可增加买主的信任，大大降低交易成本。对于买主而言，他们同样也可以通过聘请熟悉车辆的评估机构对车辆进行评估将“垃圾车”剔除出来。

针对劳动力市场，斯宾塞提出了一个所谓的“获得成本”概念，他举例说，对于用人单位而言，应聘者如果具有越难获得的学历就越具可信度，比如说拥有哈佛文凭应聘者的才能，就比一般学校的毕业文凭更有可信度。企业还可以试用期方法鉴别新招员工。

斯蒂格利茨提出的解决问题的理论模型是，让买保者在高自赔率加低保险费及低自赔率加高保险费两种投保方式间做出抉择，以解决保险过程中的逆向选择问题。为了解决这一问题，保险公司可以通过提供不同类型的合同，将不同风险的投保人区分开，让买保险者在高自赔率加低保险费和低自赔率加高保险费两种投保方式之间选择，以防止被保人的欺诈行为。

从上述解决信息不对称造成市场失灵的方法看，解决信息不对称造成市场失灵的方法并不一定需要政府干预，市场主体可以通过创新交易机制、创新产品设计等方法消除因信息不对称造成的市场失灵。既然通过创新交易机制、创新产品设计等方法能够消除因信息不对称造成的市场失灵，那么也就是说在一些条件下信息不对称并不一定会造成市场失灵。

市场主体可以通过创新交易机制、创新产品设计等方法消除因信息不对称造成的市场失灵。那么是不是说消除由信息不对称造成市场失灵完全不需要政府干预呢？也不是，就是那些本来属于政府应该承担责任的部分信息不对称还是需要政府干预。比如：产品质量、环境污染、企业安全生产、国有企业和上市公司治理等领域信息不对称需要政府干预。用一句话概括就是涉及负外部性、反垄断、违法犯罪三个方面本来就属于政府应该监管领域的信息不对称造成的市场失灵需要政府干预。

三、信息不对称与政府失灵

政府失灵是指政府在制定、实施公共政策过程中偏离公众目标、浪费和滥用资源，政府官员寻租腐败的现象。政府失灵主要表现有：一是政府干预经济活动达不到预期目标，比如国家发改委降药价，结果药价越管越高。二是政府在行使职权过程中花费了过高的成本，比如政府官员的三公消费。三是政府干预经济活动时带来不利的事先未曾预料到的副作用，比如政府为了应对金融危机而采取的扩大投资经济刺激政策，造成了大量的资源浪费、环境污染和腐败问题。政府失灵的原因很多，但是信息不对称是造成政府失灵的根本原因。

1. 民众和官员之间的信息不对称造成政府失灵

虽然现代民族国家宪法一般都规定一切权力属于人民，规定人民行使权力的方式和途径，按照一定的程序将权力授予政府，所以政府只是全体社会成员——人民的代理者。但是民众和政府官员之间存在信息不对称，民众相对掌握的信息少，而官员掌握信息多。正是这种信息不对称，使民众难以获取政府及官员真实的信息，选民对政府及官员的监督是无效的。在信息不对称情况下，如果政府是大公无私的，政府也可以维护民众利益，但是政府也是由一个个具有个人利益的社会人组成，每个官员都会追求个人利益最大化，由一个个官员组成的政府也会追求自身利益最大化。本来在市场机制下，经济主体要想获得一定的收益，必须付出一定的成本，利益与负担是结合在一起的。但政府干预下，受益者和负担者产生分离，获益者可能是全社会或者特定的集体，它们无需考虑谁是支付者，这样受益者就有很大积极性，进行政治上有效的努力，去发起、支持和扩大一个特定的低效的项目或政策。这种积极性要比支付者反对这一项目或政策的动力大得多，其结果可能造成政府过度、持久的干预。在这种民众和官员之间的信息不对称，政府就会为了自身利益而违背民众利益，使其丧失了经济调控的有效性，导致了“政府失灵”。

2. 政府和市场之间信息不对称造成经济调控决策失灵

经济调控的决策必须以充分可靠的信息为依据，现代市场经济活动复杂多变，而且，获取决策信息总是需要支付一定甚至很高的成本，不管是选民还是政治家所获得的信息都不可能是完全的。而政府对社会经济活动的干预，是一个涉及面极广、错综复杂的决策过程。公共政策是在信息不完全甚至扭曲的情况下做出的，决策不可能是最优的，因此导致政府对市场的干预存在一定的盲目性、滞后性，使经济资源的配置达不到最优，导致政府失灵出现。同时，由于政府独立于市场之外，并没有直接参加到经济运行之中，它对于经济运行状况的敏感程度就会相应减弱，不利于政府及时发现其中的问题，这就从一个方面决定了政府很难提出有效的具有前瞻性的指导意见，因此政府的调控多是事后调控，造成了资源的极大浪费，也增加了政府公共政策失败的可能性。

四、解决信息不对称造成的政府失灵

政府运行中的信息不对称无所不在，无论是消除民众和官员之间的信息不对称，还是消除政府和市场之间信息不对称，都是非常困难的，要完全消除信息不对称是不可能的。因此，只能想办法在信息不对称的条件下解决政府失灵的问题。

1. 解决民众和官员之间的信息不对称造成政府失灵的方法

政府和全体社会成员是一种代理关系，民众和政府官员之间存在信息不对称无法避免，而且由一个个官员组成的政府也会追求自身利益最大化。在这种情况下，最好的方法就是建立一种能够实现官员利益和社会利益一致的官员利益分配机制。

比如：在现行道路交通投资体制下，一条县级道路维修，修建不按标准来，偷工减料，平时也不好好维护，就等道路快点烂，再向上级争取资金。这种政企一体化道路修护体制，倒霉的是国家和民众，国家多掏钱，民众没有好路走。但是对上级领导部门和地方路政部门和施工单位却是三方得利。国家钱再多，也不能平白无故进入领导腰包，但是领导给下面资金支持，下面人都会给领导送红包，这样地方路政局有钱修路，就可以向施工单位收红包，施工单位偷工减料才能多赚钱，又有钱给领导送红包，路没有修好，烂得快又可以再向上级争取建设项目资金。

如果通过改革在交通运输领域建立官员利益和社会利益一致的官员利益分配机制，这种情况可完全改变。比如把交通投资体制实施这样改革：在已经修建了的道路安装车辆通行监控设备，这样就可以能够准确计算该道路上发生的理论养路费，再把这条道路建设养护权进行招投标，谁需要养路费与理论发生养路费比例系数最低谁就中标。这样建设养护单位把道路建设养护的越好，跑过的车辆越多，他们赚的钱就越多。对于各级交通投资管理部门采取这样奖励措施，每年节约养路费越多，分配给他们收入就越多。这样道路建设部门也就不需要偷工减料赚钱，各级交通投资管理官员也就不必要在浪费中腐败，腐败中浪费了，人民群众也不需要监督他们了。

2. 破解政府和市场之间信息不对称造成经济调控决策失灵的方法

既然正确的经济调控决策必须以充分可靠的信息为依据，现代市场经济活动复杂多变，政府所获得的信息都不可能是完全的。那么政府对社会经济活动就可以不干预，让市场起决定性作用。

五、总结

信息不对称无处不在，完全消除信息不对称是不可能的，也没有必要。由于信息不对称的存在可能导致市场出现逆向选择的问题，劣胜优汰，造成市场失灵。但是信息不对称造成的市场失灵除了涉及负外部性、反垄断、违法犯罪三个方面的信息不对称造成的市场失灵外，其他不要由政府干预，而是依靠市场主体通过创新交易机制、创新产品设计等方法消除由信息不对称造成市场失灵。信息不对称造成政府失灵更加无处不在，解决信息不对称造成的政府失灵就是建立一种能够实现官员利益和社会利益一致的官员利益分配机制和向市场放权。

第四节 共赢经济学货币政策理论

关于货币政策的最终目标，西方经济学设定了稳定物价、充分就业、促进经济增长和平衡国际收支等四个目标。现行的货币政策理论主要提供了公开市场业务、存款准备金、再贷款或贴现以及利率政策、汇率政策和信用管制等货币政策工具。那么，这些目标是否适合成为货币政策目标呢？通过货币政策调整是否可能实现这些目标呢？

一、现行货币政策理论的货币政策目标分析

1. 关于稳定物价的目标。所谓物价稳定就是物价总水平在比较小的范围内上下波动，这里认为一年之内物价在 ±3% 范围内波动都可以认为是物价稳定。共赢经济学货币理论认为，在没有大型自然灾害和大规模战争的情况下，是否产生通货膨胀主要由基础货币发行量决定，通货紧缩主要是由应对垄断、外部性、信息不对称、自然资源稀缺等方面的经济制度政策设计不公平不科学造成较大的贫富悬殊引起的。因此，稳定物价可以成为货币政策的目标，并且通过货币政策可以达到控制通货膨胀的目的，但是不能从根本上消除通货紧缩。

2. 关于充分就业和经济增长的目标。凡是有能力并自愿参加工作者，都能在较合理的条件下随时找到适当的工作，就是充分就业。根据造成失业的原因不同失业可以分为总需求不足造成周期性失业、摩擦性失业、季节性的失业、结构性失业。西方经济学认为，除需求不足造成的失业外，其他种种原因造成的失业是不可避免的。经济增长的目标就是指国民生产总值的增长必须保持合理的速度。什么样的经济增长才是合理增长呢？世界上的自然资源基本上是受客观条件所限，不会随着人们意志而变化，因此，经济增长源泉来自于两个方面，一方面是科学技术的发展，另一方面是人力资源的增加。合理的经济增长就是由于科学技术的进步和人力资源的增加所能提供的经济增长。从这个意义上讲，充分就业和经济增长就是一个目标。因此，中央银行的货币政策也不能促进经济增长，所能起的作用也就是控制一些金融投机，减少货币供应的不确定因素，消除人们的通胀或者通缩预期效应，从而减轻经济发生恶性通胀或者通缩。根据共赢经济学的货币理论，通货紧缩是一个与基础货币发行量无关的经济现象，主要是收入分配悬殊引起的总需求不足造成，因此，货币政策在避免通货紧缩时只能起到较次要的作用，改变人们心理预期的作用，不能从根本上解决消除总需求不足造成经济周期性波动和周期性失业。

3. 关于平衡国际收支的目标。一国国际收支中的自主性交易收支自动相等说明该国国际收支平衡，国际收支平衡主要依靠该国汇率政策来实现。

综上所述，货币政策的最终目标主要是稳定物价、平衡国际收支，稳定市场预期、保障经济发展速度和潜在发展速度相一致。

二、影响货币供应量的因素研究

因为货币购买力存在较强伸缩性，加上经济增长也相对稳定，一般来说以不变价计算 GDP 不会超过 10%。因此，关于货币对经济的影响，货币需求量并不重要，货币供应量才是最重要的。市场货币总供应量由三大因素决定：一是基础货币发行量，二是货币乘数，三是货币流通速度。

1. 基础货币发行量。基础货币发行从根本上说就是中央投放到市场纸币的总量，包括历年累计纸币投放量和当年纸币投放量。每年新投放货币的本质就是政府向国民隐形的征税。决定基础货币发行数量因素主要就是国家经济决策部门主观意志和现行经济政策约束。比如：按计划增加货币投放就是主观意志，外汇储备占有款的增加导致的中国基础货币增发就是受中国外汇储备政策约束造成的被动增发。现行的主流货币理论认为人民银行可以作为市场主体通过市场手段调控市场货币流通总量。比如：再贷款、再贴现、买卖债券。但是这种市场手段控制不会从根本上造成货币总量增加，最终反而会造成货币流量的减少，这是因为，再贷款、再贴现、买卖债券人民银行都有利息收入。

2. 货币乘数效应。现行的货币理论认为影响货币乘数效应的因素包括法定存款准备比率、超额准备比率、定期存款比率、现金比率等。存款准备比率是中央银行控制货币流通总量的重要工具，但是实际上在中国其作用微乎其微，中国的商业银行的存贷比在 50% 左右，存款准备比率如果从 15% 提到 30%，或者 15% 下降到 0，中国商业银行的存贷比也不会有什么变化。就是说，中央银行对法定存款准备金率的调整是没有价值的。而超额准备比率受制于商业银行自身制度规定，定期存款比率、现金比率受制于个人和企事业单位习惯、收入分配现状以及对经济形势的判断。因此，货币乘数效应受制于市场，受制于银行、企业、个人等经济主体的决策。政府提高货币乘数效应的方法只能促进改革中国现有金融制度，打破垄断，实现金融行业平等竞争。

3. 货币流通速度。影响货币流通速度的因素可以分为两类：一类是经济因素，一类是心理因素。

经济因素包括经济发展水平、财务及结算制度、收入分配和财富占有状态等。一般来说，经济发展水平越高，居民的收入水平就越高，产业专业分工就越细、经济单位数量就越多，金融市场就越发达，货币流通速度就越快。但是不同经济发展水平对货币流通速度影响是确定的，不会成为货币流通速度异常的原因。经济财务及结算制度属于长期稳定制度，财务及结算制度制定发布后对货币流通速度影响也是确定的，新制度运行一段时间后对货币流通速度影响就稳定下来了。只有收入分配和财富占有状态变化是多向，具有很大不确定性。因此，共赢经济学货币理论认为在各个经济因素中只有收入分配和财富占有状态的变化才是造成对货币流通速度异常变化最重要的原因。

心理因素包括人们的支付习惯、消费心理、价值观念，以及对通货膨胀率、利率、经济景气等变动的预期，以及对政府的重大政策变化和其他政治因素的预期等。人们的支付习惯、消费心理、价值观念受民族传统的影响，世界上每个国家和地区各不相同，这只能反映每一个国家和地区经济货币流通速度，不是影响经济波动的原因。政治因素不属于本文研究的范围。因此，共赢经济学货币理论认为，人们对政府的重大经济政策变化和通货膨胀率、经济景气等变动的预期以及对政府的重大政策变化的预期等心理因素是导致货币流通速度异常变化的主要因素。

三、货币政策工具作用原理及效果分析

1. *存款准备金率政策的作用原理及效果分析。*当中央银行提高法定存款准备金率时，商业银行头寸紧张的就要收回部分贷款存入中央银行，贷款减少又会导致商业银行存款减少，存款减少又要减少贷款，如此反复直到形成新的平衡。相反，当中央银行降低法定存款准备金率时，商业银行就可以减少在中央银行的存款准备金，从而增加商业银行头寸，就可以增加贷款额度，贷款增加会使商业银行存款增加，存款增加又可以增加贷款，如此反复直到形成新的平衡。存款准备金政策有两个特点。一是能在存贷比水平高（货币乘数比较大）的银行才能发挥作用。因为在存贷比水平低情况下，当中央银行调整法定存款准备金率时，银行可以变动其在中央银行的超额存款准备金，从反方向抵消法定存款准备金率政策的作用。欧美等金融市场发达的国家，各个银行存贷比达到 80%，甚至还通过金融杠杆使其存贷比达到 90% 以上，货币乘数都达到 5 倍以上，他们调整法定存款准备金率对货币乘数的影响很大，作用力度很强。二是成效较慢、时滞较长。因为调整法定存款准备金率对货币供应量和信贷量的影响要通过存款货币银行的辗转存、贷，逐级递推而实现。

2. *利率政策作用原理及效果分析。*目前我国的银行采用的政策工具主要包括调整再贷款利率、再贴现利率、存款准备金利率、超额存款准备金利率等，

制定金融机构存贷款利率，对各类利率结构和档次进行调整。当中央银行提高再贴现再贷款利率时，存款货币银行借入资金的成本上升，基础货币得到收缩。相反，当中央银行降低再贴现再贷款利率时，存款货币银行借入资金的成本下降，基础货币得到扩张。当央行提高存款准备金利率时，商业银行就会增加超额存款准备金，从而使基础货币量收缩，反之则基础货币将扩张。当央行提高金融机构存贷款利率时，居民存款的积极性提高，会导致企业贷款积极性降低，存款增加可以扩大货币乘数，但是贷款减少又会减小货币乘数。当央行降低金融机构存贷款利率时，居民存款的积极性降低，而企业贷款积极性会提高，存款减少可以缩小货币乘数，但是贷款增加又会扩大货币乘数。所以通过控制金融机构存贷款利率对货币供应量的影响很难确定。对各类利率结构和档次进行调整实际上是利率双轨制，对经济的调控作用更加不好确定，而且容易造成腐败。

3. 公开市场业务政策的作用原理。中央银行通过在公开市场买进或者卖出有价证券调控货币供应量降低。中央银行通过在公开市场买进有价证券就会增加货币供应量，中央银行通过在公开市场卖出有价证券就会减少货币供应量。

4. 信用管制政策的作用原理。直接信用管制政策包括消费者信用控制、证券市场信用控制、优惠利率、预缴进口保证金等。直接信用控制是指中央银行以行政命令或其他方式，从质和量两个方面，直接对金融机构尤其是存款货币银行的信用活动进行控制。直接信用管制很容易造成双轨制，形成违规与腐败。

5. 汇率政策的作用原理。汇率政策工具主要有汇率制度的选择、汇率水平的确定以及汇率水平的变动和调整。汇率政策主要是通过调整本币与外币之间的汇率，改变国内商品竞争力，调整进出口贸易顺差逆差，达到平衡国际收支的目的。比如：本国货币贬值时，本国商品的竞争力就会提高，就会减少国际贸易逆差，反之就会减少顺差。

四、结论

共赢经济学货币政策理论认为：中央银行只能通过再贴现再贷款利率调整、公开市场业务两种政策工具调控市场总货币供应量来稳定人们的市场预期，保持货币流通速度的稳定，达到稳定物价、平衡国际收支，稳定市场预期保障经济发展速度和潜在发展速度相一致。运用存款准备金率政策、银行存贷款利率政策、信用管制政策、汇率政策等其他货币政策工具的效果往往是无效或者效用无法确定的。

第五节　共赢经济学的政府治理理论

政府机构膨胀、官员腐败、效率低下、财政入不敷出几乎成了世界各国政府的通病，即使政府更替，也没有从根本上解决问题。怎么才能从根本上解决政府存在这些问题呢？在这里将拓展出一个全新视角，通过研究政府与企业的相似性和区别，把政府作为一种特殊企业，通过研究其组织运行规律，创新政府治理结构理论，在政府系统内建立政府获得报酬与其提供产品和服务数量质量相一致，官员的工资福利与其工作效率相一致的优胜劣汰激励机制，从而实现政府机构精简、官员清廉、工作高效、收支平衡的目的。

一、关于政府提供的产品和服务

企业的使命就是用最少的成本向人们提供满足需求的产品和服务。而政府的使命在本质上也是用最少的成本给人们提供满意产品和服务，只是政府提供的产品和服务与企业提供的产品和服务相比较具有不同特点。

1. 政府提供产品和服务的范围

政府提供产品和服务在不同经济学理论中，其内容和范围是不同的，这里政府提供产品和服务是以共赢经济学理论为依据。共赢经济学理论对政府提供产品和服务的范围界定如下：

（1）企业公平竞争的环境

企业公平竞争的环境就是做好如下工作：一是反垄断。反垄断有三个层面，第一个层面是政府应该禁止任何保护垄断的法律、法规、规章、政策制度存在，在我国许多垄断都是法律政策保护的结果；第二层面是政府在容易形成垄断的行业制定反垄断的法律、法规、规章、政策制度；第三个层次政府对市场上任何垄断行为给予打击。二是管制负外部性。管制负外部性包括两个方面，一个方面，政府在环境保护、产品质量、安全生产等方面应该制定和执行比较高的标准；另一方面，政府要让所有企业在环境保护、产品质量、安全生产等方面执行相同的标准。三是管制公众性企业治理中的信息不对称。

（2）国民平等自由发展权

共赢经济学理论从人生来平等应该平等享受一切自然资源和社会资源出发，采用征收高额稀缺资源税建立普惠制社会保障体系的方法解决人们起点公平的问题，就是给每一个公民都能享受基本的幼有所教、病有所医、住有所居、老有所养、入土能安等服务平等地提供资金。基础科研对一个研究者很难取得成果，但一突破就对社会进步有巨大推动作用，对于人们创造财富能力的提高有非常大的作用。

（3）国家和国民的安全

国家和国民安全就是让国民在外不受国外人的欺负，在内不受其他国民的欺负和遭受其他意外伤害。前者是军队应当承担的责任，后者是武警、消防机构的责任。

（4）公正的社会秩序

维护公正的社会秩序，是公检法机构承担的责任。维护公平的社会秩序就是让违反法律法规、人类道德规范和市场经济行为准则的人受到应有惩罚，让遭受到违反法律法规、人类道德规范和市场经济行为准则行为危害的人得到相应补偿。

2. 政府提供产品和服务的特点

尽管政府提供的商品和服务是明确，也是可以清晰界定的，但是这些产品和服务与企业提供产品和服务有显著的不同。

（1）政府提供产品和服务的效用很难定量分析。企业提供的产品和服务就是数量和质量两个指标基本就可以清楚衡量其产品和效用的大小。政府很难用几个简单指标定量衡量一个政府部门提供的产品或服务的效用的大小。这些年，中国政府一直致力于政府机关绩效考核工作，努力使政府部门绩效考核定量化，但是都不十分理想。比如：关于法院绩效考核指标包括结案率、调撤率、上诉率、发还改判率、执行结案率等定量指标。由于这些指标设置还不够全面，分值设计不尽合理，结果在实际操作中，有些指标不但不能等同于办案质量和办案效果，有时反而会对法院的办案质量起到负面作用。为了追求高结案率，很多法院会在年底集中突击结案，有些法院甚至在年底绩效考核前的两个月内审结全年受理案件总数的30%～50%，大量集中突击结案很难兼顾案件质量。还有些法院为了提高结案率，给群众立案提高门槛，对于难度比较大没有好处的案件不予立案，让人民群众有冤无处申。执行机构为了追求高执结率，不得不通过大量发放债权凭证、裁定终结本次执行程序等方式结案，从而影响了执行的实际到位率和执行的社会效果。

（2）政府产品服务提供过程和报酬收取过程分离。企业通过向人们出售产品和服务获得报酬，政府通过给人民提供产品和服务再通过税收方式获得报酬。企业必须先给消费者满意的产品和服务，才能从消费者那里得到自己应得报酬。政府部门给当事人服务，但是不需要从当事人那里获得报酬，这种产品和服务提供过程和报酬收取过程分离现实让政府行为不受当事人约束。使得政府部门提供产品服务的数量和质量与其所得报酬的多少没有相关性。甚至政府部门获得的报酬与其提供产品和服务的数量质量负相关，有的提供产品和服务越少质量越差的政府部门获得报酬就越多。比如：一些地方的环保部门和有些地方污染企业搞分赃制，结果环境污染越严重，环保部门的收入就越高。

（3）政府提供产品服务具有垄断性。有时，政府提供的产品和服务具有非常强的垄断性，每一件产品和服务的提供往往只有一个部门，民众没有得选。比如：打官司只能所属地法院，办户口只能在当地派出所，就是上诉或者申请复议你也没有的选。人民群众要享受更高质量的服务只能是迁移到别的地方或者更换政府部门工作人员。政府部门提供产品服务的垄断性让政府部门缺乏竞争意识，没有提高产品和服务质量的动力。

（4）政府职员效率与薪酬待遇脱节。企业根据企业职员的贡献大小给其发工资和福利，政府根据国家法律规定给官员发工资福利，基本上吃大锅饭。政府与企业最大不同就是获得报酬与其提供产品和服务数量质量脱节，官员的工资福利待遇与其工作效率脱节。甚至个别腐败官员的工资福利待遇与其工作效率负相关。

（5）对公共经济学理论的反思。公共经济学理论给公共产品或劳务归纳了效用的不可分割性、消费的非竞争性和受益的非排他性等三个与私人产品或劳务不同的特征。公共产品效用是不可分割的。国防、外交、治安等最为典型。受益的非排它性指任何人消费公共产品不排除他人消费（用技术加以排除几乎不可能或排除成本很高）。因而不可避免地会出现“白搭车”现象。消费的非竞争性包括两个方面：一是边际生产成本为零，在现有的公共产品供给水平上，新增消费者不需增加供给成本（如灯塔等）。二是边际拥挤成本为零，任何人对公共产品的消费不会影响其他人同时享用该公共产品的数量和质量。边际拥挤成本是否为零是区分纯公共产品、准公共产品或混合产品的重要标准。① 公共产品理论关于公共产品特征的总结缺乏精确性，效用不可分割、受益的非排它性、消费的非竞争性都具有相对性。比如：就是最具有效用不可分割的国防其实其效用都是可分割的，比如投放反海盗舰队，收益就是从事海运的商人。这种对公共产品特征的不精确的界定在现实中就会带来一定的弊端，就是容易把本来应该企业提供的产品和服务划归为公共产品改为政府提供，使政府职能无限扩大，政府机构越来越膨胀，而提供产品服务效率越来越低下。比如灯塔尽管具有比较严格消费的非竞争性，但是也可以由企业提供，因为灯塔可以为港口服务质量，带来更多生意，灯塔就可以作为港口的配套设施。因此，在这里没有采用公共产品的概念，而是采用政府提供产品服务的概念。

二、政府治理结构设计

新的政府治理结构设计就要根据政府提供产品服务的特点，设计出能够实现政府部门和职员收入与其工作效能相一致的治理结构。

1. 建立适用于政府绩效评价体系

（1）建立适合于各个政府部门绩效评价指标体系。第一步，对于四种不同职能部门提出相适应的绩效评价总思路和目标。对反垄断部门的考核，要根据个人或企业对垄断行为进行投诉，对反垄断处理结果进行评估，根据评估结果考核其绩效。管制负外部性的考核，就是通过在其辖区发生的环境保护、产品质量、安全生产等方面的事故数量和社会危害程度进行绩效考核。管制公众性企业治理中信息不对称的部门考核，通过公众性企业股东对企业经营层的欺诈行为举报和处理效果对政府监管部门进行评价。对于承担国民平等发展权的部门的绩效考核，就是考核负责幼有所教、病有所医、住有所居、老有所养、殡葬行业、基础科研等资金分配公平性和服务效率，其中分配公平性是基本考核，出现问题就要这些部门的高层用总辞职来平民愤，服务效率出现问题通过经济处罚。军队就是考核其战斗力和任务执行力，现在很少打仗，主要就是通过演习对其战斗力进行考核。武警、消防主要通过其出警速度和处理事件的效果进行考核。公检法司机构考核从维护社会公平正义的效率考核。

第二步，针对具体政府部门设计一套具体科学的考核指标体系。在这里，

① 百度词条 公共产品理论

我以法院为例设计一套指标体系。法院绩效考核指标包括报案率、立案率、结案率、调撤率、上诉率、发还改判率、执行结案率等定量指标。报案率就是每年申请立案的件数与所辖区域的人口的比率，立案率就是立案件数与申请立案件数的比率，结案率就是当年审结案数与立案数的比率，调撤率是当年通过调解结案与立案数的比率，上诉率就是上诉案件占审结案件的比率，发还改判率就是发还改判的案件占审结案件的比率，执行结案率就是审结案件的执行到位率件数与审结案的比率。这些指标是非常重要的参考指标，但是都不能简单通过这些指标高低来判断法院工作效率的高低和工作效果的好坏。比如：报案率一般情况下越低越好，但是有一种情况首先排除，就是民众发生纠纷之后私了的情况特别多，如果一个地方出现了这种情况就说明法院工作特别差，民众对法院公信力已经没有了，对于这样的法院不管报案率的高低都只能一票否决。

（2）确立人民群众在政府效用评价中的主体地位。要确立人民群众在政府效用评价中的主体地位，就是要在考核过程中突出人民群众的参与重要性。一是主要通过评估人民群众对该部门投诉的数量和最后造成社会危害大小对每一个政府部门的效用进行评价。二是建立人民群众对政府部门评价的通道，包括网上评价平台，民意测评机制，上访通道等。

2. 组织机构设置和人员调整的办法

政府的组织机构设置只能根据政府应当承担的职能设置组织机构，根据共赢经济学理论，政府职能应设置保护企业公平竞争的环境、保障国民平等自由发展权、捍卫国家和国民的安全、维护公正的社会秩序等相关的组织机构。政府各个部门的岗位设置采取弹性岗位设置，进人都只能单位申请，再由同级政府统一招考进人，裁减人员只能通过主动辞职、引咎辞职、重大工作失误开除、违法犯罪开除等四种模式。人民和人民的代言人国家只考核这些机构职能履行效果，不管这些机构的费用的使用。如果职能履行的不好，那么这些机构主要负责人和领导班子就应被要求辞职或者引咎辞职，对于有重大工作失误和违法犯罪行为的就应直接开除。

3. 政府提供产品和服务的报酬支付

根据共赢经济学财政理论的观点，政府提供产品服务的报酬支付遵循以下原则和方法。流转税和资源税、所得税中管理费提成等就是政府提供了产品和服务后国民向政府支付的报酬。流转税和财产税的法定用途是政府用来维护社会安全和社会秩序，承担这些任务的部门包括立法机构、行政部门、司法机构、军队等。流转税和财产税收入应该根据实际需要分配给立法机构、行政部门、司法机构、军队等。国家预算分配比例和方式要以立法确定下来，立法机构、行政部门、司法机构、军队这四大机构分配比例要用宪法确定下来，这些机构的组成机构预算分配比例用国家基本法律规定下来。资源税用于幼有所教、病有所医、住有所居、老有所养、入土能安的社会保障体系平等发给每一个人。烟酒消费税应该主要用于公共医疗卫生支出，罚没收入应该用于建立补偿受害人的基金。政府在这里承担管理责任，承担相应责任的政府可以收取固定比例管理费作为提供产品和服务的报酬。其中履行其职能的费用相当于企业生产经营成本，人员工资和机构自身建设费用相当于企业利润。政府机构禁止借贷，当经费不够时只能通过少发工资和减少机构解决。

4. 政府职员薪酬体系设计

政府职员的薪酬待遇参照企业模式，实行弹性工资，在国家给予固定比例财政预算政策下，每个政府单位职员收入高低就与其部门的工作效率相关，在给人民提供满意产品和服务过程中，花费成本越少，他们薪酬待遇就越高。政府职员的退休工资采取由自己和单位所缴养老金组成养老账户收益发放，另外与其他所有公民一样享受国家基本养老金。

三、新治理结构下政府运行分析

1. 政府部门考核机理发生了变化

新机制下，政府部门考核主体由原来的上级领导起决定性作用变成了人民群众决定性作用。除了军队之外，其他各个政府部门的绩效评估都是由其服务对象评价决定，上级领导只是确认每一个具体投诉有没有被冤枉情况。以往政府部门都是政府部门之间考核，绩效的高低最后往往都是部门创收能力说了算，创收能力强的部门招待到位，面子工程做得到位，最后得到的评价就高。

2. 赋予政府部门主动精简的动力

新机制下，每个政府部门获得经费预算都是当地财政收入的固定百分比，不存在任何其他收入来源，某个政府部门的职员人数超过了其履行其职能需要的人数，就会降低这个政府部门整体工资福利。在这种情况下，每个政府部门就有了主动控制政府部门规模的动力。而在现有体制下，精简机构对政府体制内的任何人都没有好处，人数少了工作量会更大，但是收入不能增加。

3. 促进官员清廉工作高效

政府部门的绩效通过国民对该部门投诉的数量和评估投诉事件造成社会危害大小对其进行绩效考核，不再考核其经费使用情况。政府官员只要用最少成本把事情做好，节约经费都归己，不存在贪污受贿的事情。以前是不管你事情做得多好，办事效率多高，节约钱都是国家的，装进自己口袋就是贪污。目前中国政府部门三公消费居高不下，工作中浪费惊人，就是因为在浪费中腐败可以掩人耳目。在新制度下，秉公办事，高效办事，政府官员就有可靠的高收入，不需要冒险贪赃枉法。

4. 促进整个社会经济效率提高

在政府部门任职的劳动者少了，那么在社会上从事产品生产和提供服务的人就可能多，就能创造出更多的财富，提高整个社会经济效率，并且同时可以提高政府工作人员收入水平，因为社会经济水平提高了，税收也会跟着提高，在分配比例不变的情况下，每个政府部门收入都会提高，每个政府工作人员收入水平也会提高。

第六节　共赢经济学财政理论

财政是伴随国家的产生而产生的一种以国家政权为主体的经济行为，人类发展史上的财政活动有5000多年的历史，财政活动的内容随着社会形态变化也发生了巨大变化。财政理论就是对财政活动规律进行研究的理论，财政理论随着财政活动内容变化也不断变化着，共赢经济学财政理论就是探索现代财政活动规律的理论。

一、现代政府财政收入依据

财政是随着国家而产生，在奴隶制和封建制国家财政就是通过税赋方式把一部分国民收入用来保护国家安全、保障国家内部司法公正、进行道路、防洪堤等公共基础设施建设。税收来源主要就是土地税和盐税等。在资本主义国家财政除了履行保护国家安全、保障国家内部司法公正、进行道路、防洪堤等公共基础设施建设等职能之外，还要通过财政转移支付承担保障社会分配公正职能从而使经济稳定协调发展。税制设计就比奴隶制和封建制国家复杂得多、完善得多、合理得多。现代政府财政的合法性就源于政府需要承担国防、司法、公共事务、保障社会收入分配公平的责任，因此，共赢经济学理论认为每一种财政收入应该与政府承担的责任相对应。

1. 源于政府维护社会安全和秩序的税

共赢经济学理论认为，政府和个人是各自独立平等的实体，政府需要给个人以保护，让国民不受外来的侵略，主要是依靠国防力量，不受其他国民的欺负，主要依靠司法力量，所以国民需要向政府纳税以作为报偿。这类税收主要有流转税、财产税两种，包括增值税、营业税、契税、印花税、房产税。流转税、财产税应该用于政府维护社会安全和秩序。支出范围包括：立法机构、行政部门、司法机构、军队等费用支出等。既然流转税、财产税源于政府对社会安全的保护和社会秩序的维护，那么流转税应该主要用于维护国家安全和社会稳定的国家机构的运行，国家机构运行需要一个稳定收入，因此，流转税和财产税的政策应该稳定，不仅仅是把流转税当成调节经济的手段。

2. 源于社会的起点公平的税

共赢经济学理论认为：人生来平等，都拥有平等的生存、发展的权利和机会，但是个人禀赋千差万别，家庭条件与成长的环境也各不相同。在这种存在天然的差别情况下，人生来平等就体现在每个人都平等地拥有和享受自然资源和社会公共资源权利，然而现实中每个人享受的自然资源和社会资源都不一样，所以每个人在消耗资源时应该给社会支付对价——国家税收，这种为了实现人们起点公平而对每一种稀缺资源征收的税就是资源税。国家再利用税收建立幼有所教、病有所医、住有所居、老有所养、入土能安的社会保障体系平等发给每一个人。从而实现了人生来平等，都拥有平等的生存、发展的权利和机会的理想与现实的统一。共赢经济学理论通过对价值源泉的研究，得出了社会经济危机产生原因就是因为部分资本通过对稀缺资源的控制造成社会收入分配不公平引起的。因此，资源税实现社会收入分配公平的重要手段，也是避免社会经济危机的有效途径，因此，对资源税政策的调整和转移支付力度调整就是政府对经济实行宏观调控最重要的财政政策。

3. 源于社会过程公平的税

共赢经济学理论认为，由于社会经济制度不完善，市场机制不能实现资源的有效配置和公平分配社会财富，而所得税就是为了实现收入公平分配而产生的税种。当前个人所得中最不合理收入分配就是一些国有企业和上市公司的高管自己给自己发高薪的行为，所得税设置的目的主要就是用于控制这种不合理收入分配。所得税是由于个人收入差距而产生的税种，如果所得税的征税面太广就会打击人们通过劳动创造财富积极性，因此，所得税设计时，要让70%人不用交税，但是对于少数人不合理收入要按高税率征收。这里提供一种方案：在当前物价水平下，薪酬所得中，月收入超过1万元的部分按20%交税，月收入超过10万元的部分按40%交税，月收入超100万元部分按80%交税，其他所得扣除1万元后，一律按20%税率征收。

4. 源于外部性的税

非税收入实际上就是庇古税。庇古税认为，对边际私人成本小于边际社会成本的部门实施征税，即存在外部不经济效应时，向企业征税；对边际私人收益小于边际社会收益的部门实行奖励和津贴，即存在外部经济效应时，给企业以补贴。不过共赢经济学理论认为，对边际私人成本小于边际社会成本的部门实施征税，即存在外部不经济效应时，向企业征税；但是对边际私人收益小于边际社会收益的部门不需要给予奖励和津贴，正外部性问题，市场机制可以自行解决。罚没收入应该用于建立补偿不足的受害人的基金。比如：产品质量问题的罚款就用于建立产品质量伤害基金，污染罚款就用于建立环保基金，生产安全罚款就用于补偿安全事故受害者。如果外部性行为造成伤害是不特定的他人，那么这种外部行为可以通过禁止和罚款解决，罚款的目的是为了禁止，如果这种伤害具有累进性质，只有数量多了才会造成伤害，那么可以通过税收解决。比如工厂排放二氧化硫必须达标排放，而排放二氧化碳可以通过征收碳税解决。

5. 源于服务的财政收入

当前，我国还有一种源于政府因为监管或者提供服务而向监管和服务对象收取的财政收入，这种财政收入行政事业性收费。行政性收费是指国家行政机关以及其他依法行使行政管理职权的单位进行行政管理活动，按照法律、法规和国务院、省人民政府及其省财政、物价部门的有关规定向公民、法人和其他组织收取的费用。事业性收费是指机关、事业单位向公民、法人和其他组织提供服务，按照法律、法规和国务院、省人民政府及其省财政、物价部门的有关规定收取的不以盈利为目的的补偿性费用。行政部门经费都由税收解决，行政性收费都可以逐步取消。事业性收费属于服务性收费，提供服务的单位和接受服务的主体服务付费关系非常明确，完全可以通过建立竞争机制市场化。所以源于服务的财政收入（行政事业性收费）不应该纳入财政收入范畴。

综上所述，共赢经济学理论认为一个国家财政收入根据征收依据和用途可以分为维护社会安全和秩序的税、社会的起点公平的税、社会过程公平的税、源于外部性的税等四类，行政事业性收费不应该纳入财政范畴。

二、财政预算理论创新

共赢经济学理论认为每一种税收征收依据是由于这种税收都有其固定用途，所以每一种税收支出都应该有固定的用途范围，而不能随意调整，而且每种税收每年具体收入数量具有不确定性。因此共赢经济学在这里提出一种取消一切年度财政预算计划，用税收百分比的形式把未来一年财政收入分配每一个单位或每一个人，只做年度财政收入支出决算的全新财政预算理论。

1. 维护社会安全和秩序税收预算方案设计

流转税和财产税的法定用途是政府用来维护社会安全和社会秩序，承担这些任务的部门包括立法机构、行政部门、司法机构、军队等。按照新的财政预算理论，流转税和财产税收入应该根据实际需要分配给立法机构、行政部门、司法机构、军队等。国家预算分配比例和方式要以立法确定下来，立法机构、行政部门、司法机构、军队这四大机构分配比例要用宪法确定下来，这些机构的组成机构预算分配比例用国家基本法律规定下来。分配给各个机构资金包括职能履行费用、人员工资和机构自身建设各种费用，这些机构都不能够存在借贷，当经费不够时只能通过少发工资和减少机构建设解决。人民和人民的代言人国家只考核这些机构职能履行效果，不管这些机构的费用的使用。如果职能履行的不好，那么这些机构主要负责人和领导班子就要走人，领导班子有权力调整不合格的工作人员。

2. 保障社会公平的资源税和所得税预算方案设计

资源税用于幼有所教、病有所医、住有所居、老有所养、入土能安的社会保障体系平等发给每一个人。当前中国人薪酬所得的差异主要由教育程度的差异造成的，所以所得税收入应该主要用于高等教育和职业教育。资源税实现社会收入分配公平的重要手段，也是避免社会经济危机的有效途径，因此，对资源税政策的调整和转移支付力度调整就是政府对经济实行宏观调控最重要的财政政策。怎么调整资源税的税率才能实现有效宏观调控，保障经济平稳发展呢？每种资源税征收标准就是那个征收标准能够使稀缺自然资源变成充足资源。承担幼有所教、病有所医、住有所居、老有所养、入土能安这些社会保障职能的部门的收入来源就是这些预算资金的管理费用，管理费具体比例首先实现零基预算，以后将预算比例固定下来。

3. 源于外部性的财税预算方案设计

烟酒消费税应该主要用于公共医疗卫生支出，罚没收入应该用于建立补偿不定的受害人的基金。比如：产品质量问题的罚款就用于建立产品质量伤害基金，污染罚款就用于建立环保基金，生产安全罚款就用于补偿安全事故受害者。

三、共赢经济学财政理论的特点

共赢经济学财政理论无论与西方财政理论，还是中国现有财政理论相比有几个显著的特点。

1. 让主权债务危机成为历史

根据共赢经济学财政理论，财政收入都按照固定的百分比分配给各个单位或个人，单位个人都必须量入为出。因此，在新的理论下财政收支永远都是平衡的，不存在财政失衡的问题，既不会有盈余也不存在赤字。类似于欧洲主权债务危机将不会出现，成为历史。比如：在 2008 年到现在的这轮欧债危机中，各个国家社会养老保险资金缺口成了危机的根源。而在新的财政理论中，是通过把资源税按照个人的年龄不同平均发给每个老人，而不是根据每个老人交养老保险金数量补贴。这种新的养老金补贴模式不会再出现交得越多获得补贴就越多对穷人不公平现象，能够避免社会养老保险基金缺口的问题。

2. 显著提高税收征管和财政预算的效率

当前不管是欧美国家，还是中国的税征管和财政预算都存在效率低下的问题，就是我们认为税收征管效率和财政预算做得非常好的美国，偷税漏税也很严重，预算也缺乏效率。在美国经常出现国会与政府角力导致政府停摆的情况。在中国偷税漏税是一种普遍现象，甚至纳税人与税务征管人员勾结逃税都很普遍。财政预算中不透明和人为因素导致财政预算既不公平又没有效率的问题非常突出。之所以出现这种偷税漏税和财政预算低效率情况出现，一个根本的原因就是财政预算存在一个明显逆淘汰机制。在现有预算制度下，税收监管好坏与税务人员不是正相关，甚至是负相关。而在共赢经济学财政预算理论指导下，各个机构收入与税收的比例是一定的，单位收入多少、个人收入多少与税收的多少属于严格线性正相关的关系。这种严格线性正相关的关系能够提高税收部门的积极性，也能提高其他监管部门积极性。它用法律形式规定了各个部门资金分配百分比，减少了人为因素的作用，从而减少财政预算的随意性，减少财政预算中的腐败行为，提高了效率。

3. 政府通过财政政策调控经济有据可行

在原来财政政策宏观调控理论框架下，宏观调控财政政策的实行具有很大随意性，因为每个人对经济冷热判断是不一致，到底谁对谁错都没有客观判断标准，最后就形成了谁的权力大、谁更加权威，谁就正确的局面。事后，财政政策实现效果好坏没有人能考核，也没有任何人需要承担责任。在新的财政理论框架下，不存在随心所欲的宏观调控的财政政策。政府通过资源税税率的调整实现经济宏观调控，每一种资源税的税率在调整的过程中，都是只调高，不调低。如果一种资源明显供不应求，那么就提高其资源税率，如果一种资源的税率提得过高也不会造成经济需求减少，只会减少该种资源消耗，因为所有的资源税都通过社会保障体系发给了消费者。

4. 鼓励劳动创造财富

新的财政理论体系下，通过高资源税和高起点高税率的个人薪酬所得税限制占有稀缺资源的企业高管侵占所有者等不劳而获行为，鼓励人们通过劳动创造财富。

第四章

共赢经济学的重要特征

共赢经济学采撷西方经济学和政治经济学的理论精华，并重新描述和完善个人利益最大化、需求、价值、货币流通等基本经济规律，从而表现出了共赢经济学的正确认识市场机制，能够在经济中发挥市场决定性作用，实现社会公平和经济效率统一的新特征。

第一节　发挥市场决定性作用

中国共产党第十八届中央委员会第三次全体会议通过了《中共中央关于全面深化改革若干重大问题的决定》（以下简称决定）。《决定》提出紧紧围绕使市场在资源配置中起决定性作用深化经济体制改革。这节将对什么是市场机制，为什么要让市场起决定性作用，怎么样才能够让市场起决定性作用并实现效率和公平统一的“各尽所能按效分配”进行研究。

一、正确认识市场机制

市场机制就是资源在市场上通过自由竞争与自由交换来实现配置的机制。市场机制的价格、供求、竞争三大基本要素的组合及交互运动又形成了边际效用递减规律、效用最大化规律、价值规律、现代货币流通规律等市场经济的基本规律。目前存在两种对市场机制的错误认识：第一种是认为市场万能，能够解决一切问题的错误认识。第二种是认为存在大量的市场失灵，需要政府干预的错误认识。市场机制就是一些经济规律，社会经济中的价值规律、货币流通规律等市场规律就跟自然界里的万有引力定律、量子力学定律、相对论、能量守恒定律等自然规律一样，只是一种社会领域的客观存在。市场机制给人们带来利益还是灾难，跟自然规律是一样的，所以不存在市场万能或市场失灵之说，关键是看人类怎么用市场机制，怎么让这些规律发挥好作用造福人民。

1. 对市场机制万能说的批判

自由派学者认为市场制度是最道德的，市场能够解决一切问题，实际上，这种观点完全是本末倒置，因果颠倒。市场机制就是资源在市场上通过自由平等竞争与自由平等交换来实现配置的机制。但是这里的自由平等是相对的，是在人类社会道德和法律约束下的自由平等，在人类不同的历史时期自由平等的含义是不一样的。

在原始社会可以说是最自由的竞争机制，但是会破坏自由平等的交换，那个时候实行是丛林法则，每个氏族可以任意侵犯另外一个氏族，弱肉强食，市场机制使原始社会成了最没有道德、最不公平、也是最没有效率的社会。奴隶社会建立了国家，制定了法律，市场机制在法律制度下发挥作用，但是奴隶没有权力，市场机制只能激发奴隶主和自由民的创造力。封建社会时期，在欧洲农奴与封建领域存在人身依附关系，而且各个国家和地区还相互割裂，市场机制发挥不出作用，对社会发展推动甚至还不如奴隶社会。在中国，所有人都是皇帝的臣民，相对而言，中国的法律相对完善，人身依附关系较为松散，市场机制比在欧洲发挥出了更好的作用，所以中国在封建社会时期一直远远领先于欧洲。资本主义社会在法律上进一步完善，尊重人权，追求人人平等，所以在资本主义社会，市场机制比以往更加公正，有效率。但是资本主义社会经常发生经济危机，到了现代，法律不断完善，越来越公平公正，人民的道德水准也越来越高，经济危机爆发的频率也越来越小了。

综上所述，市场机制不能说是最道德的机制，而是在最公正的法律规则和道德约束下，市场机制会引导人民行动达到最道德最有效率的结果，否则就会得到相反结果。

2. 对市场失灵说的辨析

现代经济学理论认为市场机制在提供公共产品和公共服务、外部性、自然垄断、解决信息不对称、分配不公等方面失灵。但是在这些领域的资源配置也是按着市场机制的基本规律运行，只是最后出现了一个没有实现资源最优配置的结果。这个结果的出现不是因为市场机制失灵，而是社会没有提供一个让市场机制发挥好作用的环境。就像一个西瓜种子，种在肥沃的土地上，就会长出清甜的西瓜，种在被环境污染的土地上，就只能长出毒西瓜。长出了毒西瓜，你能说自然界植物生长的规律失灵了吗?

实际上所谓的市场失灵是某些法律政策制度失灵，是体制机制失灵，而不是真正市场失灵。比如大家一直认为现在中国看病贵看病难的问题是市场机制带来的问题。实际上，现在看病难看病贵与市场半点关系都没有，完全是相关部门错误的政策制度设计造成的。在这里我还简要分析一下为什么他们的某些错误政策造成了看病贵看病难，而在正确政策制度下，市场可以解决看病贵看病难的问题。

本来市场机制可以实现让患者合适的费用付出得到满意治疗。疾病是一种很奇怪的东西，一种病几毛钱也可以治好，也可以花数千元才治好。在没有政府定价管理情况下，医院就可以根据不同的人收取不同费用，对穷人收几毛钱，对一般人收几元钱到几十元，对富人可以收几百元，对特别有钱可以收几千元，从而实现自身利益最大化，也不存在穷人看不起病的问题。而政府的医药收费管理就限制了医生的这种自由。同时还造成高价药淘汰低价药的局面。比如同样治疗感冒的药，有的才 5 角钱，有的要 100 元。如果没有对医药政府定价管理，那么 100 元的药没有医生给患者用，医院就可以把 5 角钱药卖给患者 90 元，自己赚 89.5 元，结果比卖给患者 100 元的药多赚 74.5 元，而患者还少花了 10 元钱。生产 100 元的药企业想要生存，他们只能降低生产成本，降低价格，至少要低于 90 元，这样才会有患者使用他们的药。但是对医药的政府定价管理后，情况完全变了，用 0.5 元药治好患者，就是不计成本，医院只能赚 0.5 元。而用 100 元钱要治好患者，可以获得 15 元利润。所以医药的政府定价管理时，医院就不会用 0.5 元钱药给患者治病了。生产 0.5 元钱药的药厂要生存，唯一方法就是提高药品的政府定价，定价 150 元就可以打败 100 元钱的药了，这样医院可以赚更多钱。我们现在就不难理解葛兰素史克在国外卖 15 元的药在中国卖到 207 元的原因了。

综上所述，不存在市场失灵，只存在法律政策制度失灵，体制机制漏洞。

二、为什么要让市场起决定性作用

让市场起决定性作用就是要让自由平等竞争、自由平等交换的机制在资源配置中起决定性作用。为什么既不是让计划、审批、政府定价等行政手段在资源配置中起决定性作用，也不是计划、审批、政府定价等行政手段和市场机制共同起作用，只能是让市场起决定性作用呢?

1. 为什么计划经济行不通

20 世纪 90 年代初，社会主义国家集体转型就宣告了计划经济是行不通的，我国前后三十年的对比也说明计划经济行不通。计划经济会为什么行不通呢？因为人们对商品的需求是人们对商品和服务效用评价和收入决定的，人们收入在计划经济条件下是可以确定的，是一个已知量，但是人们对商品和服务效用评价不仅仅由商品和服务的使用价值有关，还与每个人身体特质、个人喜好有关、社会环境有关。萝卜白菜各有所爱，就是讲每一个人喜好是不同的。从某代表两会穿着打扮与往届对比就可以看出社会环境的变化，以前的她一身名牌，背 LV 包，如今参会时衣服都叫不出品牌，手提环保购物袋。商品的使用价值还可以确定，但是每一个人特质、个性爱好、社会环境变化是无法预知和确定的。所以再聪明的国家经济计划的制定者也不可能制定出能够满足人们丰富需求的商品计划。

2. 为什么计划市场双轨制也不行

计划经济行不通，计划市场双轨制也不行。从改革开放以来，我们一直实行计划和市场两只手同时配置资源，这种双轨制不但跟计划经济一样不能够合理的配置资源，还会产生严重腐败。改革开放以来，第一波腐败现象就是生产资料价格双轨制造成。同一种商品计划价和市场供应价格差异巨大，这就让一批有着官方背景或政府关系的“倒爷”迅速发迹。他们凭借官商勾结，通过“关系”拿到计划价格的产品，然后以市场价格卖出，赚取价差；甚至有政府部门掌权的官员，直接动用其调拨物资的行政权力，占有计划物资，通过市场高价出售，从中渔利。正是计划双轨制造就了中国改革开放以来第一批腐败分子，败坏了社会风气，动摇了党的执政基础。改革三十多年了，我国在医疗卫生、教育科技、国土资源、能源交通、烟草金融等某些领域还是计划市场双轨制，结果这些领域腐败最严重，效率最底下，人民群众最不满意。

3. 为什么市场可以实现“各尽所能按效分配”

计划经济行不通，计划市场双轨制也不行，市场经济就一定行吗？显然也不是。西方欧美国家实行市场经济已经有 400 多年历史了，特别是 1929 年以前实行完全自由竞争的市场经济。结果呢？西方欧美国家基本上每十年就会爆发一次经济危机，而且 1929 年经济大萧条到达了没有政府干预不能自行恢复的程度。二战后实行了有宏观调控的市场经济还是经济危机不断，2008 年爆发金融危机到了现在其影响都没有完全消除。所以不能说计划经济行不通，计划市场双轨制也不行，市场经济就一定行。只能说市场可以实现效率最高、最公平的“各尽所能按效分配”。

为什么说市场可以实现效率最高、最公平的“各尽所能按效分配”？市场机制就是资源在市场上通过自由竞争与自由交换来实现配置的机制。在真正自由平等市场环境中，每个人都只能首先给别人提供性价比最高的商品和服务才能获得应得报酬。每个人都尽其所能根据他人需要提供效用最大价格最低商品和服务，你满足别人程度越大，获得报酬也就越多，又从他人那里获得效用最大价格最低商品和服务。然而目前，在现实中还没有真正自由平等市场环境，还需要我们创造出真正自由平等市场环境。所以只能说市场可以实现效率最高、最公平的“各尽所能按效分配”，而不是一定能够实现效率最高、最公平的“各尽所能按效分配”。

三、如何让市场起决定性作用

市场可以实现效率最高、最公平的“各尽所能按效分配”，但是怎么样才能实现效率最高、最公平的“各尽所能按效分配”呢？就是为市场所有参与者提供一个真正自由平等市场环境，也是要求我们真正围绕让市场起决定性作用进一步深化经济体制改革，遵循市场规律，制定出维护市场自由平等的法律制度政策，为市场参与者提供一个真正自由平等的市场环境。根据共赢经济学的思想只要政府做好下面五件事情就能建立一个让市场起决定性作用的真正自由平等经济体制。

1. 打击违法犯罪

违法犯罪是违法犯罪分子对受害者进行了剥削。比如：有些企业在经营中欠账不还，有些违法犯罪分子强买强卖，有的直接就偷盗抢，还有些人滥用公权力致使公私财产、人民生命健康遭受损失，危害社会主义市场经济秩序，破坏司法公正，破坏民主法制。这些违法犯罪行为都会导致不劳而获，从而破坏“各尽所能，按效分配”的原则。所以需要政府做好打击违法犯罪的工作。

2. 管制负外部性

负外部性是资本损害社会其他人利益，却不用付出代价。典型的负外部性就是环境污染和安全事故。环境污染受害人是公众，而且施害者很多时候也是一个群体，现在雾霾就是一种群体造成的，他们破坏了空气质量却让所有人付出代价。安全事故的受害人和施害人往往都较明确，但是施害人往往已出现事故就无力全部赔偿，结果导致一部分责任由政府和社会承担了。负外部性造成了严重环境危机和社会危机。所以政府应该避免负外部性发生。

3. 反对一切垄断

垄断是垄断资本利用自己优势地位对客户和消费者进行了剥削。在对安乡县客车轮胎市场进行调查中就发现了一种价格垄断行为，安乡县所有换胎补胎经营户联合起来，成立了补胎协会，统一提高补胎价格，他们从 2005 年以来两次提高补胎价格，第一次补胎基准价格从 5 元提到了 10 元，第二次从 10 元提高到 20 元。最典型的垄断是供水、供气、供电、供热的垄断。垄断一个显著特征就是让交易的相对方不得不接受单方面的条件，在交易中没有平等和自由。所以需要反对一切垄断行为。

4. 人人平等享受自然资源

人们对自然资源和社会公共资源占有不平等就是导致很多人失业，有力无处使，一方面会导致贫富悬殊，一方面会造成社会不稳定。所以需要建立一个能够让所有人都能够平等享受自然资源的制度。

5. 优胜劣汰的公务员绩效和薪酬制度

政府做好上面四件事就行了，但是政府怎么才能做好这四件事情呢？除了制定出科学的打击违法犯罪、反垄断、管制负外部性、控制信息不对称、实现人人平等享受自然资源的政策制度之外，还必须建立一个优胜劣汰的公务员绩效和薪酬制度。不然就会出现这种现象：哪里污染最严重，那里的环保局就最富有，哪里伪劣商品最多，那里的质监部门的日子就过得最舒服，哪里的安全事故最多，那里的安监局效益就最好！

第二节　实现社会公平与经济效率的统一

“效率优先，兼顾公平”的国民收入分配原则是因为没有正确理解效率和公平的含义提出来的。现在两派学者对这个问题争论的非常厉害，但是都没有抓到点子上。因此，界定公平与效率的含义，弄清社会公平与效率的真正关系非常重要。

一、效率与公平的内涵与外延

1. 效率的内涵与外延

效率就是社会用最小投入获得最大产出。这里效率应该包括两个方面含义，一个方面是在一定时间内获得最大产出，现在 GDP 就是考核最大产出；另一方面是投入产出比最高，现在两型社会建设侧重于投入产出比的考核。要理解这个概念，必须首先理解社会、投入、产出、最小、最大等概念。

（1）社会。社会就是在特定范围内人和人们之间各种关系的集合。社会根据其范围大小可以分为家庭、地方、国家、全球以及可能跨越这些范围的组织团体。可以根据自己的需要内容确定社会的范围，比如家庭考虑效率问题，那么社会就是一个家庭，企业考虑效率问题，那么社会就是企业，地方政府研究效率问题，那么社会就是所管辖的地方，中央研究效率问题就要着眼全国，国际组织研究效率问题就要放眼全球了。

（2）投入。投入应该包括自然资料、社会资源（人力、物力、财力）等。

（3）产出。产出就是用来满足人们生理和心理需要的物质或精神产品和劳务。除了社会需求的产品和服务外，还可能会有造成环境污染的副产品，因此产出只有控制了给社会造成危害副产品的净产品，才是真正产出。

（4）最小。最小是一个相对概念，常言道，没有最好，只有更好，效率也是一样，只是在一定科学技术、社会体制条件下的投入最小。

（5）最大。最大也只是在一定科学技术、社会体制条件下的产出最大。

综上所述，社会效率就是在一定地域范围内，在一定时间段，一个经济主体用最小资源投入实现最大的没有任何负作用的社会需求的产出。

2. 公平的内涵与外延

社会公平有两条，第一条就是每个人应该平等享受自然界赋予人类的财富；第二条就是你为社会创造多少财富，就应该得到多少财富。社会公平包括起点公平、过程公平（程序公平）、结果公平（分配公平）在内的规则统一体。

（1）起点公平。人生来平等，都拥有平等的生存、发展的权利和机会。但是人生下来自然属性千差万别，个人禀赋也有很大差异，出身家庭条件与成长的环境也有很大差异。人虽然自然属性和家庭出身不同，但是每个人应该平等拥有享受自然资源和社会公共资源权利。然而现实中每个人享受的自然资源和社会资源都不一样，所以每个人在消耗资源时应该给社会支付对价——国家税收，国家再利用税收建立幼有所教、病有所医、住有所居、老有所养的社会保障体系平等发给每一个人。从而实现了人生来平等，都拥有平等的生存、发展的权利和机会的理想与现实的统一。

（2）过程公平。过程公平一是让每个人都可以在透明和公正的规则下，有平等机会通过自己的努力，成为富人；二是每个人都可以在透明和公正的规则下参与政治实践活动的权利公平。什么是透明和公正的规则呢？首先规则就是包括道德规范、法律法规、政策方针等。透明就是要让潜规则靠边，显规则发挥作用，公正就是指规则本身设计符合人民合法利益。合法利益就是放在阳光下，没有人可以质疑的利益。

（3）结果公平。结果公平是指人们参与社会活动之后获得的待遇、分配等具有公正性，结果的公平是最终衡量公平与否的重要指标。改革开放以前，干多干少一个样，干好干坏一个样，这不是公平，相反是最大的不公平。现在的一些垄断企业职工，享受垄断高工资也非常不公平。在初次分配中的公平，应该是“各尽所能，按效分配”，你为社会做的贡献越大，收入就应该越多。结果公平是由起点公平和过程公平决定的，社会只有保障起点和过程的公平，才能真正确保结果的公平，只有这样的结果公平才能得民心、顺民意、使人信服。

二、效率与公平的关系分析

人们都把公平当成平均主义时，提出了“效率优先，兼顾公平”的国民收入分配原则，在注入了公平更加准确的内涵后，这分配原则就值得商榷，因为这个原则割裂了效率与公平的统一性。实际上效率与公平从来都是一致的，只有最公平的分配方式才是效率最高的，只有效率最高的分配方式才是公平的。下面就从人类社会的发展史和近400年来世界经济发展史论证效率与公平的统一性。

1. 人类社会的发展史证明效率与公平的从来都是统一的

在原始社会，人类实行的是丛林法则，人们可以任意依靠暴力抢劫别人财富和剥夺别人的生命。当然在氏族（实际上就是一个大家庭）内部实行以血缘为基础，以为氏族繁衍发展为目标的分配规则，这种规则非常公平，也非常有效率，所以这种分配规则延续了几十万年之后，现代家庭也仍然实行这种与原始氏族相似的规则。但是在氏族和部落之间实行丛林法则是既不公平也没有效率的社会规则。暴力抢劫别人财富抑制了人类积累财富的积极性，任意剥夺别人的生命，削弱了人类改造自然的能力。

之后人们创造了物品交换这种机制代替暴力抢劫，又创立很多道德规范，在光靠道德规范无力维护公平和正义情况下，又创造出法律、监狱、政府等国家机制限制人们破坏社会发展需要的行为，减少任意剥夺别人生命事情发生。通过交换鼓励人类可以创造更多的财富，减少杀戮，又可以为人类保留更多人力资源改造自然。因此，奴隶社会的社会规则实际上比原始社会公平得多，也比原始社会有效率得多。

但是奴隶社会的奴隶阶级没有自由，也没有任何激励他们努力工作的社会规则，这对奴隶阶级非常不公平，也严重打击奴隶阶级积极性，影响了整个社会的效率。在这种情况下，奴隶主阶级就进行了一些制度创新，比如把自己土地分给自己奴隶种，奴隶主负责保护奴隶的安全，奴隶种地交租给奴隶主后，剩下都归奴隶。这就是封建制度，封建社会社会制度比奴隶制又更加公平一些，社会效率也更高一些。但是封建社会尽管可以让农奴的经济地位所有改变，但其政治地位还没有多少改进，还是不公平。

面对这种具有人身依附关系的封建制（在中国封建制度应该是以西周分封制为起点，到秦朝建立后结束），中国创立了以皇家集权为基础的郡县制，欧洲大陆创立了资本主义制度。中国的郡县制与现代资本主义社会相比，除了中央政府没有民选的政府和三权分立的政治制度外，其他与现在中央集权型资本主义国家没有什么区别。这种制度比奴隶社会、封建社会都公平得多，也更加有效率得多，由于中国在2000年以前就确立了中央集权的先进制度，所以中国在这段时间经济社会效率也比欧洲高得多。但是这种制度最大缺点就是执政久了，皇家利益和社会利益就逐渐背离，这样中央政府合法性就会受到质疑，又没有正常和平的政权更替机制，通常都只能通过起义和政变实现政权更替。暴力革命的结果就是社会生产力遭受严重破坏，经济和社会发展水平倒退几十年，甚至上百年。近代以来，欧洲建立了更加公平的社会制度，经济社会也得到了更快更好的发展。

综上所述，几十万年的人类发展史证明了社会制度的公平程度与社会效率高低从来都是统一的，社会制度越来越公平，经济效率也越来越多，这就证明公平是效率的前提，效率与公平和谐统一。

2. 400年来世界经济发展史证明效率与公平具有统一性

1825年爆发第一次经济危机以前，西方资本主世界的经济一致处于高速增长阶段，用不到200年时间创造了人类过去数千年创造财富总和还要多。但是从1825开始，几乎每隔十年就爆发一次经济危机，到了垄断资本主义时期每隔七八年就爆发一次经济危机。因为在自由竞争资本主义阶段，自然资源和社会资源相对于人们的需求来说非常充足，每个人基本上都能不受限制享受自然资源和社会资源，就是说每个人的起点基本上是公平的，当时能够破坏市场机制运行的只有犯罪，政府当好了守夜人，市场给予人民的平等机会和公平规则，整个社会的分配结果也相对公平。但是由于经济快速发展，各种自然资源和社会资源都被瓜分完毕，人民占有财富和地位都不同导致起点不公平，起点不公平导致分配结果更加不公平，如此不良循环最终就引发了经济危机。垄断资本主义阶段，垄断又破坏了市场的平等机会和公平规则，造成不但没有起点公平，就是过程公平也被破坏了，所以经济危机更加频繁爆发，并且一次比一次严重。

凯恩斯主义之后（二战之后），政府开始对市场干预，这些干预对修复市场机制导致的收入分配不公起到了一些作用，在一定程度上解决了起点公平问题，但是过多干预又破坏了市场机制运行，导致社会平等机会与过程公平的缺失，导致经济效率越来越低下，在西方国家引发了1957~1958年、1973~1975年和1980~1982年经济危机。以前的危机都是过剩危机，凯恩斯主义主导下的危机是与能源危机相关的资源短缺危机，这种短缺经济危机爆发就是因为政府无序的干预破坏了市场运行机制，导致社会平等机会与过程公平的缺失造成经济效率低下引发的。完全由政府管理经济的东欧社会主义（政府主义）国家甚至出现国民经济体系解体的危机。

2008年以来欧美主要经济体爆发金融风暴的主要原因一方面是收入分配不公导致贫富分化，另一方面是对一些所有者缺失（股东非常分散，企业被内部人控制）的企业监管不力。

综上所述，400年世界经济发展史证明了只要破坏了社会的全面公平，经济危机就会爆发，经济效率也大幅度降低；只要实现了社会全面公平，经济就能健康快速发展，经济效率也能得到提高。所以说公平是效率的前提，效率与公平是和谐统一的。

三、结论

公平是效率的前提，效率与公平是和谐统一的，现代社会要实现高效率，也需要建立全面公平社会制度。现代社会在经济制度的不公平主要体现在垄断、负外部性、公众性企业（国有或上市企业）所有者缺位和资本对稀缺资源占有等四个方面。垄断通过破坏人类进步与生存的竞争机制导致程序不公平，负外部性是让社会承担成本，让少数人受益导致程序不公平，所有者缺位是让企业经营者不劳而获鲸吞所有者财产破坏程序公正。所以共赢经济学理论提出了政府做好反垄断、管制负外部性、公众性企业（国有或上市企业）所有者缺位等三件事确保市场机制正常运行，实现了程序公正，促进社会经济效率提高。通过征收资源税建立幼有所教、病有所医、住有所居、老有所养的社会保障体系，消除资本对资源稀缺占有带来不公平，实现每个人的起点公平。

富国策（下）

02

中国改革策

第五章

构建公平高效的宏观政策系统

第一节　构建公平高效的货币政策体系

货币政策是各国政府进行宏观调控的主要手段，但是现在货币政策体系存在两个明显的缺陷：一是对各项货币政策作用原理研究不够透彻，没有理解每项货币政策的真正效果；二是作为货币政策的执行人——中央银行的官员不需要为他们错误承担任何责任。本文将利用共赢经济学货币政策理论构建一个以稳定物价、平衡国际收支、稳定市场预期保障经济发展速度和潜在发展速度相一致为目标，以权责相称的中央银行为货币政策制定和执行主体，以稳定基础货币发行制度、固定法定存款准备金率制度、市场化利率、市场化汇率和外汇储备制度、公开市场业务等为政策工具的一个能够实现公平正义的货币政策体系。

一、权责相称的货币政策执行主体

中国人民银行就是我国的中央银行，全部资产都由国家出资，是发行货币的银行，是制定和执行货币政策的主体，又是银行的银行，也是一个市场主体。人民银行也是由一个个专家和官员组成，货币政策的制定和执行最后都要依靠这些官员，但是这些专家和官员也是一个个市场主体，在制定和执行政策时，他们也会追求个人利益最大化。在现实中，我们没有任何措施约束这些人民银行的专家和官员货币政策制定和执行行为，他们不需要为自己决策失误承担任何责任。比如：在中国从来没有出现过因为货币政策决策失误而导致央行行长被免职或者货币委员会的专家被辞退的情况。因此，需要创新制度，构建一个人民银行专家和官员与社会利益统一体制机制，把人民银行组建为一个权责相称的货币政策执行主体。也就是要建立一个人民银行的官员如果对经济形势判断正确，制定和执行力正确货币政策就要受到奖励，否则就要受到惩罚。

怎么样才能建立权责相称货币政策执行主体型的人民银行呢？一是人民银行的效益与制定和执行货币政策正确性统一，就是要建立一个公平正义的货币政策体系。二是人民银行的专家和官员的绩效考核和薪酬应该与人民银行的效益正相关。

二、公平正义的货币政策设计

公平正义的货币政策设计有两个方面的要求：一方面，人民银行作为发行货币的银行，执行国家货币政策的银行，要能够实现国家货币政策的目标；另一方面，人民银行是银行的银行，又是市场主体，要求人民银行在执行国家货币政策时能够实现盈利。这就要求人民银行的专家官僚们对各项货币政策作用原理研究非常透彻，深刻研究经济发展形势，对经济形势准确判断，否则，人民银行专家和官僚们就要为他们决策行为承担相应的责任。

1. 公平合理可控的基础货币发行政策

一是要固定一个新增纸币发行量、每年新增纸币发行量的增长率、纸币更新数量。这里建议 2016 年新增纸币发行量为 2 万亿元，以后每年以 7% 的速度增长，货币更新数量为货币发行数量的两倍。为什么选择 7% 的货币增长速度呢？现在中国经济增长速度在 7% 左右，长远来看，经济潜在增长速度应该 3% ~5% 左右，当前看，7% ~8%。7% 的增速发行基础货币，在经济不出现异常波动情况下，可以保证物价稳定在 ±3%。货币更新数量为货币发行数量的两倍，实际上就是 7 年左右流通所有人民币都换新一次，这样有利于提高人民币的清洁和整洁度。货币更新所用人民币只能收回销毁一张残旧币，才能发行一张新币，否则只能存放在仓库里。新增纸币发行量应该作为货币发行税纳入政府预算，除了留一部分给人民银行支付造币厂费用外，其他部分都用于民生社会保障支出。二是进行外汇储备制度改革，禁止依靠发行货币购进外汇的行为，官方外汇储备只能依靠财政资金、人民银行自有资产或者其他公共部门（含国有企业）共同出资组成基金购买，从而避免被动增加纸币发行，或者减少人民币发行。

2. 公利与私利统一的货币政策制度设计

公利与私利统一的货币政策制度设计主要包括：实行固定的法定存款准备金制度，实行市场化的商业银行利率制度，人民银行通过调整存款准备金利率、再贷款利率，开展公开市场业务等政策工具达到调整商业银行超额存款准备金、商业银行存贷款利率、市场基础货币供应量，从而实现调节市场总货币供应量。

为什么要实行固定的法定存款准备金制度呢？一是调整法定存款准备金率政策实际上效果甚微，因为很多中国的商业银行存在大量超额准备金，存贷比不到50%所有银行的综合存贷比也只有75%左右，也只有法定存款准备金率上调到25%才能影响到存款比。当你调整法定准备金率时他们可以通过增减超额准备金抵消你的政策效果。二是调整法定存款准备金率的政策正确与否不好判断，人民银行的专家和官员不需要承担任何责任。因此，要让存款准备金的功能回归到保证客户提取存款和资金清算需要的最初功能上来，把15%法定存款准备金率固定下来。

为什么要实现商业银行存贷款利率市场化？一是行政手段强制调整商业银行存贷款利率干涉了商业银行的经营自主权，扭曲了市场机制，导致存贷款领域出现大量行贿受贿的腐败行为。现在由于人民银行控制了商业银行的存贷款利率，商业银行不能够通过提高自己存款利率吸引客户，但是每一笔大宗存款业务就会给银行带来巨大利润，在利益驱使下，银行只能通过不当竞争拉大宗存贷款业务。比如江苏财政厅张某某涉嫌贪污受贿的最主要问题为收受银行吸储回扣。由于控制了贷款利率，导致银行贷款明显供不应求，导致信贷人员放贷款吃回扣。我国很多银行行长落马都是栽在放贷款吃回扣上面。二是调整商业银行存贷款利率的政策正确与否不好判断，人民银行的专家和官僚不需要承担任何责任，所以商业银行存贷款利率应该市场化，由商业银行自主的决定其存贷款利率。

为什么人民银行通过调整存款准备金利率、再贷款利率，开展公开市场业务等政策工具能够实现社会利益与部门个人利益的统一呢？因为人民银行如果对经济形势判断准确，他们采取正确的存款准备金利率、再贷款利率、公开市场业务等货币政策就可以为人民银行带来盈利，又能够维护经济发展稳定，否则就会给社会和自身都会带来损失。下面分别就经济过热和经济衰退两种情况下人民银行正确货币政策和错误货币政策分别给社会经济以及自身带来后果进行分析。

当经济过热时，人民银行应该采取提高存款准备金利率和再贷款利率，在公开市场业务卖出证券回收基础货币，减少流动性，控制金融投机行为。如果人民银行采取正确货币政策，一方面能控制经济衰退，另一方面人民银行会获得更多的盈利。因为在经济过热时，企业都大胆借贷，银行积极放贷，市场资金需求量大，但是这个时候资产价格都已经偏高，存在明显市场风险。整个阶段人民银行提高存款准备金和再贷款利率，商业银行增加存款准备金，减少再贷款。在市场上卖出股票、债券等有价证券，回收货币。这样等到经济下滑时，企业破产，股票、债券贬值，商业银行贷款形成呆死账时，商业银行的准备金比较多，再贷款比较少，商业银行支付能力就比较强，银行就不容易破产，这样居民就不会挤兑。经济衰退可以得到控制。人民银行本身也可以通过再贷款利率提高获得更多的利润，在公开市场可以减少有价证券贬值的损失。反之，人民银行采取错误货币政策，一方面就能加速经济衰退，另一方面人民银行会形成亏损。这个时候人民银行降低存款准备金和再贷款利率，商业银行就会减少存款准备金，增加再贷款。在市场上买进股票、债券等有价证券，放出货币。当经济下滑时，企业破产，股票、债券贬值，商业银行贷款形成呆死账时，一方面，商业银行的准备金比较少，再贷款比较多，商业银行支付能力就比较弱，银行就容易破产，这样居民就会挤兑，经济衰退可以得到扩大。另一方面，人民银行本身也会由于再贷款收不回来而造成损失，在公开市场上也会因为持有大量有价证券贬值而造成损失。

当经济衰退时，人民银行应该采取降低存款准备金利率和再贷款利率，在公开市场业务买出证券放出基础货币，增加流动性，增加金融投资。如果人民银行采取正确货币政策，一方面就能促进经济快速恢复，另一方面人民银行会获得更多的盈利。因为在经济衰退时，企业都不敢贷款，银行惜贷，利率下降，这个时候各种资产价格都低于其实际价值。这个时候人民银行降低存款准备金和再贷款利率，就会降低商业银行的资金成本，商业银行减少存款准备金，积极给企业贷款。人民银行在市场上买进股票、债券等有价证券，放出货币。商业也会更加贷款和人民银行买进证券行为都会增加市场的流动性，就会促进经济发展。人民银行本身也可以通过减少存款准备金利息获得更多的利润，在公开市场可以通过只有有价证券增值赚到更多利润。反之，人民银行采取错误货币政策，一方面就会减缓经济复苏，另一方面人民银行会形成亏损。这个时候，人民银行提高存款准备金和再贷款利率，商业银行就会增加存款准备金，减少再贷款，人民银行在市场上卖出股票、债券等有价证券，回收货币，这样市场流动性就会减少，就不利于经济复苏。人民银行本身也会存款准备金利率和数量增加而增加支出，在公开市场上也会享受不到有价证券增值的成果。

3. 汇率及外汇储备制度创新

所谓市场化的汇率政策，就是以市场供求为基础，汇率变化根据外汇市场供求关系变化的浮动汇率制度。中央银行不再用行政手段干预汇率市场，而是通过买卖外汇干预汇率市场。创新外汇储备制度就是要让外汇储备与基础货币发行脱钩，官方外汇储备只能用人民银行自有资产金购买，不能再利用发行货币买进外汇。官方外汇储备一方面是为了满足政府部门的不时之需，另一方面通过买卖外汇干预市场，并获得收益。现在我国的 3 万多亿美元外汇储备就成为人民银行作为外汇市场和货币市场实施货币政策和外汇政策的调控资本。人民银行可以利用这些资金在买卖外汇、外汇投资和货币政策调控中获利。

三、人民银行绩效考核和薪酬制度创新

1. 人民银行的绩效考核创新

前面分析在新的货币政策体系中，货币政策正确性是与人民银行的盈利性是统一的，就是说人民银行赚取的利润越多，人民银行的货币政策就越正确，给经济发展做出贡献就越大。因此，对人民银行绩效考核，就是考核其资产保值增值的情况。

人民银行净资产增值率等于美国、欧盟、日本等几个国家国债加权平均收益 100% ~150%，就认定人民银行工作合格，150% ~200% 为良好，200% 以上为优秀，低于 100% 为不合格。如果不合格就请人民银行行长走人，货币委员会提出错误决策建议的委员也应走人。

2. 人民银行的薪酬制度创新

人民银行净资产增值率等于美国、欧盟、日本等几个国家国债加权平均收益 100% 以内的盈利全部上缴给国家财政，超出 100%，低于 150% 的盈利，上缴财政 50%，自己留 50% 向人民银行的专家和官员发放工资福利，超过 150% 的盈利，上缴财政 30%，自己留用 70% 发放人民银行的专家和官员的工资福利。用于发工资福利的盈利必须留下 50% 作为风险保证金，如果那年人民银行盈利少于美国、欧盟、日本等几个国家国债加权平均收益 100%，那么就必须用风险保证金上缴财政补充不足盈利。

第二节 公平高效的财政体制研究

改革开放以来，我国经济社会发展取得了骄人的成绩，但是仍然存在很多问题，比如通货膨胀、住房难、看病难、入学难、养老难、环境污染、生产安全、食品安全、治安恶化、官员腐败、政府机构膨胀、GDP崇拜、地区发展不平衡等。之所以还存在这些问题，从根本上说还是我国目前的财政体制存在设计缺陷造成。本文将仔细分析财税体制的具体缺陷和财税体制缺陷造成上述经济社会问题的机理，并提出一个公平高效财税体制创新方案，从而奠定中国经济健康高效发展的财税制度基础。

一、现行财政体制存在的缺陷

尽管我国财税体制经过了多次改革，已经形成了非常完备的财政体系，但是这个财税体制与共赢经济学财税理论设计财税体系相比还有明显的差异，这个差异就是造成中国通货膨胀、住房难、看病难、入学难、养老难、环境污染、生产安全、食品安全、治安恶化、官员腐败、政府机构膨胀、GDP崇拜等问题的财政体制缺陷。这些缺陷主要体现以下几个方面。

1. 税种设计的制度缺陷

(1) 增值税制度设计缺陷。一是税率标准不统一，现在对一般纳税人根据生产销售的商品和服务不同实行17%标准税率和13%、11%和6%三档低税率，对小规模纳税人又执行另外一种税率，对出口企业实行出口退税政策。税率标准不统一的危害就是企业的税负不公平，增值税的征收管理成本高，破坏外贸环境和造成货币汇率低估。这种针对不同商品、不同的企业采用不同税率的做法就是一种计划经济思维，是一个大猫走大门，小猫走小门的思维，其实大猫小猫都可以走大门。比如：对一般纳税人和小规模纳税人来说，提供同样的商品和服务却采用不同的增值税标准，结果大家都觉得不公平。一般纳税人的增值税税率高可以抵扣进项税，而小规模纳税人的税率低，但是不可以抵扣进项税。这种做法导致企业实际税负不公平和逃税现象，一般纳税人的税率是17%，而小规模纳税人的税率是6%，如果毛利率是20%的话，企业的实际税负就是一般纳税人承担3.4%，小规模纳税人6%。实际上小规模生产销售企业毛利润要达到20%很难，就是说如果增值税按实税负征收的话，小规模纳税人比一般纳税人的税负还要重一些，就会导致小规模纳税人无法生存。而小规模纳税人要生存他们就往往少报销售额，结果就导致了大量的逃税。而小规模纳税人不能抵扣进项税，结果又导致了一般纳税人向小规模纳税人销售商品和提供服务时不提供增值税发票，又给一般纳税人提供了逃税的机会。出口商品增值税退税政策，人为降低我国出口商品价格15%以上，就给外国对我国出口商品进行反倾销提供了口实，导致欧美企业不断推出针对我国企业反倾销、反补贴的措施。欧美国家享受了我国政府补贴了的廉价商品，还骂中国企业危害了他们的就业机会，还要惩罚你。出口商品的增值税退税政策使我国国际贸易出现大量贸易顺差，人为地增加了人民币的升值压力，提高了人民币的升值预期，导致大量热钱涌入，致使我国外汇储备出现了非常规性激增，外汇储备的增加又导致我国基础货币超发。我国外汇储备超过了3万亿美元，就说我们已经超发3万亿美元的人民币，平均汇率是6∶1的话，就是18万亿的基础货币，加上乘数效应至少就是36万亿元。出口退税还每年白白给国外销售者浪费了近万亿元左右的财政资金，减少我国可用财政资源。由于出口商品和内销商品差价巨大，社会上存在大量出口商品转内销的情况。这种情况既导致国家税收的流失，又破坏国家正常的经济秩序。

二是增值税中央地方分配方式不合理。现在增值税收入中75%为中央财政收入，25%为地方收入的分配方式实际上是吃大锅饭的方式，没有真正体现税收贡献的原则。增值税属于流转税，增值税真正承担主体是消费者，所以增值税的中央税还是地方税的税源划分应该按照税收实际负担那里的人员承担就归哪里的原则。现行的这种吃大锅饭的增值税中央和地方分配方式，导致工业发达地区剥削其他地区，地方政府唯GDP主义，地方政府保护污染企业等弊端。工业产品的增值税都是全国消费者负担，25%的增值税分给地方，而我国工业发展不平衡，结果就造成了工业发达地区对工业落后地区的剥削。我国最大税收来源是增值税，而增值税又主要来自于工业企业，这就出现了地方政府唯GDP主义和不认真监管地方污染企业的行为。所以增值税应该这样分配，工业企业增值税和物流企业和网络销售企业增值税应该归中央，其他企业的增值税归地方。

（2）所得税制度设计缺陷和危害。一是所得税税制设计复杂、缺乏公平、征收成本高。2011年9月1日实行了新的个人所得税制度，但是仍然分了7级，个税起征点仍然过低。企业所得税仍然存在多种税率，造成税负不公平。这种设计的结果就是让普通工薪阶层成了个人所得税主体，没有真正起到调节收入分配的作用，没有起到控制所有者缺位的国有和上市公司的高管不合理高薪酬的作用。新所得税法规定企业法定税率为25%，内资企业和外资企业一致，国家需要重点扶持的高新技术企业为15%，小型微利企业为20%，非居民企业为20%。新的企业所得税制度还是会造成企业间不公平竞争和腐败。比如：国家需要重点扶持的高新技术企业为15%，这里的所谓高新技术企业不是市场认可的，而是所谓专家组认可，这样的话就很容易产生钱权交易。其实真正的高新技术企业根本不需要政府支持，市场就会给他们奖励。如果是他们的产品新颖能够满足客户需要，客户需要量大，供给少，价格就会比较高，企业就能够获得高额利润，美国的苹果公司就是典型，也不需要政府支持。如果一个企业产品不够新颖，客户不认可，专家组认同，政府支持也没有用，这个企业也只是一个假高新技术企业。

二是所得税中央地方分配方式不合理。个人所得税反映的是一个地方老百姓的劳动为社会做出的贡献，企业所得税反映的是地方政府管理水平和当地资源竞争力。所以个人所得税和企业所得税应该是地方税，而不是中央和地方的共享税。

(3) 资源税制度设计缺陷。一是资源税征收范围还比较狭窄，资源税的税负过低，不能体现出资源稀缺性的特点。我国只对石油、天然气、金属、非金属、盐等矿产资源征税，而且税率还非常低，比如煤炭、石油、天然气、稀有金属、土地资源等一些稀缺资源实行低税率政策。正是这些财税体制缺陷导致中央财政缺乏投入民生领域，造成了看病难、住房难、入学难、养老难等一系列民生问题，影响到了社会稳定。天赋人权，每个人应该平等享受自然赋予的资源，就是说每个人面对环境和享有自然资源的权力都是一样。在这种低资源税率的制度下，资本通过占有稀缺自然资源的产权就形成了资本对劳动的剥削，造成了中国贫富悬殊，在中国的暴发户很多都是矿老板、房地产开发商就证明这一点，他们都是通过低成本稀缺资源获得占有劳动的权力。

二是把资源税设计为一种级差税、地方税是不可取的。目前同种资源设置不同的税率，这种做法其实不科学。这种设计其实就是把产权和税收没有区分开来。一个矿是富矿，那么一个企业要获得这个矿产权付出代价就要更大，但是不影响企业生产一吨矿所要交资源税的税率。分配有问题，自然资源应该是全社会的财富，不应该归地方所有。所以资源税就是一种税率，同一类资源同样的数量交一样的税，而且划给中央税。但是资源矿产权归地方所有，这样不同地方矿产就会有不同市场价值。这样也就不会出现亿元矿产卖白菜价了。

2. 非税体制的缺陷和危害

（1）非税收入泛滥，执收行为不规范。地方财政部门、交通部门、国土管理部门、工商部门、卫生监督部门、公安、司法、检查、城建、环保、教育等管理部门都有收费名目，而且一个部门收取多种费。分配失控，监督失灵，并且也大大增加了管理成本，极易诱发贪污腐败。现行执收执罚环节多，项目多，标准乱。执收执罚单位一方面超范围、超标准收费，甚至擅立收费项目，另一方面则存在该收不收、该罚不罚、随意减免、收人情费的现象，导致财政收入的流失。①

（2）非税体制缺陷造成的危害。

一是不规范的非税体制威胁人民安全。现行非税收入体制实行多劳多得的政策，执收行为不规范，预算安排随意性大。这种非税收入体制安排导致个别监管部门与监管对象形成了利益互动，个别质监部门与伪劣产品生产商利益互动，个别环保局与污染单位利益互动，个别安监部门与违法生产煤矿利益互动。这种潜规则甚至是半公开的。当然这种潜规则表面上看，监管部门对监管对象违法行为的处罚，但是这种处罚方式往往是让违法者得大头，如果违法所得100万元的话，处罚只有20万元，违法者会继续违法。最终引发了层出不穷的食品安全事件，此起彼伏的生产安全事故，一场场的生态环境灾难。不但层出不穷的食品安全事件，此起彼伏的生产安全事故，一场场的生态环境灾难威胁人民生命财产安全。

二是非税体制缺陷导致机构膨胀。不规范非税体制使“收费养人，养人收费”在各地方行政事业单位已经成为常态。《京华时报》2010年10月16日报道，某文化市场管理办公室向管辖范围中的网吧收取每年2000元的年检费，还有每年12000元的管理费。老板们称，“管理费”都是以“罚款”的票据收取的。该单位编制本来是8人，可实际注册领工资的人数将近70人。像某文化市场管理办公室超编8倍还是个别现象，但是超编50%以上单位确实非常普遍，

① 我国非税收入体制的现状及改革设想 来源：岁月联盟 作者：赵永冰 时间：2010－06－25

全国所有行政事业单位超编人员估计在1000万人以上。如果每人按工资和工作经费5万元计算，那么就多消耗财政收入5000亿元。由于我国公务员薪酬制度的限制，一个单位收费再多，也不能以福利奖金发给个人。但是领导可以通过超编获得非法收入，一个县级行政事业单位进一个人，往往要花费三万元以上打通关节。一个单位的人员多了，各种领导职位就可以增加，所以每个单位领导都有让机构膨胀的冲动。

3. 财政预算体制缺陷和危害

不透明的预算体制导致掌握财政分配大权的官员能根据个人的偏好和利害关系，使得政府支出的官员利益最大化的趋势十分明显，导致一方面经济领域投资过剩，另一方面人民群众急需的养老、医疗、住房、教育等公共品供给却严重不足。三是税收减免政策泛滥，随意性强，容易产生寻租行为。像所得税应该是一种调节收入差距为目的的税，应该用于减少贫富悬殊，但是我们财税体制是统收统支，支出的随意性大。正是这两点导致中央和省级政府等每年都会给地方一定数额的转移支付资金，而在资金的分配上缺乏科学的分配方法，导致了“跑部钱进”现象。

不规范的转移支付导致大量的腐败。比如我国医保政策、社保政策等，都是实行交了钱，政府才给你补贴。结果一些弄虚作假地方劳动部门获益，既能套取国家资金，并受到表扬，讲诚信地方劳动部门吃亏，既没有上级资金支持，还要受批评。为什么？因为你搞了假投保，国家就会给补贴，而且投保率又高，工作得力，当然得表扬，实事求是的部门，投保率低，又没有骗到国家的钱，又挨批评。还有国家发改委管理的项目资金、种粮补贴、家电下乡等中央转移支付资金都容易成了产生“雁过拔毛”式的腐败源泉。

二、公平高效财政体制设计

1. 税种体制方案设计

针对当前税种设计的缺陷，根据公平与效率的税制原则，新的税种制度分四大类，11个税种，具体税种制度方案如下：

（1）流转税制度设计。一是增值税制度设计。把所有营业税都改为增值税，增值税不分商品、纳税人实行15%统一税率，禁止任何形式税收优惠和减免行为。在税源分配方面，工业企业增值税、物流企业和网络销售企业增值税该归中央，其他企业的增值税归地方。任何企业和个人缴增值税都可以销项税抵进项税，不直接需要缴税的企业或个人，可以把增值税发票直接交给下游企业抵扣。比如：农民向农资公司购买农资时就可以要求农资公司开增值税发票，农民在向农产品收购企业出售农产品时就可以直接把农资公司的增值税发票给农产品收购企业让收购企业直接抵扣税金。二是消费税制度设计。消费税征收范围，除了烟酒之外，其他商品的消费税一律取消。因为除了烟酒之外，其他商品销售不会对社会造成什么危害，其他稀缺性商品可以控制价格上涨需求。消费税征收标准，对黄酒、啤酒及酒精保持现行税率，调高其他酒类的税率，一律80%。对香烟实行从量税和从价税相结合的消费税，从量税控制低档烟的消费，从价税控制高档烟消费。从量税每包5元，从价税80%税率，那个税额高按那种标准收取。消费税全部由生产企业或进口企业上交，都划归中央税种。三是关税制度设计。关税主要包括进口商品和服务的增值税、消费税、资源税之外，其他进口关税只作为贸易战的工具，别的国家对我国企业征什么样的关税，我们就对他们的企业征什么样的关税。关税也全部划归为中央税。

（2）所得税制度设计。简化个人所得税制。对个税的薪酬起征点可以提高到1万元，1万~10万元征收20%，10万~100万征收在30%，100万元以上征收50%。其他收入所得税标准为20%。因为一般体力劳动者收入都不会超过一万元，属于低收入群体，拿1万~10万元都是高级技术工和高级知识分子，交20%属于给国家社会做贡献，拿10万~100万元月薪一般是国企和上市公司的经营者，他们的高薪有些合理成分，也有些利用自己位置给自己发高薪行为，所以要征收30%，100万元以上月薪很多是自己给自己发高薪的国企和上市公司高管，所以要征收50%的高税率。其他所得一般都是符合国家法律规定，所以只需交20%。个人所得税划归地方政府区县市政府税收来源。企业所得税全部实行20%统一税率，禁止任何减免优惠行为。对企业的投资其他企业利润分红也全额缴税，不予减免，之所以不减免就是不鼓励企业直接控股或者投资其他企业，这措施可以减少垄断和所有者缺位现象。企业所得税归地方政府的省级政府税收来源。

（3）资源税制度设计。大幅度提高资源税标准。当前急需提高税率的资源包括煤炭、石油、天然气、稀土、水资源五种，其他矿产资源税视其稀缺程度提高其税率。以后根据经济发展情况和资源稀缺的情况决定。当前煤炭每吨收1000元资源税，石油每吨收3000千元资源税，天然气每吨1000元资源税，稀土按照价格的80%征收资源税，水资源按水资源公司的销售额50%征收。对进口的煤炭、石油、天然气、各种矿产资源也按同等标准征税，其他非资源类进口商品也根据资源税占 GDP 的比重为资源税率征收相应的进口资源税。资源税实现社会收入分配公平的重要手段，也是避免社会经济危机的有效途径，因此，对资源税政策的调整和转移支付力度调整就是政府对经济实行宏观调控最重要的财政政策。怎么调整资源税的税率才能实现有效宏观调控，保障经济平稳发展呢？每种资源税征收标准就是那个征收标准能够使稀缺自然资源变成充分资源。土地资源税划归地方区县市政府，其他资源税都划给中央。对于骗取中央的医疗、养老、教育等转移支付资金的，要以诈骗罪追究其刑事责任，并且全额追回骗取资金，并处罚 5 倍罚款。还制定相应的举报奖励制度和办案经费制度，给予举报属实的举报者高奖励，提取的一定补贴款作为办案经费给予办案人员奖励。

（4）行为税制度设计。遗产税、赠予税、印花税、契税。遗产税、赠予税的标准。遗产税、赠予税的标准太低了，没有起到调节作用，标准太高了，会打击人们追求财富的积极性。我认为遗产税、赠予税的标准定为按照超出 100 万元的部分的 20% 征收比较合适。印花税和契税范围与税率。除了证券交易印花税外，其他全部取消，契税也只保留房产交易契税。印花税划归中央，用于补偿投资者在股市中由于监管不善给投资者造成的损失，契税、遗产税、赠予税划归地方区县市政府。

2. 非税制度设计方案

我国现在非税收入大致分三类：一是行政性收费，是指国家行政机关或者依法履行行政职能的其他组织，为满足特别的行政支出，向与特别支出存在特定关系的行政相对人收取货币的行为，比如诉讼费、各种证照费。二是事业服务性收费，指根据法律、法规等有关规定，在向公民、法人和其他组织提供特定服务时，收取的费用，比如鉴定费、考试费等。三是罚没收入，是指执法、司法机关依照法律、法规、规章的规定，对违法违章者实施经济罚款的款项、没收的赃款和赃物变价款，比如交通违章罚款。

针对这三种非税收入分别进行如下处理：行政性管理型收费全部取消，行政部门开支全部从税收中的流转税中预算。事业服务性收费企业化，把提供服务的部门与行政部门脱钩，组建成企业，这些从部门脱离出来的机构组成企业，要创新机制做好反垄断工作，要避免行业垄断和收费价格垄断。罚没收入全部划归中央所有，与执法部门完全脱钩。罚没收入要用于建立补偿不定的受害人的基金。比如：产品质量问题的罚款就用于建立产品质量伤害基金，用于补偿消费者因为商品质量造成的损失，污染罚款用于建立环保基金，由于环境污染给民众造成的损失，生产安全罚款就用于补偿安全事故受害者。

3. 财政预算制度设计

（1）中央税的财政预算

中央财政收入包括全部的关税、工业企业、物流企业、电商企业增值税、烟酒消费税、除了土地之外所有资源税。关税和增值税从本质上说就是国家给公民和企业提供保护产生的税种，所以关税和增值税只能用于立法机构、行政部门、司法机构、军队等机构和部门的支出。按照新的财政预算理论，中央税收的关税和增值税部分的国家预算分配比例和方式要以立法确定下来，立法机构、行政部门、司法机构、军队这四大机构分配比例要用宪法确定下来，这些机构的组成机构预算分配比例用国家基本法律规定下来。分配给各个机构资金包括职能履行费用、人员工资和机构自身建设各种费用，这些机构都不能存在借贷，当经费不够时只能通过少发工资和减少机构建设解决。人民和人民的代言人国家只考核这些机构职能履行效果，不管这些机构的费用的使用。如果职能履行的不好，那么这些机构主要负责人和领导班子就要走人，领导班子有权力调整不合格的工作人员。资源税用于幼有所教、病有所医、住有所居、老有所养、入土能安的普惠制社会保障体系平等发给每一个人。承担幼有所教、病有所医、住有所居、老有所养、入土能安这些社会保障职能的部门的收入来源就是这些预算资金的管理费用，管理费具体比例首先实现零基预算，以后将预算比例固定下来。烟酒消费税用于由于酗酒和抽烟引起一些特定的疾病治疗，比如肝癌、肺癌、先天性心脏病等。各种罚没收入用于建立各种救助性基金，用于补偿相应违法行为给人民群众造成的伤害，这些基金按照人口比例分到县级。

（2）地方税的财政预算。地方的增值税只能用于立法机构、行政部门、司法机构、地方武装力量等机构的支出。企业所得税就是一种调节收入分配，对市场进行干预，实现社会公平的税，所以全部划归地方，由省级地方政府按人头通过转移支付全部补贴给每个公民用于养老和教育等解决社会公平问题。个人所得税、遗产税、赠予税是一种调节收入分配，对市场进行干预，实现社会公平的税，由于与地方属性很强，所以全部划归区县市地方政府，按人头通过转移支付全部补贴给每个公民用于养老和教育等解决社会公平问题。房产交易契税和城镇土地资源税用于政府给当地居民解决住有所居的问题和城市基础设施建设。对中央转移支付的财政收入都只能安排给每个公民，地方只具有管理职能，没有分配权。

三、公平高效的财政体制运行分析

1. 防止税收流失确保税负公平

新的财政体制不分企业和人群所有税负都应统一，没有差别税率，也没有任何税收优惠和转移支付补贴。增值税实行进项税抵扣的统一增值税率就可以极大限度减少偷逃税行为，因为所有企业都可以抵扣，就可以控制企业销售不开票的行为。原来小规模纳税人不能抵扣，结果导致纳税人向小规模纳税人出售商品不开增值税发票。这就是引起了大量的逃税行为，还导致小规模纳税人瞒报销售收入。因为小规模纳税人进货不要发票，导致他们销售额无据可查，结果他们就可以通过瞒报销售额逃税。取消出口退税，可以消除出口商品和内销商品差价巨大，避免社会上存在大量出口商品转内销的情况。这样既可以防止税收流失，又可以确保企业公平竞争。

2. 减少预算随意性抑制腐败行为

新的财政体制每一笔税收都有固定去处，任何领导都不能随意支配，这样就可以减少跑部进钱腐败行为。没有了税收减免、优惠和财税补贴政策，就没有了钱权交易的基础。2010 年我国互联网几大门户网站都发布了科技部官员称至少五成高新企业受减税利诱造假的新闻。① 没有了税收减免优惠政策，就不存在造假了。

3. 打击不劳而获消灭贫穷

大幅度提高资源税标准，可以打击通过占有公有自然资源而不劳而获的行为，从而鼓励人们通过劳动创造财富；因为通过征收高资源税，就让稀缺资源变得相对充足，从而避免资本通过占有稀缺自然资源获得超额利润，避免出现大量的矿老板、房地产开发商暴发户。高资源税又可以为政府建立普惠制的幼有所教、病有所医、老有所养、住有所居、入土能安社会保障体系提供资金。各种利用消费税和罚没收入建立各种补助基金又可以消除民众因为各种自然灾

① http：//finance. eastmoney. com/news/1360，2010080287452611. html 科技部官员称至少五成高新企业受减税利诱造假

难造成的贫困。这样就能从根本上消灭贫穷。

4. 精简政府机构提高效率

原来财政体制下，政府机构是收费养人，养人收费，合法工资非常少，非法收入无限多。新财政体制下，政府部门都不能通过收费和罚款来增加自己的收入，员工工资和工作经费总额基本固定，人员越少，工作效率越高，工资收入就越高。原来政府机构希望给自己增加新职能，因为有职能就有收入。现在政府机构希望淘汰自己过时没有用的职能，因为少一个职能就可以少搞一件事，少一份开支，自己就可以多得一分收入。党政部门的领导都可以改善管理，提高部门效率增加自己的收入，增加编制和领导岗位反而会减少自己的收入，所以他们也就没有必要也不能通过增加编制和领导岗位卖官卖编增加收入了。

第六章

打造自由平等的市场经济环境

第一节　自由平等的投资体制研究

自由平等的投资体制就是一方面在中国境内实现所有资本享受平等的待遇，另一方面放弃各种不必要的政府管制，实现企业投资的真正自主决策。而目前我国国有资本、私人资本、外国资本三类资本在国内待遇各不相同，投资审批中不必要的审批还很多，这些不平等和不自由投资制度极大降低了我国经济发展的效率，抑制了我国经济发展的活力。因此，需要建立自由平等的投资体制。

一、我国投资体制在部分领域有不自由不平等的问题

1. 我国投资体制不平等的表现是不同所有制企业待遇各不相同。在我国，国有资本、私人资本、外国资本的待遇各不相同，还有很多领域没有完全对私人企业开放，比如银行、保险、电信、邮政等行业。尽管国务院在2010年发布《国务院关于鼓励和引导民间投资健康发展的若干意见》（简称“新36条”）。但是几年过去了，鼓励和支持个体私营企业参与投资与经营的电力、电信、铁路、民航、石油、公用事业、基础设施等垄断行业和领域都基本上还是坚冰一块，更不用说大量还没有放开的金融、通讯、邮政、电网、有线网络等垄断行业的状况了。在我国很多领域对外国企业都开放了，但是对国内私企没有开放，比如银行业和保险业对国际资本比国内资本的控制就宽松得多。而一些研究机构和部门又认为国有企业应该从竞争性领域退出来，这种观点又让国企遭到了歧视。实际上国企并没有不适合在竞争性行业发展的特性，比如海尔集团和中联重科就是处于竞争性领域的国企，他们都处于行业的领导者地位。

2. 投资审批存在大量没有价值的审批。2004 年 7 月，国务院批准颁发了《关于投资体制改革的决定》（国发【2004】20 号）。这个为了打破传统计划经济体制下高度集中投资管理模式，建设和完善社会主义市场经济体制而颁发的重要举措已经实施 8 年多了，但是我国投资审批程序繁琐，管理部门众多的局面还是没有得到根本改观。国务院于 2012 年 9 月 23 日又发布《国务院关于第六批取消和调整行政审批项目的决定》（国发〔2012〕52 号）文件，又取消了一批审批项目，而且还强调了取消的原则，就是“新两个凡是”：凡是公民能自决的，政府都要退出；凡是市场能调节的，政府都要退出。然而，实际上，国务院取消了一批审批项目，各个部门又会以市场在某些领域不能调节的名义增加审批项目，往往又不知不觉中增加了许多的审批项目。比如发改委在这次国务院发文取消部分审批项目后，又在项目审批中增加了一个项目节能审查的内容，给企业在项目投资中设置一个新障碍，增加了企业的成本。而且增加的这个项目节能审查，不但不能节能，反而还可能增加能源的消耗。

二、我国投资体制存在部分不平等不自由问题的原因分析

1. 我国投资体制不平等的原因分析。之所以出现各种所有制企业待遇各不相同的局面，在国务院出台了各种鼓励民企投资的文件后这种状况也得不到改观，其根本原因在于原来计划经济体制还没有被彻底打破，在中国还存在大量的行业主管部门，这些行业主管部门控制着行业进入门槛。我国存在大量与这些部门相关的行业管理法律法规，而且这些部门自己还制定了大量部门规章，这些法律法规和部门规章很多尽管已经不适合我国目前经济体制，但是这些法律法规规章都没有废止。因此，尽管我国新出台很多促进投资主体权力平等法律法规，也不能改变各个投资体制不平等局面。对国有企业或国有单位来说，这些主管部门就是婆婆，就是保护伞，这些主管部门对私有企业或私有单位来说就是监管部门。比如卫生部门在处理医疗事故的过程中，对公立医院一般都尽量庇护，对私立医院就持公平的态度。某县处理医疗事故就体现得非常明显，例如：在 2011 年的某县人民医院 8. 15 患儿死亡的医疗事故中，患者家属多次向卫生局提出医疗事故鉴定申请，他们都不受理，最后患者没有得到任何赔偿。而 2012 年某县私人诊所中的两次医疗事故中，死亡患者的家属都得到了 60 万元以上赔偿。现在由于对诊所的执业标准要求过高，剥夺了很多本可以从医的人开诊所从医的资格，对这些私人诊所来说卫生部门就是一座高山。按照卫生

部的标准，就是我国古代的神医扁鹊、华佗也难以开诊所从医，因为他们没有执业医师资格证。

2. 我国投资体制不自由的原因分析。之所以没有价值的审批还大量存在，就是因为政府对到底哪些是公民能自决的，哪些是市场能够调节的，还没有统一的标准。比如在项目投资审批中，通过2004年改革之后，目前各政府部门还要在以下几个方面进行审批。政府的投资主管部门需要对项目是否符合国家宏观调控政策、发展规划和产业政策，是否维护了经济安全和公共利益，资源开发利用和重大布局是否合理，是否防止了垄断出现等方面进行审批，2012年又增加了项目节能审批。环境保护主管部门要对项目是否符合环境影响评价和法律、法规要求，是否符合环境功能区划，拟采取的环保措施能否有效治理环境污染和防止生态破坏等方面进行审批。国土资源主管对项目是否符合土地利用总体规划和国家公共政策，拟用地规模是否符合有关规定和控制要求，补充耕地方案是否可行，土地、矿产资源开发利用是否合理进行审批。城市规划主管部门对项目是否符合城市规划要求和选址是否合理进行审批。相关行业主管部门对项目是否符合国家法律、法规，行业发展建设规划以及行业管理的有关规定进行审批。在政府官员和很多普通老百姓看来，政府各个部门在投资中这些审批都是公民所不能自决，市场不能够调节的。

但是实际上这些审批是不是都属于公民所不能自决，市场不能够调节的呢？根据共赢经济学理论政府只需要在管制负外部性、信息不对称、垄断方面又应作为的观点，政府只需要在环境保护和城市规划方面进行审批就够了。首先国家宏观调控政策、发展规划和产业政策本身的科学性都需要商榷，根据这些本来就不科学的政策规划进行审批决策也不会科学。一个项目有益于社会公共利益，就不需要审批，而项目建设和运营会对公共利益造成危害主要体现在项目对生态环境的破坏上，既然环保部门审批了，也就不需要投资主管部门多此一举了。资源开发利用和重大布局是否合理只有通过市场实践检验了才能搞清楚，投资主管部门的审批也是想当然。也不会存在这样的项目，一个项目建设了反而会危害经济安全，只有少建了项目可能会危害经济社会安全，比如中国城市自来水一般都是一个公司独家经营，一个水源，往往一出现水源污染，整个城市用水安全都受到威胁。至于通过项目审批防止垄断出现就是一个笑话，任何项目的建设只会提供更多的供给，只会减少垄断。相反项目审批只会加剧垄断，在最近冰雪灾害就反映出了项目审批造成垄断的危害，偌大的一个衡阳市竟然只有一个天然气加气站，不是因为没有人投资，而是行政审批限制了第二家加气站的出现。2012 年又增加了项目节能审批，这个节能审批除了增加企业成本之外没有任何价值。就是环境保护方面的审批，也只需要环境保护主管部门对项目是否符合环境影响评价和法律、法规要求，是否符合环境功能区划进行审批，也就是项目建设期和运行期对生态环境影响的程度设定界限，对污染物排放标准进行审批。至于企业具体采用什么措施不在环保部门管理之列，不管你企业采取什么措施，只要你的行为破坏了生态环境或者排放物超标，环境保护主管部门就要制止其行为。现实中环保部门往往在项目申报阶段对项目如何防止污染进行审批，收了钱之后对企业生产中污染行为却常常不闻不问。土地利用总体规划和国家供地政策就是计划经济思维的产物，拟用地规模的控制更加毫无意义，补充耕地方案应该是国土资源部自己的事情，不应该由项目单位负责。土地、矿产资源开发利用是否合理更加是狗拿耗子多管闲事，只要企业交足了土地出让金和资源出让金，企业开发利用不合理就会亏本，企业想方设法会充分利用资源。城市规划主管部门只要对项目是否符合城市规划要求进行审批，至于选址是否合理是企业自己的事情。相关行业主管部门对项目是否符合国家法律、法规，行业发展建设规划以及行业管理的有关规定本身就是计划经济遗留下来的产物。

三、构建自由平等的投资体制

其实要构建自由平等的投资体制根本就不用出台什么新政策，只要对这些行业主管部门及与他们相关法律法规和规章进行清理，凡是有悖于公平竞争的法律法规和规章都应废止，凡是计划经济遗留下来的这些行业主管部门都应进行清理，该撤销的撤销，该合并的合并，该转变职能要转变职能。这样事情就可以迎刃而解了。

1. 清理与市场经济不相适应的项目审批的法律法规规章政策

一是政府的投资主管部门关于对项目投资审批的法律法规规章政策都予以废除。因为本来国家宏观调控政策、发展规划和产业政策的科学性就需要商榷，制定这些政策的理论依据的是凯恩斯主义经济理论，其本身科学性一直被经济学界诟病，以这个理论为基础的政策也不可能正确，不会有任何实际价值。所以这些政策以后也不需要搞了。通过项目审批达到调控经济引导产业发展纯粹是乱弹琴，只会浪费企业的人力、物力、资金和时间，给项目审批部门进行钱权交易的机会，造成腐败。投资一个项目危害经济安全那是没有的事，至于公共利益主要就是环境污染，这个由环保部门审批就可以了，其他利益都属于相关人群利益，由项目单位与相关人直接谈判解决。通过提高资源税的税率和资源税的分配方式等财税政策来实现资源合理开发利用、项目节能，通过项目审批就能实现资源开发利用、节能就是一个笑话。在实际项目审批的过程中，项目单位聘请项目投资咨询中介机构进行资源开发利用和节能评估，除了给项目投资咨询中介机构增加收入，浪费项目单位时间和人力物力财力外，对于资源的开发利用和节能没有任何价值。通过项目审批防止了垄断出现根本就是南辕北辙，一个项目的投资只会增加供给，加剧竞争。

二是改革环境保护主管部门对项目环境保护的审批。环境保护主管部门对项目建设期运行期污染物排放标准进行审批。至于企业具体采用什么措施不在环保部门管理之列，不管你企业采取什么措施，只要你的行为破坏了生态环境或者排放物超标，环境保护主管部门就要制止其行为。要变事前审批改为持续不断的事中监督，真正杜绝企业生产中超标排放事件。

三是国土资源主管只要审批项目单位是否交足了土地和矿产资源的使用费。一个企业只要是通过招标挂的方式交足了土地出让金从政府获得了土地使用权，你就可以搞任何项目，不管你是做工业项目，还是商业项目，或是其他项目都可以。当然在这里供地政策多轨制必须要改革，对原来区分用途出让的土地，要进行并轨，除了房地产开发的商用地和住宅用地外，工业用地、农用地等的土地在没有通过招标挂方式补足出让金之前不能改变土地用途。比如：企业只是从农村集体租用土地经营权，但不能更改土地原用途。企业买下了一个工厂，不能把这个工厂拆了建商品房。就是说一个企业取得了土地和矿产资源使用权证后，就再不需要在项目审批时另外提供国土部门的预审意见。

四是规范城市规划主管部门对项目的审批。规划部门只审批项目是否符合城市规划，而且规划部门所依据的规划必须是政府通过人大表决通过公开发布的规划，每个专业人士依据政府规划都能够判断项目建设是否符合规划，并且规划部门如果批准的建设项目方案违背了城市规划项目单位一样要承担违反规划的责任，只是规划部门应该承担连带责任。而不能像现在，城市规划的标准掌握在规划局领导的心中，通过了规划部门建设方案就是合法，结果就出现了大量的通过了规划部门审批的建设方案实际上不符合规划要求，侵犯了他人利益，而受害人无法正常申冤的情况。现行的这种规划审批还造成了大量官员腐败，城市规划部门的官员大肆收受贿赂，一个长沙市的规划局副局长就收了7000万元的贿赂。

五是相关行业主管部门对项目审批法律法规一律废除，中国市场中的90%行业垄断都是由于行业主管部门对行业准入的控制造成的。比如医院购买一台设备都需要卫生部门审批，类似于卫生部门这种审批一律都要废除。就是一些涉及公共资源而必须存留的准入审批也要革新机制，比如城市出租车牌照可以通过调节出租车牌照价格的方法控制出租车数量来打破垄断，增加社会公平。

2. 改组计划经济遗留下来的各类行业主管部门

计划经济遗留下来或者包含着计划经济职能的部门包括工业和信息化部、商务部、卫计委、教育部、科技部、交通运输部、住建部、农业部、文化部等。这些主管部门一方面是行业监管部门，负责行业监管工作；另一方面又是国有企业和事业单位的行业主管部门，与这些行业国有企业或者事业单位有着千丝万缕的联系。因此，改组行业主管部门首先是让企业或者事业单位与这些部门脱钩，解除上下级的关系。其次是让这些部门转换职能。有些可以改组为企业，如原铁道部。有些可以撤并精简减少职能，比如：工信部就是三大电信巨头、几大国有钢铁企业的主管部门，其主要职能都是原来计划经济时期的经委、邮电部、机械部等遗留下来的，类似于工信部的部门还有新闻出版广电总局、交通运输部、文化部等。有些需要转变职能，比如卫计委应该相当于医药领域的质检部门，而不是充当行业准入控制部门，类似于卫生部的部门还有商务部、教育部、科技部、住建部、农业部等。

第二节 自由平等的贸易体制研究

我国贸易体制由计划体制基础上脱胎而来，到目前为止，我国的内贸和外贸政策制度还不统一，在内贸和外贸制度内部还存在很多导致各个企业不能自由平等竞争的制度政策。这些不平等制度政策一方面让我国经济效率低下，另一方面又导致我国政府制定新的政策措施时进退失据。因此，必须清理这些不统一、不自由、不平等的贸易制度政策，建立自由平等的贸易体制。

一、贸易体制的现状

1. 内外贸体制不统一

（1）同一个企业生产商品国内外销售政策有别。我国同一个企业生产一模一样的商品，在国内销售和国外销售面却临着不同的政策。对有些商品实行出口增值税退免政策，比如轮胎、鞋类、钢材，让外国人享受超国民待遇，而另一些商品又实行出口管制，比如稀土。不管是出口退税，还是出口管制，都违背国际贸易准则，容易引发贸易纠纷。这种内外有别的政策尽管其制定者为其“意淫”了很多好处，实际上却既违背国际贸易准则，又违背了科学发展观的要求，对国民经济发展有害无益。依据科学发展观以人为本的要求，满足我国人民物质和文化需要才是我国经济发展的根本，从这个意义上说，内销比出口更加重要，出口只是为了进口商品更好满足人民需求，补贴出口让外国人享受超国民待遇完全是舍本逐末。而且出口退税政策对出口企业的支持作用也是想当然的。首先出口退税不能让出口企业的盈利能力更强，市场经济平均利润定律告诉我们如果利润过高，只会造成更多资本进入，企业还是只能享受平均利润。出口退税会人为降低中国出口商品价格，不但8000亿元出口退税都补贴了外国消费者，结果落了一个低价倾销的罪名，给外国政府对我国企业进行反倾销提供了借口。我国出口竞争力过强，市场就会促使人民币升值来削弱我国出口竞争力。我国外汇管理局控制汇率，又会落一个操纵汇率的罪名。最后，出口退税连提高我国出口商品价格竞争力的目的都没有达到，只落了一个伤害他国产业，危害他国就业和操纵汇率的骂名。不仅如此，出口退税还会造成企业通过出口转内销进行逃税，从而扰乱我国经济秩序。对稀土等稀缺原料出口管制政策也属于既违背国际贸易准则，也不利于国民经济发展。一方面出口管制，实际上不能真正控制出口数量，只会增加走私、腐败和财富流向掌握资源的企业。在管制条件下，就形成了一种商品国内国外两种价格，这种双轨制价格体系，就给走私提供了巨大利润，结果导致走私大增，也没有真正起到保护稀缺资源的作用。

（2）同一种商品国内生产和进口政策有别。我国对外国进口商品征收超额关税，就造成了同一种商品国内生产和进口政策有别。这种政策实质上保护落后企业，鼓励落后企业剥削消费者，浪费社会资源。对外国进口商品征收超额关税，实质上保护落后企业，也是狭隘的民族主义情结作怪，违背科学发展观的要求。一方面，保护落后企业会造成社会资源的浪费，另一方面，不管是外国生产，还是国内生产，只要是最好的，就应该受到公平的对待。保护其实不能达到真正保护民族企业的目的，相反会让民族企业弱不禁风。20 世纪 90 年代，我国汽车工业一直受政府严格保护，其结果就是中国的汽车是世界上最昂贵的，质量是最差的，后来放开了，政府不保护，反而成为世界上最有竞争力企业群，到处收购国外汽车公司。自由竞争才是对民族企业最好的保护。

2. 国内贸易体制不自由不平等

我国还在烟草、盐业行业实行非常严格行业管制的专卖制度，整个贸易也存在一个行业主管部门商务部，这个行业主管部门设置酒管办、市管办、屠宰办、燃油办等行业主管部门。烟草局、盐业局、酒管办、市管办、屠宰办、燃油办等行业主管部门，往往增加行业成本造成行业企业不公平竞争，中国大量还没有从计划经济思维中走出来的人仍然坚持认为：猪肉、烟酒、燃油等商品实在太重要了，都关系到人民生命安全和生产生活，所以需要建立专门的监管部门。按着这些人逻辑，面粉也很重要，我们应该还建立“面粉办”，还有大米也很重要，鸡蛋、玉米等都很重要。既然这样，那我就建议回到计划经济时代得了。实际上我国之所以出现这么多食品安全问题，产品质量问题，不是“这办”“那办”少了，而是太多了。九龙治水，出了问题都可以把责任推给别人。要商品质量不出问题，关键是要让质监部门承担起责任。

一些部门还经常出台一些干预国内贸易的政策，比如万村千乡市场工程、家电汽车下乡工程、家电汽车以旧换新一系列经济政策。这些经济政策的目的都是为了促进出口、拉动内需、保障人民生活安全的生活，但是实际上这些政策往往难以起到作用。下面我就用逻辑推理证明万村千乡市场工程就是一个鼓励浪费的政策。国家投资 7.5 亿元，平均每个县大概就是 37.5 万元，一个县大约 20 个乡镇，300 个村，每个村支持一个农家店，一个店才 1000 多元，实际上每个村都有很多农家店。就是说实际上，一个村往往一个店子的指标都没有，这个指标绝对是稀缺资源，所以只要那个店子能够获得一点支持就很满足了。一般来说，就是给选定店做一个万村千乡市场工程的招牌，这个也算是政府给这个店打品牌广告，做牌子的人还请店主吃一餐饭，交代上面问起来，就说政府给你多少元支持，还要要求店主打下多少收条。店主反正也是白得了一块政府授予招牌，又白吃了一顿，多打几千元条子也没有什么关系，别的店主还没有呢。其实不管是万村千乡市场工程，还是家电汽车下乡工程、家电汽车以旧换政策都存在很多问题。

3. 外贸体制不自由不公平

从 1992 年开始，中国政府逐步给生产企业、科研院所、商业物资企业等市场主体赋予进出口经营权。尽管到目前为止，基本上形成了多主体的相对自由大经贸格局。但是严重危害我国外贸自由和平等的外贸经营审批现象仍然存在。比如我国的原油进口。目前我国原油进口实行配额制。5 家国有石油企业可按市场需求组织进口，没有数量限制。我国从 2002 年起开始，每年下达非国营贸易配额，允许非国营贸易企业从事部分数量原油的进口。所有的非国营原油都必须返销给两大集团，而不能直接在市场上销售。所以，对于非国营进口原油的配额持有者来说，配额的意义只是可以转手卖给中石油或中石化，赚取一笔差价。① 还有很多出口商品实行出口配额制，比如纺织品配额。这种配额制度既不公平又没有效率，还容易造成腐败。在中国经济网就披露过纺织配额炒卖潮暗涌浙江，炒卖价为招标价的 4 倍的报道。②

二、现行贸易体制的弊端分析

1. 补贴欧美消费者，剥削中国人民

我国出口退税和高额进口关税政策是一种典型补贴欧美消费者，剥削中国人民的贸易政策。不但从外国进口商品的价格比欧美国家贵得多，就是本国生产的商品在国内市场上价格也比在欧美市场的价格高得多。但是欧美国家对中国政府这种补贴他们剥削中国人民的贸易政策并不领情，欧美国家政府针对中国企业的反倾销和特保案层出不穷，结果导致中国企业反而失去一个个市场。欧洲对我国的汽车零部件反倾销和美国对我国轮胎的特保案就是典型案例，目前世界上 60% 以上的反倾销案都是针对我国企业。并且世贸组织裁定在美国对我国轮胎特保案中败诉。

2. 大量出口转内销，破坏经济秩序

由于出口退税政策导致出口商品和内销商品差价巨大，社会上存在大量出口商品转内销的情况。这种情况既导致国家税收的流失，又破坏国家正常的经

---

① 全国工商联：构建充满活力的原油贸易体制 2010 年 03 月 12 日 07：22 来源：中国经济网

② http：//www.ce.cn/cysc/fz/fzgd/200601/12/t20060112_ 5800568.shtml 纺织配额炒卖潮暗涌浙江 炒卖价为招标价的 4 倍 2006 年 01 月 12 日 07：20 陈周锡

济秩序，还增加物流成本，造成资源浪费。我国的进出口贸易政策的制定者根本分不清宏观经济和微观经济的区别，老是站在微观角度制定政策，结果出来都是些想当然的好政策。他们认为提供出口退税就能让国内出口企业多赚钱，但是实际上不管有没有出口退税政策，出口企业的平均利润率没有任何区别，他们只能拿到市场的平均利润，因为市场经济中，资本是可以向利润高行业流动的。

3. 外汇储备保值困难，通货膨胀压力大

现在我国每年国际贸易顺差1000亿美元以上，外汇储备超过了3万亿美元。使人民币面临巨大的升值压力，国家外汇储备保值增值异常困难。外储局储备3万亿元美元需要投放20多万亿元人民币，这就极大增加人民币市场的流动性，导致人民对外升值、对内贬值的恶性通货膨胀。人民币升值和外汇储备保值的压力主要源于我国出口退税政策。出口退税政策让我国出口商品价格人为下降了15%，扩大了我国商品的价格优势，增加了人民币升值的压力。所以要取消出口退税政策。取消出口退税不但能够缓解人民币升值压力，还可以带来根除一大腐败源泉，减少国际贸易争端，促进出口，有利于外汇储备的保值增值，节余大量的财政资金，促进经济健康快速增长等好处。

4. 资源浪费大，破坏自然环境

我国商品低价出口是建立在廉价出卖国家资源，牺牲自然环境为代价基础的。比如：我国大量出口钢材，美国再征收我们的反倾销关税，又迫使我们商品出口价格更低，而我国成为世界上最大二氧化碳排放国。

5. 进口大宗原材料受到外国垄断集团控制

铁矿石、大豆、橡胶、铜等大宗资源类商品受到国际垄断企业的控制，我国企业被迫接受高价剥削。这一切都是我国不平等不自由贸易体制带来的恶果。比如铁矿石市场，本来钢铁行业就产能过剩，可是政府有关部门又担心企业生产的产品销售不出去，企业不赚钱。因此，出台了一系列提高钢铁需求量的政策，如提高出口退税率，又是加大基础设施投资，扩大汽车家电等商品销售，使得钢铁行业有钱赚，有钱赚谁愿意退出呢？谁又愿意压缩自己的产能呢？企业总是追求利润最大化的，只有当一个企业生产某种产品的边际利润为负数，才会停止生产。高炉，转炉建成后就是固定成本，如果企业不出现生产比不生产还差情况，企业是不会主动压缩产能。在市场经济下，一个行业的利润率长期来说是市场所有行业的平均利润，但是短期内，利润是不断波动的。政府的调控只能影响企业的短期利润，并且政府的对企业短期利润的调控还是以破坏行业未来均衡发展为代价的。他们还认为进口的铁矿石降价与钢铁企业利润有关系，实际上一点关系都没有，钢铁企业的利润高低只与供求关系有关，与成本没有关系，如果供过于求，不管你的成本多高，供方只能选择降价。那种想靠国家力量影响铁矿石价格的想法是错误的，反而为西方国家留下中国还是非市场经济体的口实。因此，铁矿石、大豆、橡胶、铜等大宗资源类商品受到国际垄断企业的控制，我国企业被迫接受高价剥削，这都是我国不自由不平等的贸易体制带来的恶果。

三、自由平等的投资贸易制度设计

根据科学发展观的要求，满足人民物质文化生活需要是根本，进口是更好满足人民物质文化生活需要，出口是实现进口手段。所以进出口目的是为了让人民享受更加丰富物质文化生活，就是说要通过进出口获得更多让人民生活幸福的物质和精神财富。因此，在这里提出如下政策建议。

1. 实现出口和内销统一的贸易政策

一是取消出口退税政策，内销商品和出口商品实行统一税收政策。取消出口退税给出口退税的制定者带来了两个顾虑：第一个是出口企业可能全面亏损，大面积倒闭，影响就业；第二个是我国出口会大幅度减少。其实这两个顾虑都是由于不懂市场经济规律的杞人忧天，下面就详细分析取消出口退税后的真实影响。

取消出口退税会导致出口企业可能全面亏损，大面积倒闭，影响就业，简单分析确实如此。有出口退税时，每个出口企业都只有10%以内的利润，取消17%出口退税，这样每个企业都会亏本，破产。取消出口退税的影响不能这样简单的思考。首先取消出口退税，就会给市场一个人民币贬值的预期，人民币贬值就会减轻取消退税后对中国出口商品价格竞争力的影响。其次，取消出口退税造成的价格影响，也不会直接影响到企业的利润。根据博弈理论，增加出口退税不能增加企业商品的利润，只会降低商品的价格，取消出口退税也不能减少企业的利润，只会提高产品的价格。为什么呢？增加了1%出口退税，如果企业都选择保持价格不变，他们可以都可以获利11%，一个选择降价1%，一个不降价，降价的企业将获利15%，不降价企业将获利5%，都降价，大家都获利10%，因此，降价会是企业一致的选择。同理，当取消出口退税，企业成本增加时提价也是大家一致选择，整个行业利润率还是市场平均利润。

取消出口退税中国的出口会大幅度减少。简单地想是这样，深入分析就正好相反。根据需求定律，价格上涨，出口会下降，好像是这么一回事。但是出口额是销量和价格共同决定，出口额是否下降，关键看这种商品的需求弹性，我国出口的大部分都是廉价的劳动密集型产品，都是一些生活必需品，需求弹性很小，价格提高反而可以提高出口额。何况需求定律还存在姊妹定律——吉芬定律。所谓吉芬规律就是当一种商品是满足人们日常需要的必需品，并且其替代品还属于满足人们同样功能需要的奢侈品，那么该商品的市场需求量将与价格同方向变化（当然这里价格变化不能够改变其替代品是奢侈品的属性）。① 可以这样说中国出口欧美的大部分商品都符合吉芬定律。这里就以服装为例分析。在一定时间内欧美国家人们的收入是确定的，用于购买服装的支出计划也是确定的，那么他们计划购买服装计划也是确定的，比如计划购买 10 套服装，7 套中国服装，3 套法国意大利的高档服装，法国意大利的服装是中国服装价值的 5 倍以上。如果中国服装降价了，消费者可能买了 7 套中国服装和 3 套法国意大利的高档服装后，还有结余，他们就会考虑舍弃一套中国服装，加结余的钱购买一套法国意大利高档服装。但是中国服装涨价了，情况就不一样了，买 7 套中国服装后，只够买 2 套法国意大利的高档服装和 1 套中国高档服装（只比中国普通服装价格约高）了，结果消费者反而舍弃了一套法国意大利的高档服装，多买了一套中国高档服装。不仅在服装业有这种情况，所有出口的劳动密集型产品都会出现类似情况。媒体也有相关报道，经济危机之后，中国的高档服装销量反而上升。

二是取消所有商品出口配额。对于外国政府设置进口配额而在我国形成出口配额，都由外国进口企业拿进口配额，比如纺织品的配额。我国政府为了保护国内稀缺资源而采取出口配额也全部取消，而采用收取高额资源方式保护国内资源，比如针对稀土、焦炭等资源型产品的配额。

2. 实现进口和国内生产统一的贸易政策

一是对进口商品实行与国产商品统一政策，在进口环节，进口商品跟国产商品一样只需要交足增值税、消费税和资源税就行了，不再征收额外关税。对于国内紧缺大宗进口矿资源和农产品也要参照国内资源税的标准征收资源税。

---

① http：//www.caogen.com/blog/infor_ detail/26278.html 吉芬商品和吉芬定律研究 任凌云

二是取消一切进口商品配额限制。比如原油进口配额和政府采购时必须是国产商品的限制等。

3. 让汇率成为影响进出口商品价格的唯一因素

建立自由平等贸易体制，汇率就会成为进出口影响商品价格唯一因素，汇率有时根据外汇供需关系由市场自由调节。关税和其他措施只作为贸易战的手段，别的国家怎么对待我国企业和商品，我国就以其人之道还治其人之身。

四、自由平等贸易体制的运行分析

1. 有利于市场公平竞争机制建立。实行出口、进口和内销企业统一的税收政策，就不存在有的企业纳税，有的企业不纳税的问题了，就能提供一个公平竞争的市场机制。

2. 有利于减少国际贸易争端。取消了出口退税政策，就会提高中国出口商品的价格，就可以减少其他国家以低价倾销为借口实行反倾销措施。取消出口和进口配额，就能减少他国对我国贸易投诉。

3. 有利于外汇储备的保值增值。实行出口、进口和内销企业统一的税收政策后，人民币升值的压力会大减，甚至还会造成人民币贬值，国家现有外汇储备可以换回更多人民币，增加政府收入。

4. 有利于增加国内社会财富。一是取消出口退税政策就可以一年节余8000亿元财政资金。二是能从资源大量进口中收取大量进口增值税。

5. 有利于两型社会建设。对于进口的资源性产品也收资源税，提高了资源产品的价格，有利于节约。不对进口商品征收保护性关税，可以减少国内效率低下的企业生产，可以节约资源，保护环境。

第三节　责权利一致的公众企业治理制度

尽管新制度主义者认为只要产权清晰，市场就可以解决一切，非常推崇私有者，但是实际上公有制在欧美国家也广泛存在。中国公有制的主要表现形式是国有企业，在欧美国家的公有制的表现形式是上市公司，共赢经济学理论把这两种公有制企业统称为公众性企业，并且认为在管制公众性企业所有者缺位时政府应该发挥一定的作用。本文将研究政府如何创新管理机制来解决公众企业治理所有者缺位的问题。

一、公众企业所有者缺位的原因与危害

1. 公众企业所有者缺位的原因

（1）国有企业所有者缺位的原因。国有资产的所有权是全国人民的，但是是由政府代表全国人民管理国有资产，政府的管理行为需要官员具体执行，然而官员利益与政府利益不能总是一致，这就导致政府利益与人民利益在实际中不一致。在没有一个保证官员利益与政府利益一致的制度前提下，国有企业的所有者缺位，内部人控制就不可以避免。

（2）上市公司所有者缺位的原因。上市股份公司的股份分散，小股东占股份总数不少，但是每个人股权数量很少，甚至在多数世界500强的企业中，没有一个股份超过1%的自然人股东，在企业管理方面搭便车的思想严重，而且政府没有严格执行那些管制公众企业弄虚作假法律制度，这就造成了上市公司所有者缺位和内部人控制。

2. 所有者缺位的危害

（1）贱卖国有资产。吴敬琏认为国有资产流失在于公司治理结构没有建立，所有者缺位，造成内部人控制。他认为现在国有企业改制不是‘老板’在改，而是‘打工’的在改，属于自卖自买，才会出现企业贱卖的情况。①

（2）经营者畸形高薪酬。广东省纪委常委、秘书长蒋乐仪在《广东省国有企业资产流失情况及其对策》的报告说，在国企改革中，一些企业违反《国有资本保值增值办法》和省政府制定的量化考核指标的规定，以强调经营者个人贡献为由，自定高薪酬。如有的企业实行“国有资产增量股权奖励”，几年间一些高层管理人员分别获得几千万甚至近亿元个人收益，而企业每况愈下，甚至经营亏本。② 美国的金融高管也是自己给自己发高薪，很多高管年薪过亿，甚至公司一边拿着政府的救助资金，一边发高薪。

（3）2008年金融危机的重要诱因。在美国由于国民收入分配不均，使得大部分的美国人实际收入水平下降，但是他们为了保障自己相对高的消费水平，就只有借助借贷，而美国的金融企业大部分都存在所有者缺位的问题，美国的

---

① 吴敬琏：国企所有者缺位问题依旧没有得到解决

② 一些国企薪酬管理为何失控？《第一财经日报》8月23日

所有者和经营者之间的激励兼容机制存在激励性强但缺乏约束性的严重缺陷，使得美国金融公司就敢于并且积极地给中低收入者贷款。

二、现代企业治理机制及其缺陷

1. 现代企业治理机制

（1）现代企业法人治理结构。为了解决所有者缺位的问题，人们创造了现代企业法人治理结构。现代企业法人治理结构由股东大会、董事会、监事会和由高层经理人员组成的执行机构四部分组成。其中股东大会选举董事组成董事会，并将自己的资产交给董事会托管；董事会是公司的最高决策结构，拥有对高层经理人员的聘用、奖惩及解雇权；股东大会同时选举监事组成监事会，负责监督检查公司的财务状况和业务执行状况；高层经理人员组成的执行机构在董事会的授权范围内负责公司的日常经营。

（2）激励兼容机制。委托人与代理人各自追求利益的差异体现在：作为委托人的董事会要求经理人员尽职尽责，执行好经营管理的职能，以便为公司取得更多的利润；而作为代理人的高层经理所追求的，则是他们本身的人力资源资本（知识、才能、社会地位、声誉等）的增加以及相应的经济收益。公司将经营工作委托给高层经理人员，根据经理人员的工作业绩（包括公司的盈利状况、市场占有率、在社会公益方面的表现等）对他们实行相应的激励就显得十分重要了。委托人的目的是要高层经理人员采用适当的行为，主观上为自己的利益而工作，客观上最大限度地为了增加所有者的利益，从而实现激励相容。实现激励目标的具体方法主要体现在以下两个方面：1. 正向激励。即所有者通过董事会制订的报酬制度将经理人员对个人效用最大化的追求转化为对企业利润最大化的追求。2. 负向激励。负向激励就是指一种约束机制。由于所有者与经理人员之间存在着严重的信息不对称，这使得经理人员有可能利用自己的信息优势，通过偷懒或采取机会主义行为来实现自我效用最大化。负向激励就是指所有者对经理人员采取的惩罚性约束措施。负向激励首先表现在，在现代公司内部，尽管董事会把大部分的决策管理权授予了公司的经理阶层，但董事会依然保留了对经理人员的控制（聘用与解聘），及决定他们工资水平的权利。

2. 现代企业治理机制的缺陷

看起来，现代企业治理机构和机制似乎完美无缺，可以解决所有者缺位的问题。但实际上并非如此，而是存在严重缺陷，会导致严重问题。

（1）现代公司构架存在问题。2008年的危机暴露公司治理失效的问题，主要是独立董事不能够独立。为什么会出现独立董事不独立的情况呢？就是由于在股东大会选举董事会时出现了问题。对于国有企业来说，股东大会选举董事会实际上就是主管部门排遣的代理人，经理人员也是主管部门排遣的代理人，董事会和经营者的利益往往是一致，但是与国家利益并不一定一致。因为代表国有资产股权的股东代表——企业主管部门都不一定能够代表国家利益，他们作为有个人利益的社会人，都会从追求自身利益最大化选拔董事会，董事会也会从追求自身利益最大化选拔经营者。由此可以看出国有企业治理出现的问题在于股东代表不一定能代表国家利益。对于上市股份公司来说，股东代表也没有代表性，因为占有大部分股权的中小股东，都没有自己的代表，有些公司中小股东占股份90%，但是在股东大会上搭便车没有行使自己的权利，造成选出的董事会缺乏代表性。现有薪酬模式也容易让外部董事内部化，因为独立董事薪酬由企业自己定，独立董事为了自己的利益，就容易与经营者结成同盟。因此，董事会的代表性和企业董事会及经营者薪酬制定内部化是现代企业治理失效的两个最根本原因。

（2）激励兼容机制存在缺陷。激励兼容机制被创造出来就是用于解决所有者缺位问题的。最典型的所有者与经营者契约机制是期权制度，期权这种东西被推而广之，经常用于对基金经理的激励。他赚得越多，奖金就越多，但是一旦赔了，他并不能全部承担，而是由投资者承担，所以对他来讲，可能产生更强的冒险心理。这种激励兼容机制存在激励性强但缺乏约束性的严重缺陷，并且成为引发2008年金融危机两个根本原因之一。

三、共赢企业治理结构

1. 企业治理的外部监管机制

（1）股东大会只能选举内部董事。不管是国有企业还是上市公司其股东大会都缺乏足够的代表性，其选出的董事也不会有足够的代表性，因此，股东大会应只选举内部董事，外部董事由第三方机构指定。

（2）健全独立董事制度。

①指定独立董事的第三方机构。不管是国有企业还是上市公司他们都应该受证监会的监督和约束，可以把证监会作为独立董事指定机构。

②制定独立董事任职资格获取办法。首先通过资格审查，再进行资格考试，

合格者获得任职资格，所有具有任职资格的人员组成候选独立董事库。

③独立董事的指定方法。通过随机抽取的办法产生，并且一个有任职资格的人员只能担任一个公司的独立董事，一年一换。

④独立董事的薪酬制度。全国所有的独立董事都享受相同工资待遇，差旅费实报实销。

⑤独立董事失职的法律后果。对于企业违法行为和企业经营失败，如果独立董事存在失职行为，独立董事应该承担连带法律责任。独立董事如果接受经营者贿赂，将承担刑事责任。

2. 责权利统一的激励兼容机制

完善所有者与经营者的契约机制。激励性契约简化的基本模型 Y = K + aB（a 为分成比例、B 为产量等可以挂钩指标，且是代理人努力的结果）。最典型的所有者与经营者契约机制就是期权制度，期权这种东西被推而广之，经常用于对基金经理的激励。这种机制最大问题就是使基金经理投资缺乏长期性，因此要完善这种机制，就要对 aB 的部分要建立长效机制，我的建议就是经营者必须把 aB 的部分全部买成公司的股票，在没有离开公司之前，经营者无权卖出自己的股票，当然这是指经营者占有的公司股票很少的情况下，如果经营者所买的公司股票超过了国家规定的份额后可以按国家规定买卖公司股票。这些股票就相当于经营者用于兑现所有者与经营者的契约的保证金，如果企业亏了，经营者也必须按 aB 的部分补偿企业。这样就建立起了企业所有者和经营者的责权利统一的契约机制。

如何建立所有者与经营者责权利统一的契约机制呢？

第一确定企业董事会和经营者（高管）薪酬的决定权。其薪酬由外部监管部门制定，不能由企业自定薪酬。非国有企业和上市公司可以例外。

第二确定经营者范围。即确定属于企业经营者的范围。我认为应该包括总经理、副总、部门经理等。

第三确定计算 B 的方法。因为以前多以年平均盈利水平确定，因此可以认为新增超过基数的利润都可以认为经营者努力的结果，看作是 B。

第四确定 a 这个提成比例。a 可以固定为 10% 左右，当然，也可根据企业规模来确定浮动比例。可以建立一个与企业规模成反比例函数 a = W ÷ X（X 为企业投资规模，单位为千万元）。比如：投资 1 千万元时的 a 定为 20%，求出 W 为 0.2 千万元，那么 1 亿元时，a 为 2%。第五 aB 只能全部购买企业资产，在高管离职后才能卖出。

四、共赢公众企业治理机制的理性分析

1. 企业治理的外部监管机制的合理性分析

股东大会只能选举内部董事。因为不管是国有企业还是上市公司的股东大会都缺乏足够的代表性，其选出董事也不会有足够的代表性，因此，股东大会只选举内部董事，外部董事由第三方机构指定。如果企业自聘独立董事，企业的控制人就必然会选择关系人出任独立董事，如果企业独立董事都由企业规定其薪酬待遇，独立董事就容易被企业高层收买。所以独立董事由第三方证监会通过随机抽取的办法产生，都享受统一的工资待遇。独立董事代表公众股东，对企业违法行为有责任制止，如果独立董事存在与经营层串通或失职，独立董事应该承担连带法律责任。

2. 责权利统一的激励兼容机制的合理性分析

一个企业经营的好坏与企业规模、经营环境都有很大关系，所以不能制定所有企业都一样的奖励标准，要长期考核。所以要求经营者必须把 aB 的部分全部买成公司的股票，在没有离开公司之前，经营者无权卖出自己的绩效奖励所得的股票。如果企业亏了，经营者也必须按 aB 的部分补偿企业，这样才能体现权责统一。

第四节　让市场实现城乡和谐均衡发展

改革开放深入推进，但我国的城乡差距却越来越大，严重阻碍了我国城乡和谐均衡发展。近十多年来，党中央和国务院也出台了一系列政策，从城镇化、新农村建设到城乡一体化，今年党中央国务院又重提城镇化。但是经过了十多年的努力，我国的城乡差距不但没有缩小，反而越来越大。为什么呢？就因为这些政策都源于政府万能的计划经济思维，根本没有突破我国城乡二元结构制度瓶颈，把市场活力释放出来。因此，缩小城乡差距的关键不是继续出台一些计划经济思维的方针政策，而是通过创新机制废除造成城乡二元结构的制度政策，构建人财物自由流通城乡一体的大市场，释放市场潜力，充分发挥城乡各自优势，实现城乡均衡和谐发展。

一、我国城乡发展存在的问题

农村与城市相比，农村有很多优势。一是资源丰富，物价便宜，生活成本低。我国的农村土地资源非常丰富，并且价格是非常低。在我的家乡，湖南省安乡县农村建设用地才每亩1万多元，农业用地永久经营权也不过8千元左右。劳动力价格也比城镇低20%左右，蔬菜、猪肉价格低10%左右。二是环境优美，空气质量好，人际关系亲密融洽，适合老人小孩居住生活。在我的家乡，农村环境没有遭到破坏，空气质量非常好，居住相隔几里路的人都相互认识，人们之间关系亲密融洽，特别适合老人小孩生活居住。但是农村在其发展过程中没有发挥其优势，形成了很多不足之处。一是道路等基础设施严重不足，在农村还有很多地方还是泥巴路，下雨车辆就不能通行。二是教育质量低下，农村学校比较简陋，但是农村教育真正的不足是师资力量差，教育质量低。三是医疗服务水平低，农村医院档次低，在乡镇只有一级医院，在县城二级甲等医院基本上就是最好的医院了，那里技术力量薄弱，设备落后，导致农村医疗水平低下。三是经济发展水平低，农村居民平均收入水平比城市低50%以上。

中国城市尽管经济发展水平高，道路宽阔平坦，学校基础设施好，医院设备好技术力量雄厚。但是也形成了很多城市病。一是环境质量差，比如：2013年1月9日以来，全国中东部地区陷入严重的雾霾和污染天气中，一月中旬，北京的空气污染指数接近了1000。二是交通拥堵，在北京上海等大城市，很多上班族每天花在路上的时间超过3个小时，对人力物力造成极大浪费。三是房价高，对于普通工薪族来说，买房子要花上一辈子的辛劳。四是上学难，在一些大城市的选校费动辄上万，甚至十多万。五是就医难，在一些大医院挂号难，黄牛党盛行。六是养老难，公立养老院拥挤排队，民营养老院地租成本高，走低端市场，盈利很难，其走高端市场，又背离了市场供需，缺乏生存空间。

二、阻碍城乡和谐均衡发展的原因分析

为什么我国农村发展严重不足，而城市发展又产生了很多城市病，就因为我国还存在很多计划经济的政策制度。下面就归纳一下阻碍城乡和谐均衡发展的政策制度，并对阻碍过程进行分析。

1. 僵化的户籍制度

我国户籍制度最显著特点根据地域和家庭成员关系将户籍属性划分为农业

户口和非农业户口。这种户籍属性划分不但剥夺了人们的迁徙和居住的自由权利，而且还制定了很多与户籍属性相联系城乡双轨制政策制度，进一步限制人口自由流动。这些政策制度包括：一是社会保障制度双轨制。我国在医保方面存在新农合制度、城镇居民医保、职工医保三种不同保障制度，存在一种把人分成三六九等的现象。在养老保障方面也存在新农保、城镇居民社保、职工社保三种养老保障制度，而且职工养老保险又分为行政事业单位和企业单位两种形式。二是同命不同价，我国法律中大量存在着所谓城乡居民“同命不同价”的不平等规定，比如在交通事故中，城乡居民赔偿标准是不一样的。

2. 权责不清的集体所有制

我国农村土地和各类企业实行是村集体所有制产生，这种权责不清的所有制形式引发了两个不好后果。一是造成户籍所属村集体不同导致人财物流动的障碍。这种障碍主要体现在城郊农村、城中村，这些地方由于农用地转成城市用地，征地拆迁给当地农民带来了巨大利益。而这些利益分配除了农用地根据经营权分配外，其他根据户籍所属村集体进行分配。形成了一些能够带来长期收益集体所有的公有资产，这些资产收益都是以户籍所属村集体为基础进行分配，这种利益关系也限制人财物的自由流动。而且还容易造成有关权力人士通过迁进迁出户口为他人和自己谋取利益。二是农村土地房屋产权的有限性。这种政策限制城市居民购买农民房产，农民不能用之抵押贷款。这种限制一方面限制城市居民的投资权，另一方面又使农民不能从房子交易中获取较合理的利益。

3. 计划经济思维的教育体制

我国的教育体制还是一种计划思维的投资管理体制，国家对教育的固定资产投资和日常经费都与学生基本上没有关系，固定资产投资跟着学校走，教师工资跟教师的工作关系走，教师到了哪个学校，工资就会拨付到那个学校。在这种教育体制下，学校固定资产投资就要看关系，哪个学校校长会喊会要，固定资产投资就多些。往往越是城市明星学校，上层关系资源越丰富，争取国家固定资产投资越多。就是这些年支持农村校舍建设的投资行为也是典型违背市场规律的行政乱作为。因为本来农村学校学生已经大幅度减少，原来一个中学20多个班级，现在一个中学才10多个班级，差不多减少一半，而国家却还大规模投资农村学校搞标准校舍建设，真是崽花爷钱不心疼。既然工资跟着教师工作关系走，与教书育人没有关系，那么水往低处流，人往高处走，优秀的师资力量往城市里去是人之常情。这样，留到农村的优秀教师越来越少，学校教育质量越来越差，导致村里的学生往镇上跑，镇里的学生往县城跑，县里学生往省市跑。

4. 效率低下的交通运输体制

在交通道路投资方面我国从建国到现在一直以来都是实行项目审批制的计划体制，领导说了算，忽视市场需求。这种体制不但导致农村在道路方面投资严重不足，而且还出现浪费中腐败，在腐败中浪费。比如一条县级道路修建，偷工减料，平时也不好好维护，就等道路快点烂，再向上级争取资金。但是对上级领导部门和地方路政部门和施工单位却是三方共赢。因为国家钱再多，也不能平白无故进入领导腰包，但是领导给下面资金支持，下面人都会给领导送礼，地方路政局有钱修路，就可以向施工单位收礼，施工单位偷工减料才能多赚钱，又有钱给领导送礼。现在城市公交和农村短途客运是一种双轨制，享受待遇完全不一样。比如：城市公交在政策上享有财政补贴，短途客运不享有，反而还缴费养活交通管理部门；在运营上，公交型车辆、停靠站点设置和超载似乎是城市公交的独享的权利，短途客运则处处受有关部门的限制。这些都是计划经济思维制定出的一系列割裂城乡联系的二元结构制度政策长期作用造成的恶果。

5. 计划市场双轨运行的医疗卫生体制

我国医院固定资产投资体制也是项目审批制的计划经济体制，这种投资体制反映的是领导的意志，与市场实际需求没有关系，没有真正体现人们对医疗卫生的真实需求。这种计划经济投资体制成了三甲医院在省市，二甲医院都在市县，一甲医院在县乡的医疗机构布局的主要原因，这个布局决定了城乡居民看病方便程度不一样。但是，这种医疗机构布局在目前交通发达的今天还不是导致城乡居民享受医疗保障鸿沟的真正原因。我国城乡居民医疗待遇的真正差异体现在我国医疗保障制度的设计缺陷。我国国家补助的医疗保险是一种地方割据的制度，我国公民只能在自己户口所在地交费享受医疗保险，导致农村居民到城市享受高质量医疗服务时报销比例会比较低，而且转院手术复杂。

6. 定位错误的乡镇政府

现在结婚证、房产证、国土证、身份证等证件办理权都集中在县级部门，使居住在农村的人都不得不前往县城才能办理这些证件，造成了极大的不便。目前，不论是警力还是法官、律师等司法资源，主要集中在城市，农村奇缺，而且品质不高，这使农村的社会公正和社会治安管理更多地要靠农民自身，在个别地方甚至出现了纠纷后不找司法部门、而找黑社会的情况。

三、创新机制让市场实现城乡和谐均衡发展

1. 建立现代户籍管理制度

一是废除非农和农业户口的户籍属性划分，在公安户口管理系统中删除非农和农业户口这个信息栏。二是废除户口地域属性，只保住所栏目。这样个人户口信息就只有姓名、性别、出生年月日、出生地、籍贯、住所、身份证号、直系亲属关系、婚姻状况、受教育程度。建立了现代户籍管理制度社会保障制度双轨制、城乡居民“同命不同价”、计划生育实行两套标准等与户口相关的双轨制就可以迎刃而解。现在社会保障的双轨制还从坏事变成了好事，还打破了垄断，人民群众可以自由选择之后，医疗保险和养老保险中的每一个部门都只有依靠提高服务质量才能吸引人民群众向他们投保，人民群众投保了，他们才能根据投保人数拿到相应国家给予财政补助。建立了现代户籍管理制度，就让农民作为一个身份成为历史，户口地方属性也将成为历史，人们可以任意自由迁徙。

2. 完善农村农民产权制度

第一，明确农民在土地经营权、农民宅基地、农民房屋的权属界线。农民的土地经营权、农民宅基地、农民房屋的权属与城市居民房屋产权还是有所区别。农用地变成城市用地有一个征地拆迁的过程，根据共赢经济学理论设想，城市用地的价值（土地出让金）的合理合法的用途有三：一是补偿征地拆迁，二是用于城市基础设施建设，三是补贴老百姓购置住房。对于农用地或者农村建设用地转非农用地，也只需要交足土地出让金，而土地出让金按1∶1∶1的比例平均分配，征地拆迁一律按照征用土地面积进行补偿。因此，农民土地经营权、农民宅基地、农民房屋的权属就是城市建设用地价值的三分之一。第二，建立土地承包经营权、建设用地使用权、房屋产权使用权的农村产权交易市场。第三，对集体所有制企业实行股份制改造。城郊农村、城中村，这些地方由于农用地转成城市用地，征地拆迁形成的集体资产，按照当时人口数量进行股份制改造，每人一份，股份跟人走与户口脱钩。资产股份可以转让、继承。这样就可以避免集体所有的公有资产收益都是以户籍所属为基础进行分配情况，从而促进人财物的自由流动。农村农民户籍和产权问题得到解决，城市人就可以

自由购买农村资源和财产，城市人的资金和先进经营理念让农村资源优势变成经济发展的优势，让农村重新繁荣起来。

3. 改革教育管理制度

一是改革教育投资和经费管理制度。让国家教育投资和经费跟着学生走，教育投资和经费全部设计成为教育券，那个学校招的学生多，国家给那个学校拨付的经费就多。二是改革教育收费管理制度。教育收费实行市场化，每个学校根据自己教育质量和人们对其认可度自主制定学费标准，使教育质量高的学校收入高，有扩大规模的资金和动力，从而解决优质教育资源稀缺的问题。教育券制度可以让城乡居民平等享受国家在教育方面投入，避免因为学校不同而享受国家投入差异，还避免错误的行政行为导致农村学校投资中的浪费现象，实现教育投入的公平和效率的统一。农村学校也可以通过提高教育质量稳定生源，提高学校收入，学校收入提高了又可以通过提高工资留住优秀教师，学校从而进入良性发展轨道，实现城乡教育均衡发展。

4. 改革医疗卫生投资管理体制

一是改革医疗卫生投资和经费管理体制。取消国家对医院直接投资和财政补贴，结余的资金全部用于提高医疗保险补贴标准。从而实现医院建设由投资者根据市场需要自主决策，投资者可以根据市场需求重新布局，打破原来医疗资源行政布局的格局。二是改革医疗保险制度。第一步，把现行城镇医保机构和新农合医保机构实行企业化，从而与目前商业保险公司形成平等竞争主体，第二步，实现我国公民可以再任何地方任何保险公司缴费或者办理基本医疗保险手续，国家就把他的医疗保险财政补贴资金划到那个公司，公民到全国各地任何医院都享受同等报销比例。从而打破医疗保险地域限制，实现城乡平等。三是医疗收费实行市场化，因为发改委对医药价格的管制的唯一作用就是形成垄断和增加行政成本，这一点在《构建和谐共赢的医药卫生体制》有详细研究。从而实现医疗机构服务优质优价，增加优质医疗机构自我滚动发展基础和动力，改变优质医疗资源稀缺的现状。

5. 创新交通运输投资管理体制

一是创新道路投资体制。第一，道路投资体制用市场机制替换现在行政审批制度，现在物联网技术非常发达，完全可以精确统计一条道路上通行车辆的类型和数量，这样国家就可以按照公里车辆通行量道路养护部门精确支付养路费，通行的车辆多，获得养路费就多。在新的投资体制下就不愁乡村公路没有人修了，路修得好，质量高，跑的车多，损坏少，修路的公司或个人赚的钱就多。第二，授予道路养护部门超载车辆的治理权和收费权。因为超载对道路损害非常大，一条普通村级水泥道路，如果只是小车、摩托车、行人通行，也许只需要正常的养护费用，但是如果有货车和大型客车通行，就会很快损坏，需要重修。所以要授予道路养护部门超载车辆的治理权和收费权。道路养护部门可以设定禁止超载车辆通行或者对于超载货车自定标准收取超载通行费，超载通行费标准报价格主管部门备案。

二是创新城乡客运管理体制。城市公交和农村短途客运实行统一的税费标准和运行标准。城市公交和农村短途客运都不再享有财政补贴，在税费方面，除了交通保险费之外，其他面向运行车辆征收的税费全免，在运营上，容许农村短途客运超载。

6. 转变乡镇政府职能

要按照农村居民需求配置乡镇政府职能，设计乡镇政府组织结构和岗位。现在是网络时代，结婚证、房产证、国土证、身份证等证件完全可以集中乡政府一个股所集中办理，免得办事人员平时没有事做，群众办事又找不到人。要把乡镇法庭设在乡镇，基层派出所承担起地方治安维护重任，司法机构成为社会公正和社会安全的主导力量，避免农村居民出现纠纷就寻求不合法途径。

四、城乡和谐均衡发展的展望

废除了造成城乡二元结构的制度政策，创新了教育卫生、交通运输等体制机制，构建了人财物自由流通城乡一体的大市场，就能释放市场潜力，充分发挥出城乡各自优势，实现城乡均衡和谐发展。

城市资金充裕，但是资产昂贵，缺乏投资价值，而农村资金紧张，资产资源价格非常便宜，在这种情况下，城市资本就会自动流向农村。目前多数农户经营下，一亩土地纯收入一年才1000多元，而城郊土地农业产值往往一亩能够达到一万元以上。建立现代户籍制度和完善农村产权制度后，城市居民就可以自由到农村购买置业，进行农业产业开发，从而使农村丰富的资源在城市人力、物力、财力的支持下，通过规模经营，发展现代农业，发挥出比过去高出几倍的产能。

农村环境优美，空气质量好，房价每平方米才1000元左右，普通家政服务人员工作每月不到1000元，特别适合老人养老。现在北上广一套50平方米的房子价值超过100万元，而在农村10万元可以买非常漂亮的100平方米以上小平房，另加几分地的菜园地，剩下90万元每年银行利息都有2万多元，雇佣一个家政服务人员后还可以结余1万元。在割裂城乡的制度政策废除后，就会有很多城市老人选择到农村购房子养老。

农村经济有了发展，有了城市老人到农村养老，就会有很大一部分农村人不用再到外地打工，就可以就近就业，农村的常住人口就逐渐回流。经济发展和人口的增加，农村对交通运输需求也就会增加，在新的交通投资体制下，修好路，有车跑，修路投资商就可以通过向政府要回车辆通行的养路费收回成本并赚取利润，农村交通也就得到了根本改观。随着改革医疗投资体制改革，每个公民医疗需求就会大幅度提高（农民也有钱看病了），城市老年人到农村养老的人员增加，农村医疗需求就会以更大幅度增长，资本是逐利的，医疗资本就会到了农村投资建设高档次医院，城乡医疗机构差异也会逐渐缩小。随着人口回流，教育体制改革，农村教育需求也会逐渐增加，教育资本就会考虑建立高标准的学校，用高工资留住优秀的教师，又通过提高教育质量稳定生源，在学校教学水平提高情况下又可以提高收费标准增加学校收入，农村教育从而进入良性发展轨道，实现城乡教育均衡发展。

随着一部分城市老人到农村养老和一部分农村务工人员回流，城市老人留下的住房就可以部分解决城市房价高和城市拥堵的问题，让城市房价高、交通拥堵等问题得到较好的解决。教育体制、医疗卫生体制、交通运输体制改革又可以进一步推进城市看病难、养老难、读书难的解决。

在市场主导下，城乡将形成这样的分工。城市以现代工业、酒店、金融、高等教育、科研中心等产业为主的分工。农村以现代农业、旅游业、养老业、基础教育业和儿童乐园等产业为特色的分工。

第七章

打破行业垄断实现公平竞争

上一章对建立公平高效的市场经济体制进行了整体性研究，但我们具体行业还存在非常严重的垄断，妨碍了市场自由平等竞争。本章将对金融、农产品、能源资源、通信网络有线电视、媒体文化出版等行业的垄断进行研究，提出反垄断措施，彻底打破行业垄断。

第一节　自由公平诚信的金融体制研究

金融业主要包括银行、保险和证券三个行业。目前中国这三个行业都存在比较严重问题，根本原因就是中国金融制度政策设计存在严重缺陷导致行业垄断和信息不对称。因此，需要重新设计中国金融制度，构建自由平等诚信的新金融体制。

一、金融业存在的问题及根源分析

1. 银行业存在的问题及根源

（1）银行行业服务差收费高。《投资快报》根据此前公示过的数据统计发现，银行收费项目达 850 项。① 在这些收费中，有些收费极不合理，比如有一项小额账户管理费，有些银行规定，对于个人存款余额少于 300 元个人账户每季度收 3 元的管理费。据此收费，那么你在活期存折中存 100 元的话，九年之后就会倒欠银行 8 元钱。还有工商银行存折挂失换折服务，效率低下收费又不合

① http：//finance. sina. com. cn/money/bank/bank_ hydt/20120725/094112664272. shtml 银行收费项目多如牛毛 中行 850 项工行 409 项

理，存折挂失换折又是填表，又是身份证复印，又是身份证拍照，整个过程需要 10 多分钟，最后还收费 10 元。实际上存折挂失换折只要对照身份证和本人是否相符就可以了，办理过程不到 2 分钟，收费也只需要存折工本费和适当利润就行了，最多 1 元钱。在《三部委整治银行乱收费被指合法化高收费》还提到了这样一个案例，北京的唐女士通过一家商业银行向海外汇款 200 多美元，却被收取 200 元人民币汇款费用。①

为什么我国银行服务差收费又高呢？因为在我国金融还处于计划经济状态，政府在金融方面的政策受利益集团的影响，长期以来，利益集团以金融安全为由，在银行业不但不反垄断，反而是不断加强垄断力度。就是最近成立村镇银行都没有放开，只能由现有的银行作为发起人。银监会、人民银行和发改委对各个商业银行的收费管理不但不能控制他们乱收费，反而帮助他们在收费问题上结成联盟，形成价格垄断。

（2）银行业贪污腐败时有发生。银行业在吸储时向客户行贿，在放贷时收受客户贿赂。在中国银行揽储回扣是公开秘密。一位从事银行贴息存款业务的人士透露，在年底存 100 万一天可返 4000 块钱利息。② 江苏财政厅女厅长张某某被双规的原因是巨额受贿（5000 万元），而其受贿来源主要是决定财政收入开户银行而收取银行吸储回扣。③ 商业银行在放贷的过程中受贿行为也非常普遍，银监会在《银行业商业贿赂犯罪案件查处情况及案例通报》中就指出了银行业商业贿赂案件主要发生在信贷及相关业务、基建装修和 IT 项目等大额采购环节。④

为什么各个商业银行都会出现银行业在吸储时向客户行贿，在放贷时收受贿赂的问题呢？其根本原因就是因为人民银行控制商业银行的存贷款基本利率。由于人民银行规定存贷款基本利率太低，不能够反映出资金真正市场价值。比如 2013 年存贷款利率分别是 3% 和 6%，而现实中企业向银行贷款的实际年利率达到了 10% 左右，民间正常贷款利率也基本上是 10% 左右，高利贷甚至达到

---

① http：//news.163.com/12/0212/04/7Q1KF8H300014AED.html 三部委整治银行乱收费被指合法化高收费

② http：//bank.jrj.com.cn/2012/12/24091714862426.shtml 银行再现疯狂揽储

③ http：//news.qq.com/a/20101123/001247.htm 江苏财政厅副厅长被双规 据称受贿超 5000 万

④ http：//money.163.com/07/0130/18/363RTNGM00251OGL.html 银行业商业贿赂犯罪案件查处情况及案例通报

20%以上。就是人民银行规定存贷款利率和市场利率差异就导致存贷款业务中的腐败。既然企业愿意以10%年利率贷款，而人民银行规定贷款年利率只有6%，这个4%的差额就出现监管漏洞。

2. 保险业存在的问题

（1）保险企业缺少创新。

我国保险企业一直缺少创新，大多数保险企业的产品主要从外部引进，有些进行局部的开发和改进，所以各个保险公司都存在产品同质化现象，各个公司都没有自己独有的产品。之所以没有出现保险产品创新局面，就是因为我国保险行业没有专门保险知识产权保护制度，而现行知识产权保护对金融产品这种仅仅包含创意的知识产权不提供保护，导致保险公司好不容易想出的新产品，很容易就被其他保险公司模仿，这样大家就都没有创新的意愿了。

（2）保险经营缺少诚信。

正是因为各个保险公司没有自己独特的能够吸引客户的保险产品，结果就导致很多保险公司通过欺骗消费者扩大业务。主要表现包括：一是设计晦涩难懂的保单条款，二是夸大保险的保障功效，三是借助权力部门强制销售保险，四是通过协议或借行业协会名义联合限价，五是在理赔时无理拒赔，惜赔或少赔等。保险公司营业处或者银行营业厅的保险代理处几乎天天都能看到因为保险公司业务人员欺骗行为导致保险业务纠纷。

3. 证券市场存在的问题

（1）上市公司假账严重。中国上市公司的假账丑闻可谓前仆后继，连绵不绝。从操纵利润到伪造销售单据，从关联交易到大股东占用资金，从虚报固定资产投资到少提折旧，西方资本市场常见的假账手段几乎全部被“移植”，还产生了不少“有中国特色”的假账技巧。为什么那么多上市公司想方设法地进行财务造假？一是他们可以通过造假骗股民的钱，他们通过造假上市可以圈股民大量资金。二是承担风险很小，本来造假不容易发现，而证监会对上市公司造假的处罚起不到警示作用。比如紫光古汉2005年~2008年连续4年造假行为到了2013年才暴露，证监会给予处罚的效果就是鼓励造假。对公司警告和对并处公司50万元罚款不过是蜻蜓点水。对前董事长郭元林等7名时任高管被证监会警告并处累计39万元罚款，无异于告诉造假者，你们只管造假，你还是可以得大头。

（2）中国股市赌场气氛浓厚。内幕交易操控股价行为普遍，比较有影响的操纵股价案件有周建明案、王紫军案、唐万新、德隆系案，在中国股市中垃圾都可以炒成几个亿。现在上市公司中有些公司，净资产是负值，盈利也是负值，其实真实价值一钱不值，结果市值却有几个亿。为什么造成目前这种情况呢？就是因为我国股票垄断发行制度造成，上市公司的股票还可以作为圈钱的道具，现在中国合法圈钱的道具非常稀缺。现行股票发行制度，设置了很多门槛，比如：公司股本总额不少于人民币 5000 万元；开业时间在 3 年以上，最近 3 年连续盈利；持有股票面值达人民币 1000 元以上的股东人数不少于 1000 人，向社会公开发行的股份达公司股份总数的 25% 以上；公司股本总额超过人民币 4 亿元的，其向社会公开发行股份的比例为 15% 以上；公司在最近 3 年内无重大违法行为，财务会计报告无虚假记载等。就是符合上市条件的公司，也要经国务院证券管理部门批准才能公开发行，正是这样导致股票稀缺性。现在这种股票发行制度，就是证监会代替股民选上市公司，但是又不为自己错误承担责任。

二、中国金融业体制创新

1. 放开金融业行业准入

任何资本都可以自由进出金融行业。首先银行、保险公司、证券公司都可以根据公司自身发展需要从事存贷款、保险、证券业务。其次其他资本都与金融资本享受同等权利，可以开办金融公司从事存贷款、保险、证券业务。

2. 存贷款利率和金融产品服务价格市场化

银行存贷款利率全部市场化，中央银行不再把存贷款利率作为货币政策工具。中央银行对货币市场调整只能通过调整再贷款利率、再贴现利率、存款准备金利率、超额存款准备金利率。其他金融产品和服务收费也一律市场化，发改委、人民银行、银监会、保监会、证监会不再对金融机构产品服务定价进行管理。发改委只对金融部门价格垄断和明码标价行为进行监督管理。

3. 改革证券发行和退市制度

改革证券市场发行制度，不再给股票发行设置门槛。哪个公司愿意上市，只要他提供资料真实，证监会就应该让他们上市，证监会只对上市公司提供资料的真实性负责，股民就可以自由选择了。股民都不买他们的股票，就说明股民不认可这个公司，买了这个公司股票，就说明股民认可这个公司。在新股票发行制度下证交所和证监会负责审查公司的上市资料，上市公司给证交所和证监会交审查费，为了保证上市公司资料真实，交易所可以先冻结上市公司高管和原始股东的股票，只有公司高管不再在公司任职了才可以卖出自己的股份。股民的证券交易费证券交易税和对造假人员的罚款就是股民和上市公司给证监会工作酬劳和建立股民被骗的赔偿基金。出现公司做假账情况，给股民造成损失的，证监会在公司高管没有赔偿能力的情况下就应该承担连带赔偿责任。对公司上市资料造假一律以金融诈骗罪论处，证监会没有审查出来，以玩忽职守罪论处。

废除现行股票退市制度，只有这个公司股票没有人买或者公司破产不存在了，股票就自动退市。

4. 上市公司治理制度

一是完善和健全独立董事制度。股东大会只能选举内部董事，独立董事由证监会指定。证监会完善独立董事任职资格和选派制度，首先通过资格审查，再进行资格考试，合格者获得任职资格，所有具有任职资格的人员组成候选独立董事库。再通过随机抽取的办法产生，并且一个有任职资格的人员只能担任一个公司的独立董事，一年一换。全国所有的独立董事都享受相同工资待遇，差旅费实报实销。对于企业违法行为和企业经营失败，如果独立董事存在失职行为，独立董事应该承担连带法律责任。独立董事如果接受经营者贿赂，将承担经济犯罪的刑事责任。

二是健全和完善上市公司高管薪酬制度。上市公司高管薪酬一律按照 $Y = K + aB$ 模式执行，K 为基本工资，以公司平均工资的两倍执行，aB 绩效工资。上市公司高管绩效工资不能提现，只能购买自己任职公司的股票，在没有离开公司之前，公司高管的股票都由交易所冻结，无权卖出自己的股票。这些股票就相当于企业高管用于兑现所有者与经营者的契约的保证金，如果企业亏了，经营者也必须按 aB 的部分补偿企业。

证监会对上市公司治理承担监管责任，如果证监会监管不力导致公司做假账、公司高管侵吞公司资产行为，导致公司股东在股票交易和公司资产遭遇损失，不能追回的由证监会承担连带责任。

5. 建立金融产品知识产权制度

金融行业也要建立知识产权保护制度，以保护金融产品创新。对于金融企业推出独一无二的新金融产品和服务实施专利保护，20 年内其他金融公司提供相同和相似产品就必须支付专利使用许可费。

6. 重组金融监管部门

将银监会、证监会、保监会合并组成金融监督管理委员会，并将他们的职能重新整合。

三、后果分析

1. 支持民众创业。新的上市政策，对于上市企业来说没有门槛，只要你有好的创意，建立了公司，给证监会提供了真实的上市资料，就都可以上市融资。这样就会给创业者较好的获得社会资金支持的机会。

2. 增加社会就业。现在金融行业垄断严重，行业进入门槛高，行业发展不充分，就业不足。采用新金融行业准入政策，一个人口 2 万～3 万人的普通乡镇，完全可以生存 5 家左右的小银行，一个 10 万人左右的县城完全可以生存 20 个银行，从业人员可以增加 100% 以上。

3. 鼓励金融创新。金融行业有知识产权保护，大家就再也不会担心其他金融公司模仿自己的产品了。只要设计出了好的金融产品，就是自己不经营这个产品，也可以通过出让专利许可赚钱。

4. 打造理性证券市场

首先上市没有门槛了，就不会出现一坨狗屎都有几亿甚至几十亿的市场的局面。所有有潜力的公司都能上市，股民可以从上市公司中找到真正有发展前景的公司，股民可以通过发掘有潜力的公司赚钱。而不是现在主要通过炒卖股票赚取差价。什么重组等骗人题材就不存在了。高管造假是重罪，并且其股票资产在位时都是被冻结的，他们造假的成本也非常高，内幕交易风险就非常大。在这样环境里，股民和公司高管都会更加理性。

5. 增加社会公平

现在金融行业垄断保护导致金融行业，特别是银行从业人员薪酬特别高，是全国平均水平的 2. 1 倍。打破垄断之后就可以消除这种收入行业差距。现在公司上市制度，造就了无数的不劳而获的富翁。取消公司上市门槛，股民就有更多选择，这样就会只有真正符合市场发展方向的企业才能获得股民的青睐。

第二节 和谐共赢的大宗农产品政策

政府在粮食、棉花、油料等大宗农产品政策上赋予了太多使命，包括提高粮棉油生产能力，保障粮棉油安全，提高农民收入，减轻财政压力，提高低收入人群生活水平等。结果在粮棉油政策制定和执行中尽是两难选择，提高粮棉油生产能力与减轻财政压力是一对矛盾、保障粮棉油安全与减轻财政压力是一对矛盾、提高农民收入和减轻财政压力是一对矛盾、提高农民收入与提高低收入人群的生活水平是一对矛盾、减轻财政压力和提高低收入人群的生活水平是一对矛盾。实际上，我们的粮棉油政策不应该赋予这么多的使命，提高低收入人群生活水平的使命应该通过构建普惠制的民生社保体系解决，而不应该让粮棉油政策承担。整个大宗农产品政策都有相似的问题，下面就以粮食政策为例进行研究。

一、我国粮食政策执行现状

1. 粮食保护价下的国家粮食储备制度

粮食保护价政策，是通过保证农民的种粮收入，保护农民的种粮积极性，以达到稳定粮食生产、保障粮食供给的目的。因此其政策目标主要是两个，即稳定粮食供给能力和稳定农民的收入。国家粮食储备制度的目标主要有：粮食安全、稳定价格、稳定生产者收入和经济效益，其中粮食安全是根本性的主导目标。但是我国的粮食储备制度是兼顾保证粮食保护价顺利执行的粮食储备制度，这种制度导致国家粮食储备主导目标错位，将价格支持和稳定生产者收入成为粮食储备的主要目标，从而引发很多矛盾，存在很多问题。

1. 破坏市场规律，导致粮食供求的结构性矛盾。粮食保护价引发供需矛盾又使保护价敞开收购政策不能真正贯彻实施，使农民丰产不增收，国内、国际市场的一体化使保护价政策异变为保护国外的粮食经营者和消费者。

2. 粮食保护价政策实施让财政不堪重负。粮食差价补贴就达一二百亿之巨，国家为此每年需支付巨额的利息和保管费用就达 300 多亿，仓库费用、仓储损耗等，也是一笔不小的费用，粮食陈放久了，陈化变质，不得不低价处理，这又是一笔巨大的损失，为了实施这个粮食保护价政策国家每年财政支出估计 800

亿元以上。

3. 实施粮食保护价政策引发大量寻租行为。政府财政给予国有粮食收储企业以差价补贴、收储补贴、陈化补贴，因此欺报、瞒报收储数量以骗取或套取补贴就成为合乎理性的选择，挪用、截留收购资金成为某些人快速致富的捷径。1998年粮食部门2000多亿元的亏损挂账以及数千亿粮食收购资金被挪用等丑恶现象的揭露，举世震惊。于是，收购资金封闭运行等政策相继出炉。同时相应的宣传教育、监督检查成本也必不可少。然而不管政策如何完善，监督机制如何复杂，依然有空子可钻。①

4. 粮食质量缺乏市场竞争力。主要反映在三个方面：一是品种结构上，国内平衡有余、轮换经营困难的稻谷比例偏大，而耐储性强的小麦，国内自产不足的大豆比例偏小；二是品质结构上，一般品种多，专用优质品种少，不能满足多元化市场需求；三是储存期较长，即使没有陈化，陈粮已失去市场竞争力。

5. 粮食储备轮换与市场脱节。负有粮油进出口经营权的中国粮油进出口总公司与中央储备粮管理总公司分属不同系统，严重制约了中储粮轮换与进出口经营的有机结合，影响在必要情况下储备粮轮换时对“两个市场”的利用。再者，现有的轮换报批机制仍带有浓厚的计划经济色彩，层层审批后往往失去“商机”。

6. 储备粮库的布局不完全合理。国家现有1700多个储备库，其中有很多是新库。尽管我们不否认大多数新库布局是合理的，但我们也不能忽视这样一个现象：一方面在1998年开始建新库时，由于任务重，要在规定的时间内建成并装粮，根本就不可能对全国各地的粮食产销和流向情况作详细科学的论证，仅凭各地的汇报，突击看点，突击上马开工。另一方面各地都从本地区利益出发，力争把储备库放在自己的县市，找领导签字、批条子现象难以杜绝。②

2. 种粮补贴制度

国家将全面放开粮食收购市场，直接对种粮农民进行补贴。粮食补贴与流通环节脱钩，补贴转入生产过程，由暗补变明补，由间接补贴变为直接补贴。制定这个政策的目的，一是为了鼓励农民积极发展粮食生产，扩大播种面积，

---

① 中国粮食保护价政策的效率分析与政策走向 http：//www. chinaccm. com 2003－8－22 8：43 中华商务网讯：

② 完善国家粮食宏观调控的储备制度与运作机制研究中国食品产业网（邓亦武《粮食宏观调控论》

增加粮食产量；二是为了增加种粮农民的收入，改变粮食主产区农民收入长期徘徊不前的局面。这一政策的设定，对促进粮食生产，扩大播种面积，增加粮食产量在短期内是没有问题的，但增加农民收入的目的却无法实现。为什么呢？粮食产量增加了必然导致价格的下降，因为粮食属于一种需求弹性较小的产品，往往价格下降，不会增加多少需求，而粮食属于储存成本比较高的商品，供给过剩往往会导致价格的大幅度下降，谷贱伤农。叶圣陶先生的《多收了三五斗》就说的这个问题。如果大家通过增加种植面积引起产量增加，对于具体每个农民来说就更惨了，增产减收。

另外实施粮食直补政策的财政成本非常高，按着国家政策，每亩粮食直补金额在200多元，加上复种补贴，最高可以达到500多元，这里采用的是浙江省绍兴市的数据。一些中西部的省份可能低一些，就算全国平均每亩直补只有200元（含复种），全国共有15亿亩耕地种植粮食，一年的粮食直补金额就达到3000亿元。实施粮食直补政策的寻租和监管成本也非常高。因为基层执行者在种植面积方面弄虚作假非常容易，管理起来难度非常大，可以说一些产粮区的乡镇和村干部工资福利一大部分都来自于种粮直补。

综上所述，粮食直补政策也是一个极易异化的政策，很容易成为一个财政负担重，农民又不受益，执行寻租严重的政策。

二、构建共赢粮食制度

1. 完善国家粮食储备制度

1. 修订国家粮食储备制度设计目标，就是保障粮食安全。其他稳定价格、稳定生产者收入和经济效益等原有设计目标改由市场机制决定。

2. 确定有效规模，调整合理布局。粮食储备能力规模的确定，理论上以“后备储备”与“年消费总量”的比例做参考，实际上以适应全国非农业人口口粮及应付突发事件所必需的粮食量确定，根据我国人口总数和人均直接消费量计算出我国总的年直接消费量约为2.6亿吨，其他的2.6亿吨为饲料粮和工业用粮，而大约2亿吨粮食由农民自己储备，还有大量的粮食供销企业自己可以大量储备，国家储备粮大约有个1000万－5000万吨（根据粮价定，价高了可以要求储备少些）就足够了。国家只要储备小麦和稻谷两种基本口粮品种。具体每个时期粮食储备量由当时粮食价格确定，一般来说，市场价格越高，国家储备量就要越少。储备粮的合理布局，以消费地为主，主要集中在中心城市，再结合生产地、铁路运输状况以及必要时结合国际粮食市场的“南进北出”大流通，以形成便于调度、利于吞吐、减少成本、保障供给的粮食安全储备与运行网络。

3. 国家储备粮企业自主经营，自负盈亏。国家的每一个储备仓库，都改制成一个独立的企业，接受国家粮食局的监督。每个企业每个时期的储备量受国家粮食储备局的监督，每年给予他的贷款数量是由储备粮食数量决定的。当然作为国家储备粮企业不能在物价高涨时哄抬物价，囤积居奇。这时的具体销售粮价参考国际粮价和周边地区粮价确定，一般以较低地区的粮食价格加运费和适当差价（10%）确定，而且必须放开销售，不能限制总量，可以限制单笔销量，也可以以市价销售，但不能主动抬高价格。国家粮食局给1700多个国家粮食储备库都设定一个不同时期的粮食储备最少数量和储存品种质量的指标，这个指标结合储备品种成熟时间制定，可以选择12个时间点，通过1700多个储备仓库收储和销售的时间差完成粮食的轮换，又能保证国家储备粮达到理想的规模。在这个指标要求基础上把每一个国家粮食储备库都拿出来招标，把那些没有人应标的仓库取消国家粮食储备库资格，再拍卖出去，给社会经营企业做储存仓库。这样国家储备粮食不但不会贴钱，反而还会增加收入。

2. 增加粮食储备产能

一是通过提供一般性农业生产服务提高农业生产能力（包括粮食生产能力），降低农产品生产成本，提高国际竞争力，为农民收入的稳定提高提供保障。一般性农业生产服务包括环境项目研究和特定产品研究、病虫害控制、农业科技人员和生产操作培训、技术推广和咨询服务、检验服务、市场促销服务、农业基础设施建设等。对于给农民带来效益的服务实行收费制度；对于确实给农民群众带来效益有创新性的一般性农业生产服务，设置奖励办法，以促进这些服务的推广。二是加紧建设南水北调工程和新疆的北水南调的工程。在新疆和甘肃、宁夏、内蒙古、陕西、山西等地只要不缺水，这些地区土地可以多生产出数以亿吨计的粮食。

三、粮食共赢体制分析

1. 能够保障国家粮食安全。对于国家的1700多个粮食储备库，每个时间点的储存量都是有规定的，国家粮食局只需监督粮食储存量就可以了，两个人可同时监管十几个仓库。一般情况下，收购季节和销售季节的差价是能够保证仓储企业可以获得正常的市场利润，如果在国家贷款贴息的基础上，国家储备粮仓库经营还可以获得超额利润。他们储存粮食没有资金成本，收购贷款是贴息的，在保证国家规定的储备粮基础上，只要安排好收购和销售计划，他们就有钱赚。粮食储备库的经营者也只有多储存粮食才能获取更多的利润，因为在收购旺季储存的粮食越多，在销售旺季的销量就越大，赚取的差价就越多。因此，在新政策下，国家储备粮的数量在90%的情况下都会高于规定的数量，不可能出现少于国家规定数量的情况，因为只要管好数量后，监督就变得非常简单，弄虚作假一方面没有意义，另一方面成本非常高。

2. *农民不会减收，反而增收*。实行粮食直补，中国的粮食种植面积大增，使粮价维持在一个较低的水平；取消种粮直补之后，种粮面积就会减少，粮食产量相应下降，价格自然就会上升，种粮农民收入就会上升。没有种植粮食的农田就会栽种蔬菜、水果、药材等其他经济作物，其收益一般都是种粮收益的好几倍，甚至是十倍，比如湖南省澧县农民大面积栽种优质葡萄，每亩收入达到了8000元以上。因此，国家不给予农民种粮直补，农民的收入不仅不会减少，反而会增加，并且还能改善城乡居民生活。

3. *财政支出将大幅度下降*。目前，执行种粮直补，一年需要3000亿元，不执行保护价，还按现行模式管理国家储备粮，一年国家还是需要支出几百亿补贴亏损，具体数字还不能确定，估计300亿元以上。如果执行本文方案，国家储备粮还会创造利润，种粮的直补不需要支出，可以节约3000亿元，国家储备粮可以节省资金300亿元，一年可以节约财政支出3300亿元左右。

4. *南水北调工程的资金就有了保障*。南水北调的西线工程预算3040亿元，就算翻一倍，两年节约下来的钱也可以完成南水北调的西线工程。到时候，中国只要愿意，每年还可以出口1亿吨粮食了。当然，南水北调的西线工程不能很快实施不是钱的问题。

第三节　打造资源节约型和环境友好型社会

资源节约型和环境友好型社会是全国人民共同追求，中国政府和全国人民为两型社会建设也做出了不懈努力。但我国环境污染问题仍成了人民最担心的问题，2013年全国平均雾霾天数为52年来之最，安徽、湖南、湖北、浙江、江苏等13地均创下“历史纪录”。我国单位产值能源、水资源、矿产资源的消耗量比世界平均水平高出100%，是德国、日本等高水平的4倍以上，高消耗就必然导致高污染物排出，可以认为资源节约型社会是环境友好型社会的一个重要前提，因此打造环境友好型社会必须首先打造资源节约型社会。那么该如何打造资源节约型环境友好社会呢?

一、中国为两型社会做出的不懈努力

我国从中央到地方，从政府到民间，中国对建立资源节约型和环境友好型社会做出了不懈的努力，出台一系列政策制度措施。一是推进了资源性产品价格、环保收费、污染物排放权交易、生态补偿等改革措施。二是采取了项目投资审批的行政手段控制高耗能高污染项目。三是财政资金引导鼓励资源节约型和环境友好型企业发展。四是大城市汽车限购限行政策。然而，联合国环境报告指出：中国2008年消耗的矿物、化石燃料和其他原材料多达226亿吨，与全球第二大资源消耗国美国相比，中国的资源消耗量是美国的4倍。截至2012年年底，空气质量达标的大城市不足1/4，约三成的主要河流和六成的地下水遭到污染。根据中国环保部提供的数据，今年环境污染比去年还要严重。

为什么中国为两型社会建设做出的不懈努力让世界和自己都看不到效果呢?一是政策制度设计存在缺陷，二是政策制度执行力不足。在这里主要对政府针对两型社会建设政策制度设计缺陷进行分析。

1. 现行资源性产品价格政策设计缺陷

现在政府管理资源性产品价格包括电价、水价、油价等。根据商品需求定律，其他条件不变情况，通过提高商品价格可以减少需求。但是我国资源性产品的价格还远远达不到减少资源消耗的效果，比如中国电价油价水平还不到德国的50%，水价还不到德国的30%。然而在中国只要一提到涨水价、涨电价、涨油价就会遭到全民反对。之所以出现这种情况，就因为涨价好处都落入了垄断企业腰包。还有阶梯水价、电价的政策也存在明显问题，其本质就是一种商品多个价格，形成价格多轨制，容易产生腐败。提高资源性产品的价格是建立资源节约型社会最有效的途径，但是怎么样才能实现资源性产品价格大幅度提高，而民众又坚决拥护呢?那就是根据资源稀缺程度征收高额资源税间接提高资源产品价格，而全部资源税都以社会福利方式平均返还给每个中国公民。

2. 环保收费和污染物排放权交易制度的缺陷

环保收费和污染物排放权交易制度的设计思想就存在严重缺陷，应该废除环保收费和污染物排放权交易制度。为什么呢？现有的环保收费制度的本质就是把大自然对环境净化功能这个应该全体民众共同享受的权利转化成了环保部门的创收工具，成为环保部门工作费用和员工福利。就算环保收费全部用来改善环境，这个制度也是不可取的，一边收费准许排放污染物恶化环境，一边用收费治理环境，这种环境保护措施成本显然会比让企业达标排放维护优良环境的成本要高得多。现实也说明了这点，现在环保收费相对于环境污染后再通过治理恢复环境需要的费用简直是杯水车薪，现实情况就是环境越来越恶化。污染物排放权交易制度的问题就更大了，这个制度本身就是大自然对环境净化功能的全民权力无偿或者低成本送给污染企业，并且形成一种特许权。这种设计为高标准排放企业设置了门槛，对低标准排放企业起到了保护作用。在这种制度下，一个污染物排放量再少企业都必须向现有企业购买排污权才能进入实行排污权交易区。这种制度设计还有一个重要问题，随着经济发展，排污权将会成为一种非常稀缺资源，很容易导致排污权炒卖。这样就使本属于全民的权利异化成了少数人发财的工具。因此，环保收费和排污权交易制度应该废除。

3. 现行生态补偿政策设计缺陷

我国许多方面都需要建立和完善生态补偿机制，包括城市水源地的发展与保护的矛盾，江河上游水资源利用与中下游用水的矛盾，生态屏障的建设与投入的矛盾，喀斯特地区过度开垦导致的水土流失和沙漠化问题，草原过度放牧或过度耕种带来的风沙问题，以及自然保护区的保护问题、自然资源开发对生态破坏等。退耕还林就是第一个生态补偿政策实践，这个政策在执行过程中存在着贯彻“生态目标不到位”和“退耕还林地区出现了贫困面增大的趋势”的问题。之所以出现退耕还林政策设计不科学，没有系统考虑生态效益和退耕还林农民今后发展，导致农民出钱出力确保生态效益的动力不足，退耕还林地区出现了贫困面增大的趋势。就是这个执行了十年以上的退耕还林生态补偿政策都存在缺陷，其他领域生态补偿政策更加需要制度创新，需要设计出更加完善生态补偿政策。

4. 现行两型社会项目投资审批制度设计缺陷

利用项目审批选择资源节约型项目不具有可行性。首先需要评估专家的专业水平非常高，能够准确评估项目消耗资源水平，其次需要专家有高尚的品德，不会被企业主收买，最后审批的官员也要有高尚的品德。首先准确评估一个产品生命周期资源消耗水平在现有技术专业水平条件下几乎不可能完成，一定要准确评估，评估成本会非常高，其次要求所有专家和官员都品德高尚也是不可能的，不然就没有贪污腐败了。所以依靠项目投资建立资源节约型社会是天方夜谭。

利用现行项目审批控制环境污染也不可能完全实现。现行审批制度下，环境保护主管部门要对项目是否符合环境影响评价和法律、法规要求，是否符合环境功能区划，拟采取的环保措施能否有效治理环境污染和防止生态破坏等方面进行审批。实际上环境保护方面的审批，只需要对项目建设期和运行期对生态环境影响的程度设定界限，对污染物排放标准进行审批，至于企业具体采用什么措施不在环保部门管理之列。不管你企业采取什么措施，只要你的行为破坏了生态环境或者排放物超标，环境保护主管部门就要制止其行为。现实中环保部门往往在项目申报阶段对项目如何防止污染进行审批，收了钱之后对企业生产中污染行为却常常不闻不问。因此建立环境友好型社会不但要事前审批，更要持续不断的事中监督，真正杜绝现企业生产中超标排放事件。

5. 财政鼓励两型社会建设制度缺陷

为了建立两型社会，我国出台了很多对企业补贴政策，但是这些补贴政策在实际执行时不能真正起到节约资源作用，只会造成腐败和不平等竞争。前面讲过了，准确评估一个产品全周期寿命内节约资源真实水平非常困难，那么财政补贴也只能是瞎补贴。在这种财政补贴政策存在情况下，甚至有些企业和官员勾结申报假项目骗取国家财政补贴资金。不仅如此，财政补贴还让企业养成一种不扎实研究新技术，只知道哭着要政策扶持的坏习惯。而且对一个企业补贴多少完全由某些人和部门决定，腐败和瞎决策问题不少，结果造成会哭的孩子有奶喝。既然两型社会财政补贴既不能促进两型社会建设，又容易造成腐败和不公平竞争，这样政策制度就应该废除。

6. 大城市汽车限购限行制度缺陷

大城市限购限行制度存在一个重要缺陷，就是不公平，存在歧视行为。限购行为是对后富的人和穷人歧视，保护了先富的人，是通过牺牲穷人利益保护有钱人。限行存在权力歧视，有权势人就可以上到不限行的牌照。而且实际上有更加公平、更加科学政策达到限购限行目的。因此大城市限购限行政策应该取消，用更好的政策替代。

二、打造两型社会政策制度设计

1. 完善资源税政策提高资源价格打造资源节约型社会

关于完善资源税政策在《公平高效的财政体制中》一节中已经有所研究，这里再从不同侧面进行说明。一是扩大资源税征收范围，凡是对稀缺性资源都要收资源税。二是大幅度调高资源税税率，每一个资源税率用下面方法确定。就是每种资源税征收能够使稀缺自然资源变成充分资源。以煤炭、水力、风力、太阳能几种主要发电资源为例说明，这四种资源中，只有太阳能是充足资源，就是要通过资源税使这四种资源发电成本价格基本一致。按照目前科学技术水平，对煤炭资源和水力资源需要按 70% 征收资源税，对风力资源征收 50% 资源税，煤炭以煤炭销售额为计税基数，水力和风力资源为风电水电销售额。按照这样税率标准征收资源税后，我国电价将上涨 1 倍以上，就可以提高电价达到节约用电的目的了。水资源就可以污水处理成本或者海水淡化成本对比，设计水资源的资源税率。三是除了土地资源税外，其他资源税全部划归中央，并且全部用于中国人民普惠制社会保障体系建设，让全国人民平等享受资源税好处。这样资源税制度设计，就可以达到节约资源目的，又能够得到人民群众的拥护。

2. 创新污染物排放监管制度实现真正减排

（1）改革项目环保审批制度。环境保护方面的审批只对项目建设期和运行期对生态环境影响的程度设定界限，对项目建设和生产过程中污染物排放标准进行审批。那么怎样确定企业污染物排放标准呢？首先通过调查一个环保区对污染物自然降解能力确定该考核区的各种污染物最大容许排放量。接着就对该区域内在现有企业产生污染物产品产量进行统计，再用该种污染物最大容许排放量除以产生该种污染物的产品总产能，就得到现有企业该种污染物排放标准。有了这个标准就对现有企业实际上排放情况进行检查，凡是达不到这个标准企业就要整改，整改无法达标就要关门大吉。对于现有企业扩大生产规模或者新建生产企业时，污染物最大容许排放量除以原有产生该种污染物的产品总产能和新上产能之和，就是新排污标准，新项目达不到标准就不能上马，原有企业达不到这个标准就要整改，整改无法达标就要关门大吉。

（2）改革污染物排放监管机制。首先环保部门职责要明确，对污染物排放企业要实时监控，只要企业存在破坏了生态环境或者排放物超标，环境保护主管部门就要制止其行为。其次要改革环保部门的绩效考核制度，避免出现哪里污染越严重、环保部门日子就越好过的情况。关于这项改革，在《优胜劣汰的公务员薪酬制度》一节中有详细研究，这里还简单说明一下，就是对环保部门经费和员工薪酬实行包干，节约归己，根据但是环保情况给予奖励和惩罚，出现了环保事故，就要追求领导班子行政和刑事责任。

完善污染物排放监管制度比环保收费和排污交易权制度有明显优势。一是可以保护鼓励污染物高标准排放企业，在污染物排放监管制度下，污染物高标准排放企业不需要额外支付费用购买排污权。二是有利于污染物超标排放企业淘汰，在污染物排放监管制度下，污染物超标排放企业就要整改，整改无法达标就要关门大吉。而在环保收费和排污交易权制度下，只要超标企业愿意出钱或者不卖出排污权，就不能让超标企业整改或关门。

3. 建立全面完善生态补偿机制优化环境

城市水源地保护、江河水资源利用、生态屏障建设、喀斯特地区过度开垦导致的水土流失和石漠化、草原过度放牧或过度耕种带来的风沙、建设自然保护区、自然资源开发对生态破坏等领域生态补偿政策更加需要制度创新，设计出更加完善生态补偿政策。

（1）水资源保护利用生态补偿机制创新。关于水资源保护利用在《权责统一的水务管理体制》一节有所有研究，这里就如何实现城市水源地和江河上下游水资源利用生态补偿进行简要说明。一是建立明晰的水资源产权制度，把水资源分为收费水资源和免费水资源，收费水资源包括地下水、江河湖水、水库水，免费水包括雨水、沟渠水。二是建立市场化水资源价格体系。把全国水资源分成了若干个水资源公司管辖，其管辖范围内水资源就是其资产，客户可以是全世界任何地方的。水资源公司的销售水价以当地污水处理成本价为依据制定水资源价格，水质达不到三级水质水源不能向客户收费，并且三级以下水源如果因为自然流动造成客户损失，还要负赔偿责任。水资源公司可以互为客户，水的从上游自然流动到下流造成水资源到另一个公司不属于销售关系，但是上游造成污染需要向下游赔偿。水资源公司销售收入 50% 作为上缴给国家水资源税，水资源公司从其他水资源公司购水的进项水资源税可以抵扣，如果水资源公司经营自来水或者其他经营用水，参考其销售其他自来水公司或其他水经营公司的价格。

通过建立明晰的水资源产权制度和市场化水资源价格体系就能有效解决城市水源地生态保护和江河上下游水资源利用平衡。在城市水源地建立水资源公司，公司通过向城市销售水资源，其50%销售收入就是公司收入，这些收入就可以用于水源地生态保护。因为有了比较高的资源税，就能控制上游的用水量，能够实现江河上下游均衡用水。

（2）自然保护区和生态屏障建设的生态补偿机制创新。首先建立自然保护区和生态屏障区管委会，由管委会从自然保护区和生态屏障区的原居民聘请保护区工作人员，剩余的工作人员全部迁出自然保护区和生态屏障区，对迁出人员可以在环境比较好的农业区分配土地，保障他们比原来收入更高。现在像洞庭湖平原购买农用地经营权是可行的，在原来曾经非常繁华的洞庭湖平原农村现在劳动力已经非常短缺。其次给自然保护区和生态屏障区设定保护标准，再对国家自然保护区和生态屏障区管委会经营收益权和保护责任面向企业进行招标，谁让政府补贴的少谁就中标。最后政府每年对自然保护区和生态屏障区的生态环境进行考核，不合格就取消经营保护资格，扣除其补偿金和押金。

（3）喀斯特地区和草原沙漠地区生态补偿机制创新。首先对于喀斯特地区的耕地和草原沙漠地区的草场要确权，保持国家拥有所有权前提下，把喀斯特地区的耕地和草原沙漠地区的草场的经营权和收益权要长期永久固定下来。只要确权了，经营者就会积极主动保护自己的土地不被石漠化和沙漠化。其次喀斯特地区和草原沙漠地区的荒漠治理，一是对于通过治理产生土地要确权，只要确权了，就能提高保护植被积极性。二是石漠化沙漠化地区通过治理植被能够达到国家规定标准了，政府给予奖励，只要不被重新荒漠化，奖励每年都有，保护治理成果。

（4）自然资源开发的生态补偿机制创新。一是自然资源出让时，明确排污标准和生态保护责任。既然矿藏资源储量可以探明，那么在矿产资源开采过程中对生态的影响可以准确地测量。二是在生态补偿过程中严格实行谁破坏谁补偿的原则和等量补偿补偿原则。一个主体在经济建设过程中破坏了生态环境，就有义务进行等量修复补偿。

第四节 系统性能源体制改革方案

我国现在的能源政策政出多门，缺乏系统性的思考，能源政策分为财税政策、价格政策，财税政策又分税收政策和财政补贴政策。在制定能源政策时顾虑又多，一是要考虑民众的承受能力，二是要节约能源保护环境，三是要鼓励新能源发展，四是要考虑中国产品的国际竞争力。结果导致我国能源政策都是些头痛医头脚痛医脚的政策，甚至是一些笑话政策，这些政策构成复杂，相互矛盾，神仙都看不懂，执行效果奇差。本文就从全局着眼，提出了一个系统性能源体制改革方案。

一、我国能源政策存在的问题

1. 行业管理政策造成了垄断

电网公司属于绝对垄断，中国石油、中国石化、中海油属于严重的垄断。我国政府反垄断不够，有些行业管理制度反而还保护垄断，造成市场竞争不充分，效率低下。

2. 能源价格政策是想当然的好政策

能源价格充满了政府价格管制，政府就这些能源价格管制政策都是一些想当然的好政策。比如电力这一种商品，国家发改委给一种同质同量商品制定了无数个不同上网电价和销售电价，发改委在制定这一套价格体系时没有一点自知之明，想当然给这套价格体系赋予无数“好职能”。却不知道这套价格体系多么弱智，造成了多少资源的浪费，制造了多少腐败行为。上网电能因为水电、火电、风电、太阳能电同质商品，但是上网价格差距巨大，一方面造成了资源浪费，太阳能电每度要1.07元钱，风能电每度要0.53元，火电每度0.33元，在电力供应过剩的情况下，电网公司为了降低自己的成本首先就控制太阳能电和风电输送，保证火电和水电的输送，电网公司首先限制就是太阳风发电和风电，而太阳能发电和风电都属于建成之后，成本很小电力。《经济参考报》曾报道，每年内蒙古风电因为送不出去造成浪费惊人，光京能国际公司这个不知名小公司浪费风能就达1.8亿度。另一方面，由于价格的多轨制，引发腐败行为，个别发电企业与电网公司员工勾结，卖给电网公司火电，按太阳能电与电网公司结账。一些用电企业本来是营业用电，但是与电网公司员工勾结，按居民用电结账。

3. 能源财政补贴容易造成浪费与腐败

我国对新能源的财政补贴五花八门。对技术成熟新能源补贴少，对于技术不成熟补贴多，就造成了一种补贴落后的局面，既然我的技术落后补贴多，那我就不用搞研究改进技术了。比如由于国家对太阳能发电补贴很多，结果导致光伏产业产能严重过剩，而风能产业投入不足。而实际上风能技术非常成熟，太阳能发电技术还不够成熟，结果导致效率低下，浪费惊人。不仅如此，还让企业养成一种不扎实研究新技术、只知道要政策扶持的坏习惯。而且对一个企业补贴多少完全由某些人和部门决定，结果造成会哭的孩子有奶喝。

二、系统性能源政策设计

1. 征收碳税和碳关税

所谓碳税就是二氧化碳排放税，是指对使用化石能源，如石油、煤和天然气等排放二氧化碳的企业和个人征税，为了征收方便采取直接向煤、天然气、石油生产和进口企业征收，征收标准每吨二氧化碳 150 元。所谓碳关税就是对除了煤、天然气、石油之外的其他进口产品都征收一定数量的二氧化碳排放税，一般实行从价征收，但是企业能够给出该产品有说服力的碳排放量，可以按排放量征收。

我国一年煤炭消耗量约为 30.5 亿吨，那么一年征收的煤炭的碳税和碳关税约为 19800 亿元，石油总消耗量为 3.88 亿吨，征收石油碳税和碳关税为 2095 亿元，天然气消耗量 0.8 亿吨，征收天然气碳税和碳关税为 384 亿元。

2. 打破行业垄断

（1）打破电网垄断

一是立法允许其他企业或个人建输送电网，只要企业或个人愿意并且符合国家环保与安全生产标准就可以建立输送电网。

二是电的销售模式要改变，电力生产企业既可以把电卖给电网公司，也可以直接把电卖给终端用户，发电企业（或购电企业）给电网公司支付输送费。电网公司的输送费收费标准由国家发改委制定。

（2）打破石油行业垄断

一是允许其他企业或个人建立炼油厂，当然前提是符合国家环保和生产安全要求。

二是允许其他企业或个人建立加油站，当然前提是符合国家环保和生产安全要求。

三是对中石化和中石油要进一步分拆，都分别分拆为采油、炼油、销售三个不同的公司，提高石油化工市场竞争性。

3. 确立能源行业市场定价的主导地位

除了电网公司的输送费收费标准和居民用电由国家发改委制定最高限价外，其他的能源价格在三到五年全部改为市场调控，国家不再利用政府定价这种行政手段调控能源市场。避免现在同质同量商品不同价的问题，消除商品价格双轨制和多轨制等扭曲市场机制的现象。

4. 提高全体国民福利

新增碳税和碳关税估计在2.5万亿元，这些钱主要用于提高全体国民的养老、医疗、教育、住房的保险金或经费的补贴标准，建立普惠制的社会保障体系让全体中国人民都老有所养，病有所医，幼有所教，住有所居。关于构建老有所养，病有所医，幼有所教，住有所居的普惠制社会保障体系，我曾在《普惠制养老保险机制研究》《和谐共赢的医疗体制研究》《和谐共赢的基础教育机制研究》《和谐共赢的房地产政策研究》有详细研究。

5. 加大对基础研究的投入

加大对基础科学（社会科学和自然科学）研究机构的投入，一个国家有没有发展后劲，关键在于这个国家的创造力。我认为日本之所以由盛转衰，经济发展乏力，不是因为日元升值造成的，而是日本人没有创造力造成的，如果是日元升值造成的，那么他们家电、汽车、钢铁等传统行业也会衰败，但是他们的家电、汽车、钢铁等行业仍然是世界一流，而是信息技术方面是全面落伍，不但落后于欧美，甚至已经落后于韩国。我国要超越欧美不是在汽车、家电、信息技术等技术成熟的行业，更不是在纺织、钢铁、建材等传统行业，而是要在新能源研发方面超越欧美，因此，我国可以把基础科学研究的投入每年翻一倍，连续十年。

三、新政策的影响分析

1. 对煤炭和石化行业的影响

对煤炭影响甚大，几乎使煤炭的价格提高了一倍，从而减少煤炭需求，使煤炭行业不再是高利润行业，而成为一个只能拿到市场平均利润的行业。这样有很多好处：一是有利于社会收入分配公平，减少依靠煤炭发财的暴发户；二是有利于安全生产，由于煤炭利润变薄，让煤炭企业必须考虑生产安全，不然就会倾家荡产；三是避免那种山西国进民退的问题。对石油行业影响，由于碳税和碳关税只能使每升汽柴油价格上涨0.5元左右，并且由于打破了垄断使炼油企业利润变薄，需求会受到一些抑制，会影响原油价格，实际汽柴油价格涨幅会更小，对石油影响需求甚微，远远达不到节约能源的目标，因此，同时还必须提高燃油税的征收标准。

2. 对可再生能源行业的影响

由于征收了碳税就使煤炭价格上涨660元每吨，每度电成本上涨0.22元左右，火电上网均价就会达到0.54元。简单计算就是这样，但是由于火电价格上涨，造成对火电需求减少，导致电煤需求减少，同时煤炭价格大涨也会抑制其他行业对煤炭需求，会使煤炭价格大幅度下跌。估计火电价格上涨一段时间后就会往下走，保持在0.5元左右，而不是0.54元。由于水电、风电、太阳能电、生物质电等再生能源电的相对竞争力增加，企业会加大投入，特别是风电和太阳能电价格会大幅度下调，会使上网电价在一定时期内保持0.5元，以后随着技术成熟，价格逐渐往下走，以后会停留站0.4元左右。销售电价格均价会在0.6~0.7元。对风电和水电企业是利好消息，将会促进风电和水电业高速发展。风电的装机容量会在未来的5年内成倍增长，10到20年全部可利用风能基本开发完毕。水电事业也会有高速增长，会形成一个新的开发高潮。对于太阳能发电会有一个短暂的低谷，但是会在五年之内重回高潮。因为目前太阳能发电成本还偏高，但是电价偏低，会导致太阳能发电会有一个短暂的低潮，随着技术成熟，又会在非常短的时间内进入发展高峰期。生物质能源，不适合大规模建厂，但是可以非常灵活地在大范围应用，这样在未来的二十年之内，生物质发电厂将遍布华夏大地。

3. 对再生资源与环境的影响

由于碳税和碳关税是面向煤、天然气、石油生产和进口企业征收的资源税，使废橡胶和废塑料的价值倍增，有利于废物利用。特别是对城市垃圾处理提供了非常好的条件，相当于一年补贴1000亿元以上。减少碳排放量，估计在5年实现碳排放量零增长，10年内实现负增长。

4. 对国民收入的影响

我国一年煤炭消耗量约为30.5亿吨，那么一年征收的煤炭的碳税和碳关税约为19800亿元，石油总消耗量为3.88亿吨，征收石油碳税和碳关税为2095亿元，天然气消耗量0.8亿吨，征收天然气碳税和碳关税为384亿元。我国GDP为335353亿元，碳税和碳关税对GDP成本影响为6.6%。

征收碳税和燃油税可以起到一个均贫富的作用，碳税和燃油税主要是来自富裕阶层，因为他们生活排放的二氧化碳排量和消耗燃油是普通人的几十倍。新能源政策实施后，中国的碳税、碳关税、出口退税以及各种以前各种福利补贴合计将有超过 5 万亿元作为养老、医疗、教育、住房福利，将使中国成为一个全民都能享受福利国家。这样就将为中国经济发展打下坚实的基础。

5. 对国际贸易影响

对出口的影响，由于我国征收了碳税，会让我国生产成本提高 6.6%，会提高我国出口商品的价格，影响我国出口商品竞争力。但是可以防止欧美国家征收碳关税，减少贸易摩擦，优化国际贸易环境，实际上对出口影响利大于弊。征收碳税会提高国产商品价格，但是征收碳关税抵消了这个影响，实际上影响较为有限。征收了碳税和碳关税有利于中国向欧美发达国家出口，但是会减少对非洲、亚洲等不发达国家的出口。但是这样有利于我国一些传统行业向世界最不发达国家转移，促进这些国家的经济发展，有利于世界的和平与稳定。而且从我国高等教育发展上看，未来十年我国的体力劳动者将越来越少，我国必须把一部分劳动密集型产业转移到一些穷困的国家，或者大量的劳务输入。

四、系统性能源政策的好处

1. 有利于新能源发展

在没有征收碳税和碳关税的情况下，风电的成本已经基本与火电相当，由于碳税和碳关税征收，使得风电在价格方面有了较大的优势。估计十年风电的装机容量可以达到与火电并驾齐驱的地步。由于新政策采取了补贴研究开发，不补生产企业的做法，使研发投入会提高上百倍，但是总补贴投入还会下降，会促进技术快速发展，随着技术的发展，太阳能发电的成本降了下来，使得太阳能发电也会在未来 20 年内确立价格优势，太阳能将会成为未来最主要能源来源。

2. 有利于企业公平竞争

我国上网电价价格都是实行不同企业不同价格，不利于各个企业的公平竞争，在新政策下，不同的企业也许上网电价会有不同，但是属于市场竞争的结果。

3. 有利于控制腐败行为

一是可以控制政府定价过程中腐败行为，二是可以控制补贴过程中的腐败行为。从体制机制上消灭腐败行为，而不是通过增加监督控制腐败行为，在中国这种财政供给体制下，通过增加监督机构控制腐败作用不大。

4. 有利于煤炭行业的安全生产

由于煤炭利润变薄，让煤炭企业必须考虑生产安全，不然就会倾家荡产，煤炭企业不得不更多考虑安全问题。

5. 有利于缩小贫富差距

建立普惠制社会保障体系，就实现了人人都能够幼有所教、住有所居、病有所医、老有所养，消灭了贫困人口。新政策还消灭了垄断，有利于控制不合理暴利和高收入。

6. 有利于社会效率提高

以前鼓励新能源政策，包括价格政策和财税补贴政策，简直就是一个鼓励落后，打击先进的破坏市场规律的政策。比如风电的上网电价是每度电 0.5 元左右，太阳能电上网价格是 1 元左右，这样就会造成一个落后生产力超前发展，给社会资源造成巨大浪费。风电本来很成熟，成本低得多，但是错误的价格激励机制导致有限资源投向高成本的太阳能行业，而不是低成本的风能行业。现在混乱的能源价格体系，还导致低成本的清洁能源被抛弃。在电力充裕时，首先被控制的就是太阳能电，然后是风电，因为太阳能电每度要 1.07 元钱，风能电每度要 0.53 元，火电每度 0.33 元，电网公司为了降低自己的成本首先就控制太阳能电和风电输送，保证火电和水电的输送。实际上风能和太阳能建成后运行成本非常低，几乎可以忽略不计，并且没有任何污染。一个复杂的政府定价的能源价格体系，运行复杂，监督管理困难，白白浪费大量人力物力。能源补贴政策更加麻烦，什么调研、评审一大堆工作，最后还是许多资金都不该花。

7. 有利于人民币汇率稳定

由于征收碳税和碳关税后，我国商品生产成本上升 7% 左右，就会推动商品价格上涨 7% 左右，从而导致人民币实际购买力下降，可以在一定程度上缓解人民币升值的压力。如果能够与取消出口退税相配合，可以基本上解除人民币升值压力。同时还可以增加 3 万多亿财税收入。

第八章

构建普惠制民生社保体系

共赢经济学理论从人生来平等，应该平等享受一切自然资源和社会资源出发，采用征收高额稀缺资源税建立普惠制社会保障体系的方法解决人们起点公平的问题。就是建立让每一个中国公民都能享受基本的幼有所教、病有所医、住有所居、老有所养、入土能安民生社保体系。本章将分五节研究既能发挥市场机制高效率又能实现公平的民生社保体系新方案。

第一节 构建和谐共赢的养老体制

可以说希腊养老保险制度的设计缺陷导致养老保险金压力过大是导致 2010 年希腊财政危机的最后一根稻草，我国社会养老体制也漏洞较多，引发的矛盾重重。因此，共赢经济学理论认为一个好的养老体制既要政府承担起民生社会保障职能，又要发挥市场高效率的优势。本节将遵循共赢经济学理论政府与市场的分工原则，设计一个由政府按人头提供基本养老资金，而其他养老保险资金和养老服务由市场提供的养老体制新方案，以弥补现行养老体制的缺陷，避免出现希腊式财政危机。

一、创新养老保险制度

1. 养老保险制度设计缺陷分析

1. 养老金把人分成三六九等。第一等行政机关养老保险，第二等是事业机关养老保险，第三等企业职工养老保险，第四等城乡居民。1995 年，国家对企业养老制度进行社会保障改革，实行了以企业和个人共同承担为内容的“统账结合”模式。今年，国家又提出了事业单位养老保险改革，将实行以事业单位和个人共同承担为内容的“统账结合”模式。至此，中国养老保险形成了行政机关、事业单位、企业、居民四个等级的养老保险制度。这种三六九等的养老保险制度导致行政机关人满为患，有的地方出现了企业领导和职工退休前，竞相调入机关事业单位的“大迁移”现象。

2. 养老保险覆盖面过窄。养老保险在私企、自由职业者、个体户、城镇无业人员、农民等人群基本上没有覆盖。基本养老保险中，70%就业人口裸露在社保制度之外，农民工竟高达80%以上。① 2009年以来，国家开始了把农民纳入养老保险的试点，但是步子还很小。从社保制度的角度看，由于覆盖率太低，绝大部分农民工没有任何社保待遇，在国内销售需求更加难以启动，迫使增长不得不过度依赖投资和出口。在金融危机时期，外贸依存度过高的经济结构必然更加容易受到冲击，大量外向型企业歇业和倒闭造成大量人口失业，反过来进一步制约了内需的拉动，不利于经济的复苏，在财政刺激方案中也不得不较多依靠项目投资拉动增长，过多的投资又造成大量产能过剩问题。

3. 养老保险运行管理机制不顺。我国养老保险制度采取的模式是：养老保险基金缴费按工资一定缴费率缴费，养老保险金支付采用按职工退休前月工资的一定比例计发。这种制度有一个明显缺陷就是领取养老金的多少与缴费的多少没有绝对关联度，就造成了参保人员的权利与义务不对称。参保人员的权利与义务不对称制度导致了养老保险基金是收的少，发得多。养老保险基金的保值增值途径渠道窄，只能购买国库券及国家银行发行的债券，或委托国家银行、国家信托投资公司放款，采取购买国家债券的形式进行增值。加上地方政府还经常挤占挪用养老保险金，结果就导致养老保险基金收不抵支、资金短缺的现象日益突出，一些地方甚至出现了基金赤字运转的局面。

2. 建立普惠制基本养老保险制度

（1）中央政府建立普惠制的基本养老保险制度。只要是中国公民，从满60岁开始就开始领取基本养老金，60岁老人每年领取500元，以后每增加一岁就增加500元的养老金，这样80岁老人每年就可以领取10000元养老金。截至2009年，我国60岁以上的人口已达1.67亿人，我国建立普惠制基本养老保险制度多少资金呢？在这里我这样假设我国老年人口相对比例，61岁人口为40，

① 扩大社保制度覆盖范围：国际经验与教训 郑秉文 2009年04月28日09：04 来源：《红旗文稿》

62岁为39，依此类推，99岁为2，100岁及以上为1。那么建立普惠制基本养老保险制度总共需要8692.35亿元。将来标准提高根据资源税和所得税收入增长率调整基本养老保险金标准。

（2）地方政府可以设置地方补充养老保险。因为各地经济水平发展差异，地方政府也可以根据地方人所得税收入为本地居民设置地方性补充养老保险，可以模仿中央的基本养老保险制度进行制度设计。

（3）政府的养老保险资金管理办法。对于中央基本养老保险金和地方补充养老保险金采取直接划入老人账户，对于死亡的老人就停止划拨。对于冒领养老金的给予两倍的处罚，一倍罚款作为养老金退回，另一倍作为举报人员奖金和办案经费，两者各占一半。

3. 社会养老保险与商业养老保险的并轨

（1）将社会养老保险改造为商业养老保险。第一，计算出现在每一个社会养老保险人员的个人账户资金值，包括个人缴费和单位代缴部分，以及这些年来的增值。第二，每年发放养老金标准以个人账户资金增值数为准，本金在被保险人死亡，以丧葬费形式全部返还或者作为继承人养老保险本金。第三，商业养老保险由公民与所在单位自愿参加，缴费的多少也由单位与个人协商确定（或者个人自己决定）。第四，原来社保资金的政策性欠账由中央财政一次性不足，由于地方政府挪用造成的欠账由地方政府补足。以后政府就再也没有必要为养老保险补贴亏空了。

（2）增强养老保险基金保值增值能力。1993年劳动部发布的《企业职工养老保险基金管理规定》中规定，养老保险基金的保值增值途径是购买国库券及国家银行发行的债券，或委托国家银行、国家信托投资公司放款，采取购买国家债券的形式进行增值。社会养老保险商业化后，也可以像商业养老保险基金可以进行房地产、股票、企业债券等多种投资。笔者这里还提出一种新业务，向公民提供一种养老金担保贷款业务，可以说是一种零风险、高回报的业务，比如在我们县银行小额贷款年利率在12%以上，如果社保部门能够开展这种担保贷款业务，扣除运营成本后，回报率至少也在10%以上。

二、创新养老院投资体制

1. 我国养老院行业存在问题

我国养老院严重不足，民办养老院费用昂贵，公立养老院供不应求，服务差。造成这种结果的体制性原因就是公立和民办养老院的双轨制。公办享受国家资金补贴，其收费标准受到政府管制，就造成了公立养老院竞争力明显强于民办养老院，导致公立养老院供不应求，但是院方又不能自行提高收费标准。所以院方只能选择保持价格不变，降低服务标准，在国家服务标准在硬件方面有明确要求的情况下，其标准降低主要体现在服务态度上。由于民办养老院不能享受国家资金补贴，所以只能提高收费标准，收费相对高，服务质量没有本质差别时，在目前我国大多数人老人收入还比较低的情况下，就造成了市场对民办养老院的需求不足，民办养老院经营状况不好。在这种情况下还造成这样一种不公平，都是条件不是很好的老人，谁能进入公办养老院就看关系了。

2. 养老院投资管理体制创新

养老院投资管理体制创新也就是消除公立和民办养老院的双轨制。在新体制下，公立养老院与民办养老院区别只是投资主体不同，公立养老院由政府投资，民办养老院由私人投资，都不享受享受国家经营性资金补贴。养老院收费都由企业自己根据市场竞争力制定收费标准，所有的养老院都靠经营管理提高养老服务的性价比求生存。取消民政部门对养老院的行业管理职能，养老院注册成立直接通过工商注册。

三、后果分析

（1）增进社会和谐。一是可以减少家庭养老压力，以后每个老人都会有保障生活的养老金，不管他以前从事什么职业，都可以享受中央的基本养老保险金和地方政府的补充养老保险金。二是梯等式养老金标准，有利于老人发挥余热，缓解我国人口老龄化的矛盾。三是促进了社会公平。原来那种交得多享受国家补贴越多的模式进一步扩大了收入分配不公，完全违背了“国民收入二次分配实行平均主义的原则”。

（2）增加就业，促进经济发展。一是促进投资，中央财政平均给每一个老人每年给 5000 元，使得城乡老人都可以享受社会养老服务，使得经营养老院可以成为一个赚钱的行业，会促进社会资金投资养老院建设。如果全国 20% 老人需要到养老院养老的话，一个养老院平均 200 老人养老，中国需要建 15 万个养老院，一个养老院建设投资需要 400 万元左右，可以拉动投资 6000 千亿元。二是解决就业，每个养老院至少需要 20 个服务人员，可以提供 300 万个就业岗位，并且是不需要太多专业知识的就业岗位，并带来总共不下 400 亿元的工资收入。还能直接拉动消费内需7000亿元，间接拉动内需就是数万亿元，间接创造就业岗位1000万个以上。

（3）避免希腊式财政危机。原来那种社会养老保险由政府统包统管的模式为社保资金缺口留下了一个无底洞。一是新的保险机制可以杜绝地方政府挪用社保资金，可以说从来没有听说过政府挪用商业保险公司的资金。二是新机制不会出现保险资金亏损了需要政府补贴的情况，就是说政府不必承担社保基金的经营风险了。三是原来实行的是交得多补贴多的政策，补贴数量无法衡量，并且还要承担企业欠费的风险，以往企业欠费最后都由政府承担了。

（4）公平竞争提高效率。新体制下养老院进入市场竞争轨道，不管是公立养老院，还是民办养老院都需要靠经营管理提高养老服务的性价比求生存，而不是像过去体制与政府主管部门关系决定效益好坏。这种体制有利于养老院一心一意降低成本提高服务质量。

第二节　构建和谐共赢的教育体制

共赢经济学理论认为一个好的教育体制既要政府承担起民生社会保障职能，又要发挥市场高效率的优势。实现这个目标的基本思路也就是遵循共赢经济学理论原则，即由政府按人头提供基本教育资金，而由市场提供教育服务的原则构建我国教育体制。

一、学校治理结构和收费制度

1. 学校法人治理

首先确立学校的“三性”：人格独立性，财产独立性和债责独立性。不管民办学校，还是公办学校的出资人都必须通过理（董）事会管理和经营学校。学校的理（董）事会要根据学校规模确定，成员三分之一以上应是具有五年以上教育教学经验者，应有教职工参与理（董）事会。学校的重大决策都必须由学校的理（董）事会决定，学校重大决策包括学校的投资、招聘与解聘教师、学校发展方针等。

其次建立校本管理机制，学校独立行使自己的日常管理权。学校管理机制的形成和运行、学校决策的制定、校本课程的设置与开发、教学组织形式和教学方法的采用、教师的培训、教职员工的管理、学校文化的塑造，都要从该校所具备的条件、从该校特有的文化特点、从学校本身的可持续发展、从学校所在的社区的实际需要等因素出发，突出本校特色，逐渐建立起具有本校浓厚文化特质的现代学校制度体系。

2. 学校收费制度

共赢经济学的价格理论和反垄断理论认为：只有绝对垄断行业才能由政府定价，否则就会形成一种鼓励浪费制造腐败的价格机制。也只有学校自主制定收费标准，让市场选择，才可能科学核算教育成本，体现专业间“个人收益”差异，合理体现学生在时间、空间上占有教育资源的多少。学校如果能够获得超额利润就必然会造成更多的资本投资办校，更多人从事教育事业，政府管理价格反而破坏了优质优价的市场规律，导致优质教育资源短缺。所以政府应该放开教育的收费管制，让学校根据自身的竞争力和竞争对手的收费情况确定自己的收费标准。让学生根据自己的经济条件和学习成绩选择不同层次的学校。

二、教师任职资格和教师聘任制度

1. 健全教师任职资格制度

建立教师资格制度就是以《中华人民共和国教师资格条例》为依据，按照统一的标准，经过考核发放全国统一的基础教育教师资格证书。

2. 职称评定

第一，职称不再是一种职位，只是一个从业资格等级认定，不再直接与学校教师薪酬待遇挂钩。第二，评定标准严格把关，以论文和著作的质量为标准，除了根据所发表的刊物级别的高低判断外，还要相关专家对其文章进行评定，并且要把其工作和学术研究概况、论文和著作在网上常年公示，让网上专家评定，如果弄虚作假者就要取消其职称认定。第三，评定职称数量不搞指标限制，凡是符合条件都一律评上。第四，学校有权力决定是否按职称评定等级给予相应职位，就是你有教授的从业资格，学校可以只评定你为副教授或者讲师，但是学校不能拔高授予职位。

3. 教师薪酬

由学校自己制定薪酬制度并与教师签订工作合同约定，教师也不再是一个终生职业，学校有权解聘不称职的教师，教师的养老保险和其他所有人一样享受国民待遇。

三、教育投资体制与招生

我国对学校的投资体制是源于一种计划经济体制，不够科学，并且很容易鼓励浪费、制造腐败，成为政府部门的寻租工具。因此，需要创造一种新的教育投资体制，这里提供了一种与学生相联系的政府投资体制——教育券制度。教育券分为基础教育券和高等教育券，学生用来抵充学费和杂费的部分或全部，收到教育券的学校可凭票券到发行部门兑换成对应数量的教育经费。

1. 基础教育券制度的设计

第一步，分析基础教育成本。教育成本指学校为培养学生所支付的费用，包括教师工资、辅助人员工资、图书资料、仪器设备、教学用建筑、水电费用等。这些成本通常可见于学校的日常预算和开支账目中，它的开支形式是工资、津贴、仪器设备购置费、折旧损耗和维修费用、教学日常办公费用等。

我国幅员辽阔，各地生活水平差异很大，我在这里就选择我所在的县——安乡县的基础教育成本进行分析。我在分析中以初中教育成本为基准，小学和高中只要加一个系数就可以了。2010 年安乡县一个中学一般就是 15 个班，每个班 50 个学生，一个班配置 3 名任教教师，学校需要按任教教师 1∶5 配置非任教职工。具体核算见安乡县初中教育成本核算表

第二步，中央基础教育券的金额确定。从安乡县初中教育成本核算表中看出一个中部省份的初中生的教育成本在 2974.13 元左右。中央财政可以给每个初中生 3000 元，小学生 2500 元，高中生发 3600 元，基础教育券按人头平均发放。以全国小学生 1.2 亿，初中 0.6 亿计算，高中生 0.5 亿人，中央财政对 12 年基础教育的教育资金投入就是 6600 亿元，以后中央政府按着物价指数增加教育券的金额。

2. 高等教育券制度设计

第一，不管是中央政府还是地方政府都不能直接给任何学校投资，都只能化为高等教育券给学生，再由学生作为学费交给学校。

第二，中央政府的教育券分配方法。中央按照每个大学生补贴 5000 元的标准，就可以确定中央政府每年投向各个省的高等教育经费数量，每个省加上各省自己的补贴，又根据考生高考成绩，加权分给每个考生。加权方法就是根据高考成绩把考生分成 10 等，第一等考生加权值就是 10，第二等就是 9，以此类推，第十等就是 1。地方政府的高等教育券也用同样的办法分给每个考生。

第三，高校开学之后就可以根据学生的报名情况，向各个省领取学生的高等教育券，不够部分再向学生收取差额部分，超过学费，要退还给学生做生活费。

第四，没有被高校录取或者领取了没有去就读学生的高等教育券，将作为地方高等教育经费结余累积到下一年度，再分给来年的考生。

硕士和博士研究生招生实现学校完全自主招生，国家也不给予任何补贴投资。

安乡县初中教育成本核算表

项目	计算方法	每年支出
教职工工资福利	按照一所学校 15 个班，一个班配置 3 名任教教师，学校需要按任教教师 1∶5 配置非任教职工，按当地生活水平每个教师工资福利收入每月 1000 元，由此可以得出计算方法： 15×3×（1+0.2）×2000×12	1296，000.00 元
教学办公开支	每个班每年 2000 元，学校领导和教师人均每年 2000 元，	159，600.00 元
购置图书资料费	可以按每个学生每年 500 元计算	375，000.00 元
仪器设备、房屋的维修、折旧费	像这样一所学校需要教学楼面积 1800 平方米，教工宿舍和学生宿舍等配套设置 2000 平方米。每平方米的造价，1000 元，建筑成本就是 3，600，000 元，加土地和设备 3，600，000÷72%＝5，000，000 元。每年的维修和折旧就是 5000000×8%	400，000.00 元
合计		2230600.00 元
生均成本		2974.13 元

四、学校学术与教育评估

我国高等学校评估标准原来都是主要看学术论文和著作的数量与文章所发表的刊物级别的高低，而政府根据这个标准评定的结果，给予学校不同的财政资金支持。这一方面造成了学术造假，另一方面造成财政资金的浪费。因此，我提议政府不再对高校进行强制评估，也不直接给予财政资金支持，只能通过高等教育券享受到财政资金的支持。社会机构可以开展各种高等学校评估与排名，但是高校不得给予这些机构任何资金支持。学生根据自己的判断选择学校。一个学校学术水平如何，教学质量如何，社会自然会有公论，市场自然会给他一个公道，不用政府操心。

基础教育学校评估也是由政府机构进行评估，根据评估结果不同享受的政府支持力度也会不一样。共赢经济学理论让社会评估学校教学教研质量，政府不给予任何支持。

五、共赢教育体制的运行机制分析

1. 实现招生公平。在高校招生方面，中央资金平均分给每一个考生。以前，北京大学用的是中央财政的资金，但是在北京招生多，在其他省份招生少。现在在北京招生多用北京资金就多，就不存在北京大学用全国人民的钱，培养北京人的说法了。学生成绩好坏决定其享受政府资金支持的金额，不管他读哪个大学都享受得到同样的政府资金支持，而不像原来，不同大学，你就享受不同待遇，这就实现了过程公平。基础教育的选校问题也可以通过收费体现，避免住得好、有关系就可以少交钱读基础教育名校的现象，实现成绩好或者多交钱就可以读名校，更加公平公正。

2. 实现学校的优胜劣汰。高校学术水平高，教学质量好，他们就可以招到好生源，享受到各级政府财政支持就多，因为好生源的高等教育券多。收费实现了高校自主定价，高水平学校可以指定比较高学费标准，并且向好学生收的学费高不了多少，因为好学生手中教育券多些。我们当前的体制就是善于搞关系就享受各级政府更多财政支持，与真正教育质量没有直接关系，学校因为与领导关系不同获得不同的投资待遇。新体制学校只能从学生那里获得收入，只有性价比高的学校才能获得学生和家长的青睐，才能获得更多的收入，学校才能更好地发展。学校有了经营的自主权后，优秀的学校才可以兼并一些有地方、有师资的差学校，利用自己的名气、管理和资金把差学校建成名校，增加优质资源的供应。

3. 消除高校的学术腐败。以前评定职称常常弄虚作假，高等学校评估有时也弄虚作假。新体制弄虚作假没有用了，因为职称没有名额限制，只要真正有成果就行，也不直接与工资福利挂钩。高校评估也不能从国家骗取资金了，要从学生身上赚钱，大家说群众的眼睛是雪亮的，成千上万的学生加上家长亲戚朋友，几乎就是全国人民了，想通过弄虚作假骗全国人民的钱几乎不可能。学术成果也不能从国家直接拿钱了，只能通过市场赚钱，市场不认可的成果就不是真正的成果，假科研成果也就没有意义了。

4. 实现教师的优胜劣汰。以前教师评职称要关系，发表文章也要搞关系，评定学术成果更需要搞关系。现在就是要教好学生，让学生认可，才能吸引来好生源，学校才能发展，学校领导必须重用能够教好学生的好教师。现在只有真正的学术成果市场才能认可，才能真正给学校带来效益，学校领导就会重视那些真才实学的学者。有利于教师的公平竞争，教师资格需要考试，职称需要的是硬指标，不需要找关系。教师工资的高低由学校决定，学校又根据其对学生的吸引力决定，其对学生的吸引力又由其教学水平、人格魅力、敬业精神确定。这样教师的社会地位和经济地位就由自己对教学的努力得来，而不是依靠一些教学之外的关系。

5. 有利于学校的多样性和学生需求的多样化对接。学校有权自主制定学校发展方针，学校可以自主决定课程的设置与开发、教学组织形式和教学方法的采用、教师的培训、教职员工的管理、学校文化的塑造。学校就可以从本校所具备的条件、从该校特有的文化特点、从学校本身的可持续发展、从学校所在的社区的实际需要等因素出发，突出本校特色，逐渐建立起具有本校浓厚文化特质的现代学校制度体系。新体制打破了就学的地域限制，学生和家长就可以根据自己的需要选择自己心仪的学校。有的学生可以出高学费选择条件好的学校，有的学生可以出低学费选择条件差的学校，有的学生有天赋，可以选择能够开发他们天赋的特色学校。有了严格的教师任职资格和职称评定制度，在实际中好学校和差学校就没有大家想象的那样大的差距。

第三节 构建和谐共赢的医药卫生体制

2008 年以来，新医改稳步推进，国家每年多投资了 3000 亿元，但是困扰政府和人民的药价虚高看病贵、医疗资源短缺看病难、老百姓无钱看病的医疗领域三大顽症没有根本改观。之所以这样就是因为新医改一直没有触动医疗卫生行业计划体制，只是引进市场机制，结果计划和市场体制双规运行，导致医药行业的价格管理违背经济规律、医院管理体制保护垄断、医保体制把人分成三六九等根本问题一直没有解决。本节将对药价虚高看病贵、医疗资源短缺看病难、老百姓无钱看病的医疗领域三大顽症根源进行分析，运用共赢经济学理论，构建一个既能发挥政府的民生保障功能，又能发挥市场高效率的新医药卫生体制，从而根治药价虚高看病贵、医疗资源短缺看病难、老百姓无钱看病三大顽疾。

一、医疗领域三大顽症的根源分析

1. 错误价格管制是药价虚高的根源

（1）价格管制扭曲了市场价格机制。现在价格管制——制定药品价格政策和医院制定的固定毛利率加价政策扭曲了市场机制，导致定价越高的药越有市场竞争力。因为利润率是固定的，医院要追求利润最大化，就必然造成医院药品进价越高，医院获得的利润也就越大。价格管制不但使医院愿意进高价药，而且生产高价药的药厂还有利润空间给发改委、药品招标部门、医院领导、医生送回扣。

（2）价格管制破坏了市场消除信息不对称的功能。尽管市场经济中的任何一个行业与医药行业都一样，对于买方而言，都处于信息不对称的不利一方。但是市场本身具有解决信息不对称的机制，尽管医院、医生和患者之间存在信息不对称，但是作为竞争对手的医院与医院、医生与医生之间是不存在信息不对称，市场竞争就是消除医院、医生与患者信息不对称的良方。可是药品价格都是发改委统一定价，这种政府定价制度就让医院之间不能采取降价这种竞争手段，使各个医院、各个医生之间在使用每一种药问题上达成一致，破坏了市场机制自动消除医疗行业信息不对称的功能。

（3）价格管制破坏了医院的内控机制。如果没有价格管制，医院拿到 24 元每盒的药，就可以销售 88 元，医生也不能拿回扣了，因为医生拿回扣就拿掉的医院的利润。但是有了价格管制，医院不能有利润。在这种情况下医生拿回扣与医院收入无关，医院就对医生拿回扣的行为睁一只眼闭一只眼了。而且如果没有价格管制，医院 24 元进价药，不可能长期卖 88 元，市场竞争会让价格降到合理价位。博弈理论告诉我们在只有两个寡头的市场都不能在价格上达成一致，全国医院成千上万，如果没有价格管制，一种药的价格长期一致是不可想象的。

2. 好医院稀缺看病难的根源分析

（1）价格管制导致患者很多医药费出现腐败收入或被过度治疗浪费了。药企为了让降价老产品改头换面起死回生，就要通过药监局审批新药，要做大量工作，否则审批不可能成功。被降价老产品复活的过程不但产生了大量腐败，又造成了大量人力物力的浪费。

药品进入市场还需要通过医药招投标部门这一关，医药招投标部门也不规范。进入医院，从医院领导到药房管理员，各个环节都要打通关节。药品进入医院，最后还需医生开处方才能卖给患者。以前面卖给患者 88 元药为例，医院没有利润，还要给医院员工发工资，维持医院正常运转，那里还有钱搞发展。药厂得到 24 元，12 元成本，还要给有关部门及经办人员审批费，最后也剩下不了多少钱搞研发新药了。经销商 20 元还要一部分用于给医药招投标部门，给医院医院领导和其他相关个人，医院集体是得不到一分钱的。还有一部分钱被送回扣执行人得了，他们送了 3 万，报账 4 万，谁又讲得清呢。由于价格管制，导致患者 88 元药品，药厂拿到 24 元，扣除成本和给送红包，利润不到 12 元，医院没有利润，大头的 64 元都变成了灰色收入。

另外，由于价格管制控制了医院的利润率，医院必须赚到一定数量的利润才能运转，所以就只好通过多开药来弥补低利润率的损失，又造成了大量医药资源的浪费。中国人用药过度就是明证，国家发改委副主任朱之鑫在十一届全国人大常委会第十八次会议举行联组会议就《国务院关于深化医药卫生体制改革工作情况的报告》开展专题询问时表示：去年一年中国输液用了 104 亿瓶，相当于 13 亿人口每个人输了 8 瓶液，远远高于国际上 2. 5 – 3. 3 瓶的水平。

（2）医疗卫生行业计划和市场的双轨制限制了医疗机构发展。中国改革开放已经 30 年多了，中国医疗体制改革一直没有完成，医疗卫生行业还处于计划和市场体制双轨运行状态。正是双轨运行体制导致医疗卫生行业缺乏公平竞争，限制了医疗卫生事业的发展。

医疗卫生行业双轨制的主要表现：一是在卫生部门的职能方面，对于公立医院来说，卫生部门是主管部门，就是靠山、保护伞，对于民营医院来说，卫生部门是监管部门，就是一道难关。比如在安乡县，公立医院出了医疗事故死了人，卫生部门一般难以受理，患者自己维权往往会被定性为医闹。私立医院出来医疗事故死了人，患者一般都能够依法获得高额赔偿。二是在从业人员待遇方面，公立医院的从业人员享受行政事业人员待遇，私立医院享受企业人员待遇。公立医院的医生在评定职称和退休待遇上都有明显优势。三是享受政府投资补贴方面，公立医院可以享受政府财政资金支持，但是任何扩大投资都要受卫生部门等政府部门行政干预，而私立医院可以自主扩大规模，但只能依靠自己赚钱投资。

医疗卫生行业双轨制的主要问题：一是优质公立医院尽管赚钱很多，但不能根据市场需要扩大再生产。例如湖南的湘雅医院赚的钱早可以再开100个湘雅了，但是领导们宁愿把钱花掉也不能把钱拿出来扩大医院规模或者另设分院。二是这种认为计划控制使得优质医疗资源成了稀缺资源造成腐败问题。因为优质医疗机构稀缺，这些工作需要医务人员有限，进入这些医院工作就意味着巨大利益，这些医院在进人过程中就不可避免产生腐败。有些省级重点医院进一个有编制的护士都要花费数万元的打点费。三是计划和市场体制双轨运行破坏了医疗领域的公平竞争，使私立医院赚钱困难，限制了私营医院的发展。私立医院因为属于企业性质，对医疗工作者吸引力低，不能享受政府补贴，成本也高，这些都导致私立医院处于不利竞争地位，盈利困难，更别说发展了。

计划体制限制了公立医院的发展，不公平竞争又限制了私立医院发展，计划和市场体制双轨运行使医疗服务供给严重不足，导致了人民群众看病难。

3. 普通老百姓缺钱看病的根源分析

（1）我国基本医疗保障体系把人分为三六九等。一是我国的医疗保障体系条块分割，按身份享受不同的医疗保障待遇。我国医疗保障把人分为城镇就业人口、城镇非就业人口、农村人口和城乡困难人群，分别享受城镇职工基本医疗保险、城镇居民基本医疗保险、新型农村合作医疗和城乡医疗救助，而且实行不交不补贴，交的多国家就补贴得多的政策，典型嫌贫爱富。二是在报销医药费时，实现门诊自费，住院才报销，鼓励过度治疗，小病大治。穷人本身就没有钱，需要国家支持，你却实行不交不补贴，多交多补贴，让部分自以为身体健康的穷人放弃医疗保障。门诊自费，住院才报销，穷人常常门诊费都付不起，等到需要住院，一些人只好选择回家等死了，这种医疗保险制度实际上就是把穷人排除在国家基本医疗保险之外了。

（2）基本公共卫生服务体系属于拿别人钱替别人办事，既不讲节约，也不讲效果。一是由卫生、防疫、血防、计生等部门执行公共卫生服务职能，不利于统筹安排和职能执行。二是公共卫生服务体系与医疗保障体系没有关联起来，建立科学的公共卫生服务体系考核机制，使基本公共卫生服务体系的工作人员拿别人钱替别人办事，既不讲节约，也不讲效果。

基本公共卫生服务没有做好，让普通老百姓容易生病，基本医疗保障体系又把人分为三六九等，嫌贫爱富让普通老百姓缺钱看病。

二、和谐共赢的医药卫生体制方案设计

1. 建立普惠制统一基本医疗保险体系

（1）建立统一的医疗保险管理机构。将劳动局管理的职工、城镇居民医保、卫生局管理的新农合、民政局管理的医疗救助三个部门分管机构合并，建立一个统一的医疗保障机构，归口卫生部门管理。

（2）普惠制医疗保险制度设计。一是全体无偿平等享受的国家基本医疗保险制度。国家出钱全体国民都无偿平等地享受国家补贴的基础医疗保险。以2015 年国家整个医疗卫生财政支出为依据，国家基本医疗保险的财政补贴每人900 元。医保管理中心确定首先把疾病分为大中小三类，每一类病都可以选择一个首诊医院。患者交医保时选择首诊医院，患者可以三类疾病都选择一个首诊医院，也可以两类疾病选择一个首诊医院，另一类疾病选择一个首诊医院，还可以三类疾病各选择一个首诊医院。医保中心把门诊费用和住院费都打包给首诊医院，这里有一个问题就是必须科学划分三类疾病门诊和住院费用。为了避免患者都选择最好三级甲等医院，这里的门诊费用和住院费用不包括挂号费和检查费用，挂号费和检查费都实行医院自主定价。这样设计，穷人就可以选择小诊所作为小病首诊医院，享受免费服务，有钱人就可以多出钱选择更好医疗服务。首诊医院一年一选，小诊所在首诊医院可以进行双向选择，小诊所可以提前通知医保中心那些人不可选择其为首诊医院。具体限额标准需要通过进一步调查确定。

（3）医疗保险转院制度。在医院治疗无效或者病情加重的情况下，患者可以要求转院，首诊医院也可以要求患者转院。如果医院要求转院，患者不同意转院造成多余的治疗支出由患者自己承担。如果患者要求转院，而医院不同意转院造成病情加重或治疗无效死亡的患者可以拒付一切费用，已经支付的费用还可以追讨，并且可以通过法律程序追讨损失。之所以要制定这样的转院制度，就是既要保证医院的合法利益，也要保证患者的合法利益。医疗保险机构不能限制病人转院，但是可以根据规定减少报销比例。

2. 健全基本公共卫生服务体系

（1）建立统一的基本公共卫生服务体系管理机构。由卫生、防疫、血防、计生等部门执行公共卫生服务职能归口到卫生部门统一管理。

（2）建立健全城乡居民健康档案。城市居民健康档案建档工作由社区医院负责，农村居民建档由乡镇卫生院负责。定期为65岁以上老年人做健康检查、为3岁以下婴幼儿做生长发育检查、为孕产妇做产前检查和产后访视，为高血压、糖尿病、精神疾病、艾滋病、结核病等人群提供防治指导服务。

（3）重大疾病防控和重大公共卫生项目。继续实施结核病、艾滋病、血吸虫病等重大疾病防控和国家免疫规划、农村妇女住院分娩等重大公共卫生项目。农村孕产妇在县、乡医疗机构住院分娩实行全免费；开展农村妇女宫颈癌、乳腺癌免费检查项目；预防出生缺陷，免费为农村妇女孕前和孕早期提供补服叶酸。为15岁以下人群补种乙肝疫苗，完成农村卫生厕所建设任务。重点改善精神卫生、妇幼卫生、卫生监督、计划生育和疾病预防控制等专业公共卫生机构的设施条件。健全卫生应急管理体系，提高防治重大疾病以及突发公共卫生事件预测预警和处置能力。积极推广和应用中医药预防保健方法和技术。制定和落实传染病医院、鼠防机构、血防机构和其他疾病预防控制机构从事高风险岗位工作人员的待遇政策。

（4）典型病种专项救治规划。按病种，而不是按身份制定典型病种专项救治规划。举一个例子，我国现在有相当数量的儿童受先心病的折磨，严重的用不了几年就慢慢地死去，而这个病的医疗技术已经过关了。主要因为患者家庭承受不起高昂的医疗费用。其他还有可换骨髓的白血病、白内障患者等疾病，这类病的特点是治疗效果好、费用高，病人无足够支付能力，而政府可操作，做了以后可同时收到社会效益和经济效益。由国家拿出专项资金给予百分之百的医疗补贴。

（5）建立健全健康知识普及机制。由各地的卫生部门直接负责，在本级的主要媒体开设公益性健康频道和栏目，加强健康知识宣传教育。其他任何组织和个人不得开设健康频道和栏目。媒体的频道与栏目费由卫生部门支付，卫生部门可以收取赞助，但是要对赞助企业的产品品质负责，涉及虚假宣传要负连带责任。

（6）公共医疗卫生服务保障体系的绩效评价机制。基本公共卫生服务体系的绩效与人民群众健康水平成正比，与人民群众和政府在医疗费用的支出成反比。基本公共卫生服务体系的绩效可以与医疗保障资金的节约成正比例关系。因此，可以从医疗保障资金每年节余的资金中拿出20%作为公共卫生服务机构的绩效奖。医疗保障资金的节约与医疗保障资金管理机构的管理水平也直接相关，因此，还可以从医疗保障资金每年节余的资金中拿出20%作为医疗保障管理机构的绩效奖。

3. 规范医疗价格管理机制

（1）药企医院市场定价，提倡病种治疗费用包干机制

价格自由波动是市场机制发挥作用的基础，前面也分析了，发改委的价格管制是药价虚高的根源。医药价格市场化后，药厂医院的利润不需要政府保证，市场自然会让他们获得市场平均利润，利润高了，自然就会有社会资本进入药品市场，利润低了自然就会有经营不善的企业退出，市场就能自动的发挥作用。所谓病种治疗费用包干机制就是把所有已经出现和治疗过病种设定一个治疗包干费用，即患者得了一种病在某个医院就医，治愈后，不管实际医药费是多少，只需向医院支付固定的包干医药治疗费。医疗机构自主确定病种治疗包干费，在实际收费时，医疗机构可以低于自己的包干费标准收费，但是不能高于自己的包干标准收费。

（2）发改委只需做好医疗价格反垄断和反欺诈工作

一是国家发改委和地方价格管理部门依据《反价格垄断规定》和《反价格垄断行政执法程序规定》，对价格垄断协议、滥用市场支配地位和滥用行政权力等价格垄断行为进行依法处理。二是国家发改委和地方价格管理部门依据《价格法》对医疗领域的经营者利用虚假或者使人误解的价格手段，诱骗消费者或者其他经营者与其进行交易的价格欺诈行为进行打击。

4. 破除双轨制实现医院的公平竞争

（1）卫生部门致力于卫生医疗行业监管。卫生部门应该放弃作为公立医院主管部门的职权，而专门致力于做好一个卫生医疗行业监管部门。公立医院的国有资产的监管权都要移交给各级国资委，医院的人事权都还给医院，实现卫生部门与公立医院“婆媳”关系切割。卫生部门就是要致力做好这些工作：一是卫生、防疫、血防、计生等基本公共卫生服务。二是做好医药广告监督。对于医药广告实行100%的审批制，实行审批按批次收费制，凡是没有通过审批的，收费不退，再次审批要重新交费。对于合格广告没有通过可以通过行政复议和行政诉讼，复议或者诉讼成功者可以找广告审批部门退还多收审批费，并

要求赔偿其他相关损失。对于没有审批的发布广告的业主可以重罚。对于虚假医药广告，卫生主管部门要付连带赔偿责任。三是做好医疗资格认证。医疗资格认证实行低门槛政策，只要你能够治好一种病，就有行医资格，但是对行医人员实行分中西医的等级管理，行医资格证终身有效，但是申请高等级资格证需要医院机构认证，发放高等级证之后，原证不予收回，仍然有效。医疗机构的医疗人员有行医资格，就发医疗机构资格证，并且不分等级认证。四是做好药品质量监督。对药品成分、疗效、副作用、使用说明要严格把关，对药品的生产质量也要严格把关，对于是否属于新药等与药性无关的属性不予认定。

(2) 改革医疗工作者职称评定和薪酬制度。医疗工作者职称评定采取合格制，只要符合评定职称的资格条件，就全部发给职称证书，职称证书只是表示你具备某个专业技术水平。医疗工作者工资由医院和医疗工作者共同商定，职称是医院确定医疗工作者工资重要依据，但是不再是唯一依据。医疗工作者的退休待遇一律执行普惠制养老保险政策，在享受国家基本养老保险之外，还根据自己和单位所缴保费的收益享受商业保险。

(3) 取消对任何医疗机构的财政投资补贴。不管是公立医院还是私立医院都不能再享受财政投资补贴，任何医院都只能依靠医院盈利或者向社会融资滚动发展。医疗卫生行业的公益性通过国家建立健全普惠制统一基本医疗保险体系和基本公共卫生服务体系来体现。

三、新医改方案解决看病贵看病难

1. *自动控制消除腐败*。新机制可以消除国家药监局、价格部门、地方政府采购部门、主治医生、药厂负责打点执行人的腐败。没有了那些可以给企业带来超额利润的权利，也就无法寻租了。

2. *政府受益*。一是节约医疗资源，原来住院才报销的政策鼓励过度治疗，新政策是治疗费用越少报销比例越高。二是减少医保行业漏洞，提高行政效率。原来把人分成三六九等的分头管理模式效率低下，容易弄虚作假，骗取国家医保补贴资金，新模式使全体人民享受统一补贴标准，可以杜绝弄虚作假。限额内以内治疗费包干到了首诊医院，减少监管程序，有利于提高效率。三是政府不必给予医疗机构投资，只要搞好医疗保障体系就行了，可以减少政府人员寻租行为。四是减少民众因病返穷的现象，有利于社会稳定。

3. *医疗机构受益*。一是新机制使医院从事业单位转变为企业，让医院可以通过盈利滚动发展有了法律基础，从而改变目前优质医疗资源不能扩大，资源稀缺的问题。二是原来以灰色收入进入药监局、价格部门、地方政府采购部门、医院领导、工作人员、医生、药厂业务人员那部分利润可以化为医院利润，这些多赚利润用于购置设备、培养人才、改善医疗条件，使自身发展壮大。三是建立了医疗机构的公平竞争机制，原来的制度，公立医院需要承担公共责任，私立医院不能享受政府直接投资支持，两种医院都觉得不公平，新制度下，医疗行业的公益性通过公共医疗卫生保障体系体现，不需要某个具体医院承担，所有医院都不再享受国家直接财政投资，只能通过承担公共医疗卫生保障的义务——治病救人和防疫、建档等，才能获取医疗保障资金和公共卫生保障资金支付的报酬。

4. *医疗工作者受益*。医疗工作者治愈患者越多，花费的医药费用越少，为医院创造的价值就越多，按照医院效益与工资福利挂钩的原则，医疗工作者工资就会越高。习惯开低价药讲良心的医学博士就能生存了，医院领导就会极其满意他的工作了，因为他用低成本的药品治愈病人已经成为习惯。

5. *诚信的药厂和医疗器械厂受益*。在新体制下，医院和医疗工作者都会主动选择使用性价比最高的药品和医疗器械。

6. *患者受益*。一是国家免费基本医疗保险实现了，患者小病不花钱，中病少花钱，大病可以自买商业医疗保险或申请社会捐助，彻底改变普通老百姓原来小病自己掏钱变穷，中病报销少倾家荡产，大病没有钱就等死的局面。二是新公共卫生服务考核奖励制度，公共卫生服务机构如果效率高，减少了民众患病率，可以从医疗保障资金每年节余的资金中拿出20%作为绩效奖，就变“拿自己的钱为别人办事方式”为“拿自己的钱为自己办事方式”既讲节约又讲效果，能够降低民众患病的概率。三是优质医疗资源多了，看病就会更加方便，便宜了。

第四节 构建和谐共赢的住房与城乡建设体制

我国房价高企，许多居民买不起房，同时房地产泡沫严重威胁经济安全，住房与城乡建设中征地拆迁成了政府与民众发生冲突的重大诱发因素，城市基础设施特别是城市排水系统的低效引发民众对政府的不满，这些都严重影响社会稳定。在房价问题上，中央屡屡出台调控政策，但是房价高涨形势不见好转。关于拆迁，中央也是三令五申禁止行政强制拆迁，要求依法拆迁，但是媒体爆出来的拆迁冲突还是不绝于耳。因此，本节依据共赢经济学理论设计构建一个和谐拆迁、住有所居、城乡基础设施高效的人民满意、政府舒心的住房和城乡建设体制。

一、住房和城乡建设行业的现状

1. 穷人无蜗居一间，富人房产数十处

在中国的大中城市许多普通老百姓一居室都买不起，但是媒体又经常爆出一些贪官在北上广等大城市有房产数十处没有人居住、一个炒房客手中房源过百的新闻。因此中国住房问题不是简单房价问题，而是老百姓住有所居的问题。

2. 征地拆迁官员叫苦，百姓喊冤

拆迁成为热门词汇，而且往往和暴力、强制、弱势群体、血案、非法等词汇联系在一起，强制拆迁甚至已经被妖魔化了。实际上城市建设要推进，必然会有拆迁，拆迁本身不是坏事，甚至是利国利民互惠共赢的好事，是天使。但是我们的地方政府面对拆迁有着无穷的苦恼，面临社会发展与社会稳定的两难选择。我们的《拆迁条例》也进入了进退维谷的境地，进，无法进入土地财政的禁区；退，无法直面冲突频发的社会处境。

3. 城市拥堵，下雨就成水中泽国

堵车在北京上海都成为热门词，就是中部城市长沙堵车也非常严重，经常出现1小时只能行进1公里的情况，慢如蜗牛。下雨城市就会成为水中泽国。比如：近几年，几乎每年都会有强降雨导致武汉城区发生内涝，以至于很多武汉市民感觉是“小雨小淹、大雨大淹”。

二、住房和城乡建设体制存在问题

住房和城乡建设行业之所以出现上述问题，就是因为我国住房和城乡建设体制存在问题。具体表现如下：

1. 土地出让机制存在问题

我国目前的土地出让方式式首先确定地块，在通过拍卖的方式实行价高者得的模式。这种住房用地供给模式导致住房建设商用地的稀缺性，土地的稀缺性就造成了房源的稀缺性。房地产市场供不应求，房价上涨也符合市场规律。

这种土地出让方式还极易导致权力寻租。这种拿到地就能赚钱的土地出让模式使土地出让过程中普遍存在腐败问题。从土地出让的过程来看，整个过程存在大量的猫腻，与官员的关系如何决定成本如何。按市场的牌理出牌，政府应该把出让的土地尽量切割得很小，让能参加拍卖的单位尽可能多，价格才会上升，而且会干净利落的获得全部出让资金。但是我们看到，许多地方的拍卖不是这样。政府往往把土地地块做得很大，以至于一笔成交额上百亿，让能参加招投标的企业越少越好。

2. 拆迁补偿机制存在问题

现在的征地拆迁和土地出让金制度执行已经偏离了其本质。网上一个朋友给出这么一段经典的分析：在这个拆迁分赃盛宴中，谁受了益？谁受了损？出售地的被拆迁方得到了一大笔补偿款，拆迁公司获得了利益，政府获得了低价购进，高价卖出的暴利差价，地产商开发后也获得了暴利。由此看来，这几方都是拆迁的受益者，所谓的双赢或多赢，那为何拆迁方和被拆迁方还为此打得头破血流，甚至付出生命的代价？一句话：利益划分不均；都觉得对方动了自己的奶酪、分了自己的蛋糕。总得有一个利益的受害者，那这冤大头是谁呢？就是为求一间蜗居的普通老百姓，他们分赃就是分的本该用于补贴老百姓购置住房的那部分土地出让金。

3. 保障性住房政策设计缺陷

我国的保障性住房政策包括经济适用房和廉租房政策，但是这个政策存在严重问题。一是效率低下，尽管每年政府投入上千亿，每年建成保障性住房也就最多5%低收入者有房住，而且谁是低收入者很难界定，所以经常出现开宝马住保障房的事情了。二是容易产生腐败，立项开始到分配住房的各个环节都有腐败。我就了解相邻的两个县，甲县只有乙县人口的40%，但是国家给予甲县的保障住房补贴是乙县的6倍。住房分配时需求者众，供给少，最后不可避免产生黑幕交易。三是执行起来行政成本非常高，只有市场资金使用效率50%左右，浪费惊人。为什么中央这样的好民生政策会变质呢？其实这个政策只是一个出发点好的政策，实际上是违背了市场规律，是经不起相关人员利益博弈。经过相关人员上有政策下有对策的博弈，保障房政策的效果与设想就南辕北辙了。

4. 城乡基础设施建设体制缺陷

我国现行城乡基础设施建设体制由于制度和政策设计的缺陷，在市场机制作用下，就在城乡基础设施建设行业中形成一种逆淘汰的机制。

一是我国城乡基础设施修护管理体制都是采用项目制。项目制最大的弊端就是引发官员浪费中腐败，在腐败中浪费。因为现行城乡基础设施建设与维护中，节约了不归己，浪费了可以浑水摸鱼。比如一条街道维修，修建不按标准来，偷工减料，平时也不好好维护，就等街道快点烂，好再向政府要钱。这种政企一体化城乡基础设施建设体制，倒霉的就是国家和民众，国家多掏钱，民众没有好路走，最终倒霉是老百姓，多缴税又享受不到好服务。政府的钱再多，也不能平白无故进入领导腰包，但是领导给下面资金支持，下面人都会给领导送红包，市政部门也就有钱搞工程，就可以向施工单位收红包，施工单位偷工减料才能多赚钱。

二是城乡基础设施建设中没有形成权责一致的激励机制。比如由于城市排水系统建设标准低，下雨就内涝，但是不用给民众赔偿。城市道路今天一小修，明天一大修，严重影响民众出行，也不需要承担任何责任。

三、住房和城乡建设体制创新研究

1. 规范土地出让金的使用范围

土地出让金的合理合法的用途有三：一是补偿征地拆迁，二是用于城市基础设施建设，三是补贴老百姓购置住房。对于农用地或者农村建设用地转城市用地，这三个用途城市土地出让金按 1∶1∶1 的比例平均分配，征地拆迁一律按照征用土地面积进行补偿。对于旧城改造项目，开发方只要交足城市基础设施费用或者按照城市规划要求标准建好基础设施就可以了，征地拆迁一律由开发商直接与拆迁户谈判。如果土地出让金不能完成这三项任务，那么就证明城市规模还不宜扩大。

2. 创新土地出让制度

新的做法就是通过调整土地出让价格，控制住房土地数量。这种做法的最大好处就是在一个合理价位上，住房用地变成无穷多，不存在垄断问题，使得开发商只有合理利润，没有了垄断暴利。控制单个地块的规模，改变地块的定价方式和出让方式。城市出让土地的地块大小要严格控制，特别是出让商品房用地，应该设定上限：10 万人口级城市 5 万平方米，50 万人口级城市 10 万平方米，500 万人口级城市 15 万平方米。地块定价方式：一是参照周边楼盘定价，按土地出让金占销售价的 30% 确定，新规划区按附近楼盘 30% 确定。定好价格的地块在没有转让出去前可以参考周边楼价调整，实行只涨不跌的策略。地块出让方式：资格审查合格就可以申购，等到申购的企业达到规定数目以上（县级城市10个，市级20个，省级30个，直辖市50个），再要求申购企业交10%保证金，最后采用抽签的方式确定申购企业，申购企业按事先约定的价格支付土地出让金，就可以办理土地出让手续。

3. 创新征地拆迁补偿制度

征地拆迁制度的之所以异化就是因为征地拆迁制度中隐含了一个扭曲的市场机制。因此，要让征地拆迁和土地出让金制度回归天使的本质，就必须创新机制消除征地拆迁和土地出让金制度中隐含的扭曲市场机制。除了征地拆迁的补偿标准按土地出让金的三分之一执行外，还在征地拆迁时给拆迁户多一个选择，让拆迁户有优先购买自己原来所有的土地，只要拆迁户给政府支付土地出让金和拆迁补偿费差价后就可以优先拥有这块土地的开发权，他们既可以出让，也可以自己委托别人开发。通过这个制度创新既让拆迁户无话可说，因为土地出让金如果低于市场价格，拆迁户可以优先买下开发权，又可以让腐败官员与不法开发商失去了勾结的基础。

4. 改革保障性住房政策

所谓自住房购置的货币贴政策就是对常住人口购置第一套自住性房屋进行补贴，补贴数量以购房者的在该城市家庭人口为准，每口人补贴20平方米，每平方米以该城市土地出让金均价的三分之一进行补贴，一个人一生只能享受一次这种补贴。这个补贴标准可以微调，根据每年结余和超支情况进行微调。比如上海，一家三口购置一套100平方米的房子，平均楼面地价是每平方米1.5万元，可以享受补贴$20 \times 3 \times 5000 = 300000$元。这里还有几个问题需要说清楚：一是常住人口是指具有本地户口或者在本地工作三年以上，与其一起居住的家人可以享受补贴。二是在外地有房但是在本地购置第一套房可以补贴差额，比如有一家三口原来住在长沙，享受过购置住房补贴，后来儿子到了上海工作，娶妻生子，妻子是杭州人，也享受过购置住房补贴，儿子一家三口又在上海买房，如果现在购房时在长沙购置自住性住房每人补贴2万元，杭州补贴时每人5万元，在上海每人补贴10万元，那么儿子买房时一家三口可以享受23万元购房补贴。三是对于诈骗政府购房补贴的购房者要没收其房产，并且要以诈骗罪追究其刑事责任，因为追回的房子往往是补贴款数倍。同时制定相应的举报奖励制度和办案经费制度，给予举报属实的人奖励50%补贴款，提取的50%补贴款作为办案经费给予办案人员奖励。四是对于购置住房享受补贴房源也要做出限制，只适用于在新的土地出让制度开发房子买房才能享受补贴，原来房子要享受补贴的必须要开发商补足土地出让价格差价。

5. 城乡基础设施建设体制创新

（1）城区基础设施建设维修资金来源。新城区道路、排水系统、路灯等工程建设资金全部来源于土地出让金，城区道路的翻修资金资金来源于出租车牌照出让收入、公交线路出让收入、城区加油站代收的燃油税等三个方面，排水工程维护资金由土地出让金划拨到城市基础设施建设资金结余建立维修基金，路灯养护资金通过路灯广告经营解决。老城区基础设施更新扩建也来自旧城区土地出让金，街道和排水系统、路灯等基础设施不需要扩建的老城区不要土地出让金，就可以开发商品房。

（2）建立权责一致的激励机制。针对现行城市基础设施建设与维护体制中，节约了不归己，浪费了可以浑水摸鱼的情况。就要在城市建设部门建立独立核算的企业制度，一个企业管一个城区，企业的义务是确保基础设施完好，功能能够正常发挥。政府定期给企业拨付出租车牌照出让收入、公交线路出让收入、城区加油站代收的燃油税等城区基础设施建设维修资金，企业还可以对超载货车收超载通行费。对企业考核就是城市基础设施功能是否能够正常发挥，如果不符合要求，就扣下当期资金，责令改正，拒不改正者，取消企业维护资格，对企业花了多少，钱怎么花，都不在考核之列。对于城市基础设施功能要制定详细标准，比如：多大雨可以保证屋内不进水，道路不被淹，道路路面完好情况等等。

四、共赢分析

1. 有效控制房地产开发暴利，减少腐败寻租

以前的土地出让模式容易导致官商勾结，使住房用地都控制在少数开发商手中，造成寡头垄断，房价必然会越走越高。新模式下，按规定地块规模上限切割地块进行转让，一个城市一年交易的住房用地数量会大幅度增加，就能实现相对充分的竞争，使得房地产也只能得到资本市场平均利润 15% 。比如上海平均地价是每平方米 15000 元，容积率是 3，每平方米建筑成本为 2000 元，装修成本为 1000 元（在县级城市建筑和装修成本合计 1000 元左右），那么上海房子的平均直接成本为 8000 元，税费 10%，管理销售成本 15%，资本市场利润为

15%，房屋销售价格应约为每平方米11200元。暴利没有了，就失去官商寻租的土壤。并且征地拆迁的拆迁户优先拥有开发权政策和土地出让金三分之一分配给城市建设部门的政策，使得官员与开发商失去了寻租的机会。因为土地出让价格低了，拆迁户和城建部门的利益都会遭受损害，他们可以依法抵制，官商勾结行为很容易就会浮出水面。

2. 公平公正分配住房保障资金，让人人住有所居

保障性住房由政府直接负责房屋建设，效率极低，对资金浪费大。保障性住房政策只面对低收入阶层，鉴别困难，各种丑闻是层出不穷，但是违法者不承担什么风险，最多就是一个纪律处分而已。自住房购置补贴的弄虚作假就不同了，一个是资金可以追回损失，并且通过没收房产增加收入，对弄虚作假者还可以追究诈骗政府资金的刑事责任。新机制下，可以通过提高地价来提高房价来抑制投资和投机需求，但是通过加大自住房购置补贴的比例解决百姓住房需求。如果穷人买小于人均居住面积即小于20平方米的房子补贴比例更高，从而使穷人买自住性房子支出更少了。

3. 公平竞争，所有投资者都受益

原来模式下，只有与政府官员关系密切的人才拿得到地，普通投资者要拿地只能从土地贩子手里拿，和政府出让的价格相比已经涨了50%以上，有的甚至翻了几番。新模式只要有实力就有可能拿到地，不需要通过土地贩子手里拿地。这样所有资本可以分得房地产行业的一杯羹。

4. 节约资源，增加耕地

一是可以避免郊区农民种房子的情况，现在有些城市的郊区农民为了在拆迁中或者更多补偿，抢修房子，这种抢修房子的行为就称为种房子。这些种房子行为造成了大量资源浪费。二是解决失地农民生存问题。拆迁的农民失去了土地就失去了谋生手段，对于征用的农用地给拆迁补贴，对于习惯于务农的农民来说，他们就有资金在农村购得满意的土地务农，对于不愿意再务农的农民也可以用于创业。我们那里的农村就有从外地购买农民房子和承包土地经营权的外地人。在2000年的时候，就有一个从湘西来的两小口花一万多元购买了一户农民的房子和8亩多土地的经营承包权，当时我们这里的农民都认为这两小口是傻子，花这么大价钱买那个烂房子和没有用的土地经营权。没有想到这次我们那里修高速路征用了他们1亩多地给他们补偿了8万多元。从全国平衡来说，农民进城，农村原有的宅基地即行闲置，外城市的人口流动到其他城市，

原的住房也可作为调剂。从宏观全局来看，城市化使土地利用率更高，人均使用土地更少。在农村，户均占地可能是300平方米以上，在小城市可能是100平方米，在中等城市，户均占地面积可能是不足60平方米，在大城市，由于容积率等因素，户均占地面积可能是不足30平方米。大量城郊农民在相对边远农村大量购置闲置的土地和房屋一方面可以大量增加耕地，二是通过推行先进技术提高单位土地的生产能力。从这个意义上说，建立新的住房和城乡建设体制后，我国的耕地反而会有所增加。粮食和其他农产品的产量也会增加。

5. 提高城市基础设施建设的效率

我国城乡基础设施修护管理体制采取的是资金来源固定，节约归己的新政策。可以彻底消除节约了不归己，浪费了可以浑水摸鱼的机制，改变城建部门官员浪费中腐败，在腐败中浪费的局面。对企业的考核只是城市基础设施功能是否能够正常发挥，企业就会一心一意用最高性价比的材料搞建设。

第五节　构建和谐共赢的殡葬体制

建立和谐社会需要对人们的生、老、病、死各个环节建立合理的运行机制，本章的前四节对建立幼有所教、老有所养、病有所医、住有所居的体制进行细致的研究，本节将依据共赢经济学理论思想，构建一个让普通老百姓死得起，又让活人墓、豪华墓现象得到抑制的和谐共赢殡葬体制。

一、殡葬业存在的主要问题

1. 殡葬业服务收费高，穷人死不起

一是殡葬用品的垄断经营中的高价销售，如有的地方骨灰盒要在殡葬馆指定点购买，一个骨灰盒进价百元以下，销售价可达数百元以上。二是有的地方对死亡者家属在殡葬场所做“白喜事”宴席时，收价高而酒菜质量低，而此时亡者家属无心关心这一些，也不会去和他们理论，理论了无济于事，弄得亡者家属悲痛时又增加了被宰的愤怒。三是墓穴昂贵，有的一穴墓地高的达数万元（如一些所谓的风水好的墓、“别墅墓”收价大都为39999、29999、19999元），即使那些挂墙式的，最便宜的也在几百元，严重违背了价格与价值规律，获取了巨额利润。四是一些环节收费偏高，接待室、停尸房、追悼大厅出租费用偏高，有的一天收费达几百元，有的殡仪物品租价也偏高等。由于很多地方收费过高，一场殡礼，少则几千元，多则几万元，比传统土葬费用支出高出许多，有的家庭甚至因此致贫返穷。高额的收费给亡者家属伤口上撒了一把盐，同时也严重违背了殡葬改革的初衷，严重阻碍了殡葬改革走向更文明、更规范。老百姓“死不起人”的抱怨声越来越大。

2. 富人讲排场，浪费土地等资源

全国各地都不同程度地出现了豪华墓地、一掷千金的奢侈行为。尽管党中央和国务院三令五申要求丧事从简，可是一些地方还是出现了给活人修墓等巨大的奢侈浪费行为。由于人们重视殡葬活动，所以各地纷纷出现了一些非法占地的公墓和寄思园。

二、造成殡葬业高收费的原因分析

1. 殡葬业高收费的直接原因

（1）行业垄断。垄断产生暴利，殡仪馆几乎垄断了所有殡葬及其用品的经营，原本是一项公益性事业，结果却演变成为标准的垄断行业。为什么呢？主要是因为行业管理和企业经营一家亲。殡仪馆由地方民政部门作为福利机构登记，民政部门自己收钱、自己管理；一些公墓也由地方民政部门出资兴建、销售和管理，仍然是自己收钱、自己管理。公益事业的管理者，事实上已经成为殡葬业暴利的最大受益者。因此，民政部门以殡葬行业具有公益性服务的特点，不具有充分市场化的特征为由拒绝放开管制。当然殡葬行业在某些服务具有垄断性，比如公墓的土地具有稀缺性，也容易形成垄断。

（2）价格难管理。殡葬业价格管理分三种形式：一是政府定价，包括遗体火化、遗体接送、遗体抬运费、骨灰寄存；二是政府指导价，包括灵堂租用、恒温棺出租、火葬场休息厅服务费、骨灰防腐费、红绸布包装费、遗体整理、骨灰暂存、骨灰安葬、灵堂布置、公墓、骨灰格位、骨灰容器、食堂餐费最高控制销价；三是市场调节价，包括花圈出租、鲜花出租布置、鞭炮等。政府定价的部分由于政府定价程序中的成本监审存在缺陷，容易让垄断企业钻空子导致定价偏高，并且像这些独家垄断企业根本不把价格部门放在眼里，往往给他们定了个天价，他们还觉得定价太低，不满意，经常拒不执行。政府指导价和市场调节价的部分对企业价格的控制基本上是形同虚设。

殡葬业之所以形成现在格局，政府在管理殡葬业时违背了共赢经济学理论确定政府在一次分配领域需要做好反垄断工作，保证市场机制运行的环境的原则。我国地方政府不但没有在火葬场和公墓经营中正确管理好垄断，还在本来应该自由竞争的殡仪馆业设置高门槛保护垄断，使地方殡仪馆成为独家垄断企业。

2. 殡葬中奢侈浪费之风的原因分析

一是人们经济富裕后，一些人的人生观和价值观发生了改变，他们追求看仙求神，引发了殡葬活动中的迷信风气流行。各地风水先生、看阴阳宅、周易八卦层出不尽，上演着一幕幕可耻的迷信活动。导致人们之间进行攀比，也就造成了一个墓比一个占地多，一个比一个墓豪华。二是国家没有控制超级豪华墓的政策措施，简单说教根本不能够解决问题。

三、和谐共赢机制探索

1. 公墓经营监管机制

对于墓地管理也要分为几类分别管理。第一类是农村集体的公共封闭墓地，这类墓地是本村的人的免费墓地，本村人死后葬在那里，不收费，但是外村人是不可以葬在里面的，这一类墓地政府不需要管理，这些墓地一般都会种上经济林。第二类就是一些村集体把一些荒丘卖给私人，私人又开发为墓地，这些墓地要纳入政府管理的范围。第三类就是政府规划的公墓，这类墓地要收集整理适合做墓地的荒地，扩大墓地的供应量，政府要加强管理。

怎么加强对公墓的管理呢?

一是政府向经营墓地的经营者征收土地占用税，按当地城市商品房的均价或者墓地销售价的50%征收，就高不就低，税收标准一年一定，每销售一块墓地就给政府交足土地占用税。

二是政府把墓地土地占用税用于补贴去世的人，每个人按2平方米的土地占用税补贴墓地购置费。买的墓地面积小，自己贴钱就少，要建豪华大墓地，自己贴钱就多。

三是征收土地资源税后，墓地实行市场价。

2. 建立殡葬行业竞争机制

要破除殡葬业的行业垄断，最关键的是要权责对等，管办分离，引导公平竞争。根据上面的两种不同竞争业态，行政主管部门采取不同的方法：殡葬业存在两种竞争业态：一是公墓的土地具有稀缺性，也容易形成垄断，但是在一个地区往往有多个经营企业，属于寡头垄断业态，二是火化场和殡仪馆服务，在一个地区可以完全由市场提供，属于完全竞争业态。火葬场、殡仪馆实行完全市场竞争，民政部门作为计划经济遗留下来的行业主管部门退出管理，火葬场殡仪馆纳入工商局的管理，但是还应设置安全和环境准入门槛，经营殡仪馆必须经过安全和环境部门审核。

四、共赢分析

1. 降低丧葬费用。以前乱收费主要体现在殡仪馆和墓地收费。殡仪馆是一个执行市场调节价的行业，但是其处于绝对垄断地位，从而造就殡仪馆的乱收费和垄断暴利。新模式在殡仪馆行业完全打破了垄断，实行完全市场竞争，市场机制自然就会控制殡仪馆的暴利。墓地通过收税提高墓地价格，从而减少了对墓地的需求，对墓地需求减少可以在一定程度上控制墓地经营者的暴利行为，同时又通过补贴丧者，解决埋不起人的问题。

2. 保护了耕地。新模式下，墓地的价格比原来有了显著上涨，可以抑制对墓地的需求，特别是超级豪华大墓地需求。新模式下，建一个豪华墓地比建一栋别墅还贵。通过建立墓地土地占用税的征收就可以解决死人和活人争地的矛盾。

第九章

公共事业管理机制创新

第一节 共赢城市垃圾处理新模式

一、现有垃圾处理模式及存在问题

1. 垃圾填埋处理模式和存在的问题

所谓垃圾直接填埋法是将垃圾填入已预备好的坑中盖上压实，使其发生生物、物理、化学变化，分解有机物，达到减量化和无害化的目的。

垃圾直接填埋处理存在的问题就是往往一个垃圾填埋场就是一个污染源，蚊蝇滋生，老鼠成灾，臭气漫天，大量垃圾污水由地表渗入地下，对城市环境和地下水源造成严重污染。沈阳市曾经对35处填埋场中的10处进行钻探取样，分析垃圾断层样品和地下水质，分析结果发现：地下水质恶化，污染严重，水混浊发臭，水中均检出厌氧大肠杆菌；垃圾断层样品均检出有毒有害物质。①

2. 垃圾焚烧处理模式和存在的问题

垃圾焚烧处理是将垃圾置于高温炉中，使其中可燃成分充分氧化的一种方法，产生的热量用于发电和供暖。

垃圾焚烧处理存在的问题。一是焚烧厂的建设和生产费用极为昂贵，这些装备所产生的电能价值远远低于预期的销售额给当地政府留下巨额经济亏损。二是垃圾含有某些金属和塑料，焚烧具有很高的毒性，产生严重二次环境危害。

① 城市垃圾处理的对策 陈清如 http：//www. crein. org. cn/forum/biomass/99022_ 02. HTM

3. 垃圾堆肥处理模式和存在的问题

所谓垃圾堆肥处理就是将生活垃圾堆积成堆，保温至70℃储存、发酵，借助垃圾中微生物分解的能力，将有机物分解成无机养分。

垃圾堆肥处理主要存在的问题。生活垃圾堆肥量大，养分含量低，长期使用易造成土壤板结和地下水质变坏，所以，堆肥的规模不宜太大。①

4. 分选资源化处理模式和存在的问题

分选资源化处理将垃圾倾倒在专用的板式输送机和皮带机旁，经过手选、滚筒筛选、磁选、风选等多项工艺，铁、塑料、大件料、焚烧料、有机料、填埋料六种“产品”被一一分开，这些“产品”的用途和结局也各不相同——废铁可回收再利用，废塑料经过深加工处理成塑料制品重新投放市场，有机料被送往堆肥厂堆肥……

分选资源化处理存在的问题主要是设备投资成本高，经营运行成本高，让政府不堪重负。

二、造成目前处理方式效果不理想的原因分析

1. 填埋处理出现污染的原因分析。我国之所以每一个垃圾堆放场都成了一个污染源。一是因为填埋的垃圾里面剩菜饭、动植物残骸等易腐烂垃圾造成蚊蝇滋生，老鼠成灾，臭气漫天，大量垃圾污水，并造成对地下水的污染。二是塑料、金属等可回收的垃圾长期堆放后降解和腐蚀也会造成对地下水污染。

2. 焚烧处理出现污染的原因分析。一是垃圾里含有大量的塑料和金属，焚烧具有很高的毒性，产生二次环境危害。二是垃圾里的渣土没有热量值，易腐烂物质热量值低，使垃圾达不到焚烧处理要求垃圾的热值大于3.35MJ/kg。有热量值高的塑料和金属焚烧会造成严重二次污染，渣土和易腐质又没有足够的热量值，因此垃圾焚烧的办法是不可行的模式。欧美和日本等发达国家已经逐渐放弃了焚烧处理垃圾的办法。②

3. 堆肥处理效果不理想的原因分析。一是生活垃圾中的塑料、金属等可以回收物质和渣土是没有养分，就造成了堆肥量大，养分含量低的问题。二是塑

---

① 城市垃圾处理的对策 陈清如 http：//www.crein.org.cn/forum/biomass/99022_ 02.HTM

② 中国城市环境的生死抉择——垃圾焚烧政策与公众意愿 北京奥北志愿者研究小组 2009年11月8日

料不易降解会造成土壤透气性差，就造成土壤板结和地下水质变坏。

4. 分选资源化处理成本高的原因分析。

生活垃圾中有机料和填埋料占到垃圾总量的80%以上，这些东西分离出来要消耗80%成本，不但不能给分选中心带来利益，反而增加了处理需要成本。

三、城市垃圾处理新模式

前面提出了四种垃圾处理的模式，其中焚烧是一种应该放弃的模式。下面把另外三种模式改进提出三种新的垃圾处理模式。

1. 沼气制肥模式。把垃圾中易腐质全部作为生产沼气的原料放入沼气池通过发酵处理，产生的沼气、沼液、沼渣三种物质，沼气用于居民生活和企业生产用能，沼液用料、饲料、生物农药、培养料液的生产，沼渣用于肥料的生产的综合处理模式。沼气制肥产生的沼气、沼液、沼渣能够带来巨大经济效益，并且沼渣制造的有机肥还能改善土壤结构，防止板结，克服传统堆肥模式的缺点。

2. 资源回收模式。把垃圾里的塑料、金属和其他可能造成环境污染的可回收物资运到废旧回收公司进行分类处理，废旧回收公司再分类销售到废旧物资加工利用工厂处理，废旧物资加工利用工厂最后作为工业原料卖给工业企业。这些废旧物资为收集者、回收公司、加工工厂、工业企业都能带来丰厚的利润。这种模式克服了需要处理80%的易腐质垃圾和渣土垃圾造成高成本的缺点。

3. 渣土经营模式。把垃圾里的剔除了易腐质和造成环境污染的可回收物资后，成了城市建设中的一种稀缺资源——渣土，这种渣土可以用于填充建筑房屋的地基、城市道路路基、城市公园假山等，通过公司化运作，垃圾不但不用占地填埋，反而可以卖钱，又克服了直接填埋垃圾污染问题。

四、城市垃圾处理新流程

垃圾处理流程图

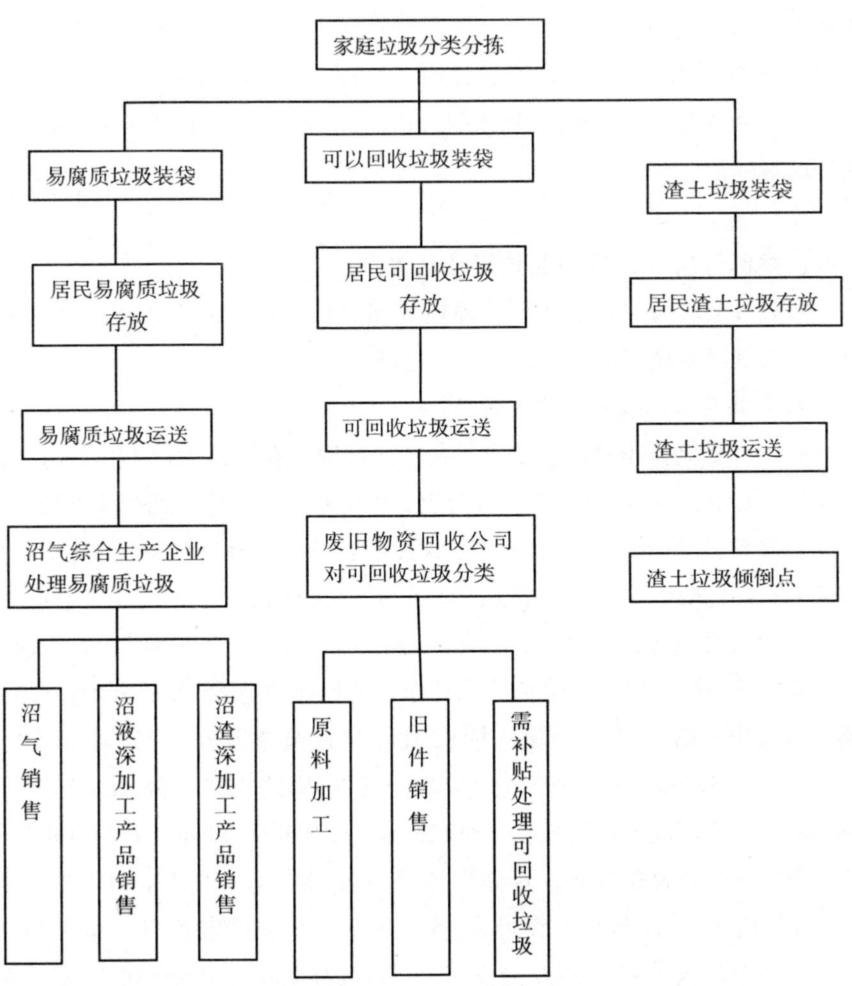

流程说明：

(1) 家庭垃圾分拣。家庭垃圾分成易腐质垃圾、可回收垃圾、渣土三类，三类垃圾分别由三种垃圾袋装，可回收垃圾中的卫生巾用易腐质垃圾袋装。易腐质垃圾主要剩饭菜、果皮、菜叶、动物残留物、卫生纸有机物质；可回收垃圾主要是塑料、金属、布匹、纸张、卫生巾等可以再利用物质；渣土就是石块、土块、灰尘、混凝土渣等无机物。

（2）居民垃圾存放。居民垃圾装袋后都要按不同的种类在规定的时间整齐地放在各自规定位置，等待运送。

（3）垃圾运送。垃圾运送人员必须在规定时间把各类垃圾运走，并送到该去的地方。

（4）垃圾处理。易腐质垃圾通过沼气处理，可回收垃圾由废旧物资回收公司处理，渣土垃圾交给渣土经营公司处理。需要补贴处理的垃圾主要就是电池，特别是碱锰电池。

五、案例分析（以安乡县垃圾处理为例）

上面对城市垃圾的和谐共赢处理模式和流程进行了研究，下面就以安乡县垃圾处理为例探索城市垃圾处理的运行机制。

1. 安乡县县城垃圾处理基本情况

（1）安乡县城基本情况。安乡县县城深柳镇共有城镇人口 14 万人，农业人口 2 万人，城镇建成区面积 14 平方公里，生活垃圾产生量约每天 150 吨。

（2）安乡县环卫所基本情况。安乡县环境卫生管理所成立于 1950 年 9 月，现隶属于安乡县城市管理行政执法局。环卫所共有职工 262 人，其中正式职工 74 人，内退人员 39 人，退休人员 27 人，临时工 122 人。主要负责县城建成区内街道清扫及垃圾收集、运输和处理工作。清扫面积达 65 万平方米，现有公厕 37 座，垃圾中转站 22 个，垃圾板捅 63 个，果皮箱巷道容器 560 个，运输垃圾车辆 7 台，垃圾场推土机 1 台，洒水车 1 台，市容监察车 1 台。2005 年动工建设的蔡家溪垃圾处理场一期工程占地 125 亩，使用年限 20 年，总填埋量 90 万立方米，已投入资金 800 万元，日处理生活垃圾 150 吨。二期工程占地面积 150 亩，设计使用年限 25 年，预算投入 1500 万元，目前固定资产为 488. 13 万元。2008 年账面总收入 3492250. 00 元，其中：财政补助收入 1565000. 00 元，环卫有偿服务费 1027450. 00 元，其他收入 899800. 00 元；总支出 3948674. 56 元，其中：专项支出 530000. 00 元，事业支出 3418674. 56 元；事业结余 -456424. 56 元。①

（3）安乡县垃圾处理的情况。一是安乡县垃圾处理每年总支出情况，县财

① 关于安乡县环境卫生管理所垃圾处理价格成本监审报告 2009. 10. 25 安乡县价格成本调查队

政和安乡人民直接支出3948674.56元，间接支出包括垃圾场平均每年国家财政投入100万元，占用10亩土地，22个垃圾中转站，每年安乡县为县城垃圾处理支出600万元，每个城市人口每年垃圾处理的平均支出为40元。二是环卫工作者待遇人均工资11018.39，一线临时工工资更低，大约8000元。三是安乡县县城每天产生垃圾约150吨，其中易腐质垃圾约90吨，可回收垃圾20吨，渣土垃圾约40吨。四是垃圾处理状况，在垃圾中转站和中专板桶附近是臭气熏天，一起风垃圾就满天飞，垃圾填埋场污染严重，又浪费土地资源，附近居民反应强烈。

2. 安乡城市垃圾处理的新机制

（1）垃圾分类机制。实施和谐共赢的城市垃圾处理的第一个环节就是垃圾分类，垃圾分类是和谐共赢的城市垃圾处理机制得以实施的关键。垃圾分类的关键在于每一个居民的知识和意识。要提高居民的知识和意识，一是加强垃圾分类的宣传，二是后续工作要做好。北京垃圾分类面临的困境就很能说明问题。10多年前，从环保民间组织倡导垃圾分类减量开始，北京社区垃圾分类的工作都在持续开展，然而，由于后端的清运、转运、处置的人员设施难以到位，大多数的垃圾分类还只停留在很低的层面，没有在根本上达到减量化的效果。①这样就极大的打击居民进行垃圾分类的积极性，后端处理的不配套确实让居民的分类工作效果大打折扣。

如何做好垃圾分类？一是教育居民垃圾分类的方法；编写垃圾分类的小册子发到家庭，在各个中小学开设垃圾处理分类知识课。二是要求居民必须按分类给垃圾装袋，分类要做到滴水不漏。三是对居民违反垃圾分类的规定要有惩罚措施；建立垃圾违章举报中心，乱垃圾处罚办法。四是对于非常出色的居民区要给予表扬。

（2）垃圾运送机制。垃圾运送是垃圾处理的第二个环节，也是新机制中唯一需要政府直接支付处理费用的环节。安乡县每天产生垃圾150吨，一共14万人口，基本上每人每天产生垃圾1公斤。因此我们可以考虑把安乡县分成50个卫生区，卫生区划分采取居住人口和面积相结合的办法进行，三个人为一组负责一个卫生区。每个卫生区补贴5万元，包括运送的费用和人员的工资、医疗、养老保险、住房公积金等，具体怎么发放要依据卫生区考核标准打分发放。这

① 垃圾分类被指作秀 北京正面临垃圾围城危机 2009年11月26日 来源：人民日报

样基本上每个卫生区产生垃圾为3吨，其中易腐质垃圾1.8吨，可回收垃圾0.4吨，渣土垃圾0.8吨。这样垃圾的运送费20元左右，易腐质垃圾可以向沼气企业收取运费10元，渣土可以卖给客户5元，可以回收垃圾按废旧物资卖，最少可以卖200元，运送垃圾反而每天可以净赚200元，一月就可以赚6000元，一年可以赚7.2万元，加上政府补贴的5万元，人均每人可以得到4万元，几乎是安乡县公务员工资的两倍。

（3）沼气运行机制。就是在新机制实施前，要在安乡县城周围建立40个200m3（当然垃圾沼气厂规模大小根据经营者需要建立）的垃圾沼气厂，以后可以每年建4~5个40个200立方米的垃圾沼气厂，用于处理易腐质垃圾。下面就对每个沼气厂进行效益分析。

一个200立方米沼气池，一年四季可以连续运行，有效使用期30年以上。在保持充足决原料来源的前提下，年产沼气20000—22000立方米，提供沼渣750—800立方米、沼液600吨左右。沼气、沼渣、沼液均可充分利用。

①收入分析：

沼气销售给管道燃气公司，每立方米2元，可以卖4万元。沼液深加工：制作花肥营养液年获利175000多元；制作饲料添加剂年获利12500元；制作植物杀虫剂年获利5000元；制作植物浸种剂年获利5000元。沼渣深加工：配制营养土年获利200000元左右；做有机肥年获利45000元。①

综上分析：一年中，一口200立方米沼气池的沼渣、沼液深加工产品能够全部销售，总收入至少能达到48万元。但是考虑到市场因素，制作花肥营养液年获利175000多元和配制营养土年获利200000元左右，不一定能够全部销售，按平均销售量只能达到三成计算，一个沼气池经营收入也有23万元。

②200立方米的沼气综合经营支出：

建池费用：包括材料、用工费、配套装置费等，一个200立方米的建池费用约5万元。投料费：易腐质垃圾年消耗1800吨，支付运费9000元。管理费用：包括大出料用工（按每年一次）和维修（每两年一次）工费，平均每年2500元。维修费：500元。②

由此可见，经营一个200立方米的易腐质垃圾沼气池每年带来20万元的净

---

① 8立方米沼气池综合利用效益分析 2008-6-13 中国沼气产业网 这里属于参考引用

② 沼气成本及效益分析 日期2008-6-17 来源：中国生物能源网

收益。

安乡县需要建立40个这样垃圾沼气处理厂。而且以后每年可以建设4个这样垃圾沼气处理厂。沼气厂还可以与垃圾运送工作人员形成产品销售联盟。

（4）废旧回收处理。

一般废旧回收贸易商和加工商都是有利可图的，对于废旧垃圾回收商和加工商都实现免税费政策，但是要有严格的环保标准。

（5）渣土处理机制。其实这几年可能包括往后的20年内，渣土在安乡县城是稀缺资源，渣土运送人员很容易把渣土销售掉。如果考虑到供需信息不对称的问题，政府可以支持建立一个渣土运营公司，但是绝对不是一个垄断企业，只是一个为渣土垃圾运送商提供渣土需求信息和渣土中转的企业，其他个人和法人也都可以建立类似的企业。

（6）垃圾处理的机构改革方案。

①撤销安乡县环境卫生管理所，在安乡县城市管理行政执法局内建立环境卫生监督检查股，定员5人，设置监督电话，设置城市环境卫生巡查队，配1台市容监察车，负责考核各个卫生区的卫生状况。②建立50个卫生区垃圾运送组，一个组3人，负责责任卫生区的垃圾运送和公共区的垃圾清扫。③现有公厕37座承包给个人，一个人负责一个公厕经营。④垃圾中转站22个全部拍卖，收到钱约220万元，收到钱政府可以用于补贴建立44个200立方米的沼气池。⑤把运输垃圾车辆7台，垃圾场推土机1台组合起来建立一个渣土经营公司，可以安排10个人就业，政府免费送他们两亩地作为渣土中转场。⑥把63个垃圾板捅卖掉，建立63个分类垃圾桶，与560个果皮箱巷道容器构成临街行人果皮收集系统。洒水车1台，⑦停止垃圾场的建设，平均每年节约的100万元左右的资金，用于垃圾沼气池建设的补贴资金和临街分类垃圾箱建设资金。

3. 安乡县实行和谐共赢的垃圾处理新机制效果分析

（1）优化了环境。新机制下没有垃圾中转站和中转垃圾板桶，也就消灭了臭气熏天的垃圾源。没有了垃圾处理场，也就优化垃圾处理场附近的卫生环境。还减少了地下水污染的风险。

（2）提高了环卫工作者的收入。以前环卫工作者工资平均为环卫工作者待遇人均工资11018.39元，而现在环卫工作中最基层的垃圾运送工都是4万元左右，提高了3倍多。

（3）减少垃圾处理的财政支出。垃圾运送工支出为250万元，增加的5个环境卫生监管岗位，一年支出可以控制到25元以内，政府在沼气池建设支出，第一年需要220万元，以后每年支出20万元足已，在临街建设分类垃圾桶方面每年支出10元。其他方面政府只需要给政策。以前政府处理垃圾的经常性支出就是约395万元，另外垃圾场建设就是100万元左右，还要建设临街垃圾桶10万元。一年可以节约财政支出200万元。

（4）节约能源资源。可以产生80万立方米的沼气，按热量值相当于节约720吨标准煤的能源，而且一般沼气燃烧效率是煤的6倍左右，这样折算相当于4320吨标准煤；生产28000吨有机肥，回收14600吨的塑料、纸张、金属等原料资源；节约7.5亩土地资源。

六、新机制能够成功和原模式失败的原因分析

为什么新机制可以成功而以往垃圾处理的办法会失败呢？其实最关键是利用人民群众的力量上。像北京、广州等中国城市的分类垃圾处理的成本总是太高，处理能力的增长总是赶不上垃圾数量的增长。实际上安乡推行垃圾处理的新机制，人民群众一年投入的人力折合成资金达到4500万元，这个数字是这样计算出来的：平均每个产生的垃圾需要分类处理需要5分钟，而且而且属于又脏又累的活，15万人每天产生的垃圾就需要一个花12500小时，按每小时需要支付工资10元，一天就要支出12.5万元，一年就是约4500万元。如果是北京一年民众在垃圾分类方面投入相当于162亿元。但是这些投入对每个居民来说却是举手之劳，一个良好的习惯而已，大家为了自己美好的生存环境都会愿意做，并且乐意去做。这就是和谐共赢的城市垃圾处理机制能够成功的诀窍。在这里提高每个居民进行垃圾分类的积极性和责任心才是关键，实际上每一个人都愿意主动进行垃圾分类，以前北京垃圾分类之所以失败就是因为由于后端的清运、转运、处置的人员设施难以到位打击了民众进行垃圾分类的积极性。新机制成功的关键是建立足够的易腐质垃圾处理沼气厂后，再开始推行新机制。

第二节　交通运输管理体制创新

摘　要：归纳总结了我国公路、铁路、水运、航空的交通管理体制现状，分析了道路和航道修护体制是鼓励浪费与腐败的机制、垄断经营造成客运服务

的短缺高价、计划市场双轨定价制造成铁路领域的腐败亏损与社会不稳定等交通管理体制的弊端。提出了公路、铁路、水路、航空的交通管理体制改革方案和客运市场行政许可制度创新方案。

关键字：交通运输　体制创新　市场机制　双轨

一、我国交通运输管理体制存在主要问题

1. 公路交通管理体制存在的问题

一是客运领域行政许可造成城市出租车、公交车和客运班车垄断经营问题。这种行政许可性垄断经营表面上是为了让老百姓享受到合格客运服务，实际上是人为制造垄断，强迫消费者承受高收费，低标准的服务。一方面由于政府对客运车辆数量进行了限制，造成人民群众出行难。比如：在常德市要打到出租车有时候要等上半个小时。另一方面由于目前客运行政特许制度意味着拿到了经营牌照就意味着占有了稀缺资源，就会有暴利，结果又导致经营权被爆炒引发社会不稳定。在 2009 年温州市一块出租车的牌照的市场价格被炒到了 140 万元。① 根据笔者的调查，就是笔者所生活的安乡县的出租车牌照炒到了 20 万元以上，长途客运线路车牌的市场价格被炒到了 400 万元以上。由于牌照价格高，没有科学合理的进入退出机制，往往行业一有风吹草动，就出现罢工、阻碍交通、围堵政府的群体事件，严重影响社会的安全稳定。

二是在公路和水运航道修护方面都有项目投资体制。这种体制最大的弊端就是鼓励官员浪费中腐败，在腐败中浪费。因为现行道路和航道的建设与维护中，节约了不归己，浪费了可以浑水摸鱼。比如一条县级道路维修，修建不按标准来，偷工减料，平时也不好好维护，就等道路快点烂，再向上级争取资金。最后倒霉的是国家和民众，国家多掏钱，民众没有好路走。但是对上级主管部门和地方路政部门和施工单位却是三方共赢。当然由于公路和水路航道维护还有一个车船通行搭便车的行为，通行车辆和船舶对道路和航道破坏不好确定的因素，导致是不是偷工减料不是很好衡量。这也是各地交通部门都是腐败的重

① 任凌云 共赢经济学理论初探【J】中国市场 2010，33
任凌云 资源节约靠市场环境友好靠【Z】政府湖南蓝皮书：2014 年湖南两型社会发展报告 2014 社会科学文献出版社 http：//money.163.com/09/1027/06/5MK4NH5E00252KFB.html 温州出租车扭曲产业链 过度市场化后陷僵局 2009 - 10 - 27 06：44：26 来源：人民网（北京）

灾区的根本原因。

2. 铁路交通管理体制存在的问题

尽管铁道部已经把行政管理职能并入了交通部，企业经营部分另外组建了中国铁路总公司。但是整个铁路行业还没有形成真正的市场运行机制，主要表现为：

一是在铁路系统还没有形成竞争机制。第一，高铁和普铁没有分别成立经营公司，高铁和普铁不能形成竞争。第二，道路、车站和客货运输的列车运行没有切割分别成立公司，导致各道路、车站、列车运行之间不能形成有效竞争。

二是铁路客货运定价还是计划价格，严重与市场脱离。这种脱离实际计划价格一方面造成铁路部门亏损，另一方面造成铁路部门官员腐败，并且人民群众不能真正享受到低价格好处。铁路客运定价过低，引发严重供需不平衡，导致黄牛党盛行，超载严重，服务质量大幅度下降。铁路货运定价过低，结果就导致官员腐败和勾结官员的奸商获得超额利润。比如呼市铁路局原副局长马某某，以其任职的22个月计算，每月平均受贿近600万元，每天近20万元，每小时受贿近万元。① 为什么一个地方铁路局的副局长别人会给他送那么多钱呢?根本原因就是铁路货运定价太低造成，谁拿到货运车皮就可以拿到超额利润，根据一般规律，一个行贿商人行贿1万元，他至少要获得2万元以上超额利润。据此可以推算一个地方铁路局因为计划定价每年把1.5亿元以上收入白送给了贪官和奸商。有些所谓计划价格专家会说，低价可以让人民群众得到好处，但是根据供求定律和价值规律，商品在某个时刻价格由供求价格平衡点决定，市场价格最终由供需平衡点上供方价格决定，根据我们国家情况，最终由公路运输价格决定。所以人民群众享受不到铁路货运低价格的好处。

3. 水路交通管理体制存在问题

我国水路交通运输管理体制与公路存在问题基本上一样，这里就不另行分析了。

4. 航空交通管理体制存在的问题

机场管理和航道管理基本上属于政企一体化，从事客货运的民航公司是一种强管制的政企分开模式。民航总局、地区管理局及其派出机构承担民航行政

① http：//news. xinhuanet. com/legal/2014 - 01/02/c_ 125944524. htm 呼市铁路局原副局长被判死缓：最头痛的事是藏钱 2014 年 01 月 02 日 08：33：54 来源：中国警察网

管理和空中交通管理职责。民航领域客运线路特许经营权审批为寻租提供了机会。中国航空领域腐败基本上都与客运线路经营许可权审批有关系，国家发改委的匡新被抓就是因为插手与客运线路经营许可权审批。①

二、交通运输体制弊端产生的根源

1. 交通运输行业市场化改革不彻底

我国还有很多行业市场化改革不彻底，而交通运输行业属于教育科技、国土资源、能源交通、医疗卫生、金融保险、农业水务等中国市场化改革不彻底行业之一。交通运输部门既是行业监管部门，又是行业内国有运输企业的上级主管部门，就形成了交通部门既是裁判员，又是运动员的局面。这样就在交通运输行业形成了计划市场双轨制，正是计划市场双轨制造成了交通运输行业的腐败和浪费。

2. 计划经济思维根深蒂固

尽管中国改革开放已经推行了30多年，但是一些政府官员的计划经济思维还根深蒂固，面临新事物新情况，只会用计划经济思维解决问题，造成交通运输行业产生了很多新矛盾。

比如面临改革开放之后新出现的城市出租车行业，不知道用市场经济思维想问题，还用计划经济思维控制出租车数量和牌照价格。结果造成出租车行业问题频出，出租车牌照被爆炒，人民群众出行困难，出租车罢工此起彼伏。其实用市场经济思维解决这个问题，出租车开始就可以用出租车牌照年租费方法控制出租车数量。这样出租车牌照优先续约权就没有任何价值了，出租车牌照就不会被爆炒，拿到出租车牌照也就没有暴利了，没有了暴利在发放出租车牌照过程中就不会有腐败了，出租车数量不再受人为控制，就可以根据市场需要任意增加出租车了，既然出租车牌照没有价值了，出租车从业者退出出租车行业也就没有门槛了，也就不存在罢工的问题了。

还比如现在大城市小车牌照限购限行也是一种计划经济思维，这种方法虽然可以起到一点控制车辆增量的作用，但是造成腐败和不公平。北京市交通管

---

① http：//news. qq. com/a/20100706/001499. htm“匡爷”传说：发改委小处长的大权利 2010年07月06日14：37南方报业网－南方人物周刊

理局原局长宋某某就因为在限购摇号中营私舞弊收受贿赂被查。① 限购行为是对后富的人和穷人的歧视，是通过牺牲穷人利益保护了先富的人。限行存在权力歧视，有权势人就可以上到不限行的牌照。如果用市场思维有两种方法可以解决拥堵问题、一是通过提高资源税方式提高汽柴油价格就可以减少人们使用汽车频率，通过提高尾气排放标准就可以减少污染物的排放，二是收取小车牌照使用费，提价、提质和牌照使用费的政策要求对所有人都是公平的。

3. 错误理解交通运输产品和服务的公共产品属性

按照萨缪尔森在《公共支出的纯理论》中的定义，纯粹的公共产品或劳务是这样的产品或劳务，即每个人消费这种物品或劳务不会导致别人对该种产品或劳务的减少。而且公共产品或劳务具有与私人产品或劳务显著不同的三个特征：效用的不可分割性、消费的非竞争性和受益的非排他性。②

目前，交通运输产品和服务都被当作为公共产品，市场机制不能在交通运输行业起决定性作用。而实际上交通行业的各种产品和服务都不属于公共产品。首先铁路完全不具有公共产品属性，其效用可以分割，在铁路上运行车辆是可以分割的，就是每段道路和车站的效用都可以分割；其消费具有竞争性，铁路可以与其他运输方式竞争，普铁和高铁之间可以形成竞争，铁路每条线路之间也可以形成竞争；其受益也有排他性，你受益了，我就不能受益，所以就出现货主竞相给铁路部门分管运力调配的官员送钱的现象。其次空运和水运航道、港口、机场也不具备公共产品的特征。最后，就是被认为搭便车最严重最具有公共产品属性的公路，在现在科技水平下也不具备公共产品特征，一是高速公路可以通过收费解决搭便车行为，二是普通公路也可以利用物联网技术记录道路上通过的车辆计算出养路费。因此，整个交通运输行业都不属于公共产品，完全可以让市场机制起决定性作用。

4. 利益集团阻拦

在现在交通运输体制下面已经形成了一些利益集团，这些利益集团包括行政主管部门、相关企业以及和这些部门企业有着千丝万缕联系的人。比如：社会投资客运牌照的人，现在牌照价格炒成了天价，如果把客运牌照数量放开，

---

① http：//news. cpd. com. cn/n18151/c24863956/content. html 北京市公安局交通管理局原局长宋某某被开除党籍 2014 年 08 月 27 日 19：30 来源：中国警察网 作者：辛闻

② 搜狗百科公共产品理论词条 http：//baike. sogou. com/v7676000. htm

采用价格控制数量的方式，那么客运牌照的优先续约价值将完全消失，那么那些炒卖牌照人将无利可图。因此，在提高整个社会福利的同时，必须保证现有利益集团合法利益也能够得到保障，就是原来制度设计缺陷造成本来不受法律保护的利益也要给予适当补偿，这样才能最大限度减少改革阻力，增加社会总福利。

三、交通运输体制改革方案建议

1. 交通运输部职能转变

交通部也应该转型为一个交通规划审批和交通运输标准质量监督部门，而不是跟现在一样就像是发改委的司局，专门负责下达国家交通投资计划，管理中央拨付给地方的道路建设资金。

2. 铁道交通管理体制改革方案

一是实行路车分离。把原来的我国铁道系统分成若干铁路公司和铁路运输公司。铁路公司以大型火车站为中心，加上周边的小型车站和铁路作为其主要固定资产，站务人员、养路工人和原来部分行管人员作为其主要人力资源，车辆的进站费和养路费就是其主营收入来源，各类广告和其他经营收入为非主营收入来源。铁路运输公司以车辆作为其主要固定资产，机车司机、列车员和原来部分行管人员作为其主要人力资源，货运费和客运费就是其主营收入来源，各类广告和其他经营收入为非主营收入来源。国家就是把各种资源和资产化为投资，再通过税收、资产基本收益、利润分红三种方式增加国库收入。

二是高铁和普铁分家。第一步，高铁和普铁分家，第二步高铁和普铁内部也可以分拆成几个公司。这样高铁和普铁就能形成竞争，高铁和普铁各个线路之间也可以形成竞争，加上本来高铁和航空之间，普铁和公路之间就存在激烈竞争关系。这样就可以打破铁路运输的垄断，让市场机制在铁路建设运输中起到决定性作用。

三是铁路企业自主定价。笔者在《价格政府管制理论创新研究》就指出：政府定价就是一种违背价值规律行为，在市场经济条件下，政府定价就起到一个帮助企业结成价格联盟的作用，严重破坏了市场机制运行。① 因此，铁路企业应该根据市场情况自主定价。

3. 公路水运航道修建养护体制改革方案

一是规范道路修护资金来源。通行车辆对公路破坏存在不确定因素，就导致养护工作好坏不是很好衡量，因此需要构思一种新的衡量车辆通行量方法和收费标准。一条普通村级水泥道路，如果只是小车、摩托车、行人通行，也许只需要正常的养护费用，但是如果有货车和大型客车通行，就会很快损坏，需要重修。一条县级公路，如果只是客车、小型货车通行、小车、摩托车、行人通行，也许只需要正常的养护费用，但是如果有大型货车或者超载货车通行，就会很快损坏，需要重修。针对上述情况，就提出了两种道路维修养护资金来源方案。方案一：一是国家按着里程和道路等级标准按时按期拨付养路费，不需要道路养护部门向上级争取；二是授予道路养护部门超标车辆通行费收取权和货车治超权，超标通行车辆参照高速路正常的收费标准收取通行费，对于超载货车除了收取通行费之外，还根据超载程度收取超载通行费，每条道路通行费和超载通行费由养护部门自定标准，报价格主管部门备案即可。方案二：一是在现有道路上安装监控记录系统，准确记录每条道路通行车辆的类型和数量，从而估算出每条道路发生的养路费。二是对现有道路维修养护经营权进行拍卖招标，以估算出来养路费为基数，根据国家支付养路费与养路费基数比例出价，谁的系数低谁就中标。同时中标企业对超载货运车辆有处罚权，根据超载程度收取的超载通行费，超载通行费由养护部门自定标准，报价格主管部门备案即可。对于新建道路可以向国家申请监控记录系统，国家按照标准比例支付养路费，另外还可以自主收取过路费和超载通行费，收费标准报价格主管部门备案即可。

二是建立权责一致的奖罚机制。针对现行道路和航道的建设与维护中，节约了不归己，浪费了可以浑水摸鱼的情况，要在道路修护部门建立独立核算的企业制度，一个企业管一段路，企业的义务是确保道路完好，畅通无阻，企业的权利是享受国家定期拨付的养路费，收取超标车辆通行费和货车超载通行费。

① 国研网 价格政府管制理论创新研究 任凌云 http://www.drcnet.com.cn/eDRCnet.common.web/DocSummary.aspx? SearchRecordID = 5506680&version = integrated&DocID = 2446420&leafid = 14112&chnid = 3633&querystring = % u4efb% u51cc% u4e91&searchquerystring = % u4efb% u51cc% u4e91&SearchItem = subject

对企业考核就是道路是否完好，畅通无阻，如果不符合要求，就扣下当年养路费，责令改正，拒不改正者，取消企业道路养护资格，对企业花了多少，钱怎么花，都不在考核之列。企业可以自行提高道路修建标准，但是国家只按照原来标准拨付养路费，企业还是按照原来标准收取通行费，因为道路标准提高了，超标超载通行的车辆会更加多，企业收费也会更加多。核定通行车辆超标的办法也很简单，国家在一条道核定道路等级时，就核定每年拨付的养路费和允许通行的车辆，不合条件的就属于超标车辆。

4. 铁路和航空航道修护体制创新方案

铁路和航空航道产权划分是非常清楚，铁路和航空领域完全就是行政管理体制造成的浪费与腐败。因此在铁路和航空航道管理就是建立权责一致的奖罚机制，建立独立核算的企业制度就行了，反正铁道养护部门和航道管理部门很好向车辆和运行飞机收费，只要企业交足了国家税收，其他的收入就归企业自主处理。对他们考察非常简单，就是是否出现安全事故，出了事故，企业责任人就要受到惩罚。

5. 客运市场行政许可制度创新方案

公路客运实行价格控制数量的模式打破垄断，客运班车和城市公交先定下一个线路，确定票价，确定政府每台车辆每年所交费用总额，自然人和法人只要交了费用，遵守合同约定规定和国家法律法规都可以申请车辆客运许可证。城市出租车确定牌照价格后，也不限制数量，利用牌照价格控制数量打破垄断。

在民航领域客运线路只要与机场和民航航道维护部门谈好价格就可以开通一条新的客运线路，同样一条客运线路可以开通不受数量限制的航班，而且机场和航道管理部门不得实行价格歧视。

在铁路行业，铁路运输公司要开通一条客运和货运班车只要与各个铁路公司谈好价格就行了，如果觉得某个线路班车搞不下去了，可以停止运行。铁路公司也可以自己开通客运班线，铁路运输公司也可以收购铁路线路和车站。

第三节　水务管理体制创新研究

国家水利部部长陈雷在《沿着中国特色水利现代化道路奋力推进水利改革发展新跨越》一文中指出了我国水利发展还存在的五大问题。一是防洪抗旱能力不强，二是水资源供需矛盾突出，三是农田水利建设滞后，四是城乡用水效率较低，五是水利管理体制机制不顺。前四大问题指出了我国水利事业的不足之处，第五大问题实际上导致这些不足的体制根源，是水利实现又好又快发展的主要障碍。本文主要是通过创新水利管理体制机制，理顺产权关系达到提高水利资金和水资源利用效率，更好保障人民水利需求。

一、我国水务管理体制的四大弊端

我国水务管理水利部门主要负责防洪抗旱、水资源管理、农田水利、水利行业供水和乡镇供水工作，自来水公司负责城市居民供水事务，卫生局负责饮用水质量管理，电排站管理排水事务，污水处理厂负责污水处理，环保局负责污水排放管理。这种水务管理体制存在四大弊端，并最终导致了防洪抗旱能力不强、水资源供需矛盾突出的问题。

1. 水资源产权所属不清

从法理上讲，水资源是全民所有，具体由水利部门受政府委托履行所有者的权力，征收水资源费。但是由于水资源费的征收标准没有体现市场机制，污水排放管理权属于环保局，导致水资源权属的不清，削弱了水资源质量的保护。水资源费征收没有体现出水质好坏标准，实际上不同质量的水资源的价值是不一样，低质量标准水甚至是负价值。不分水质标准征收水资源费，让水利部门没有管好水资源的积极性，环保局管好污水排放，不能从水资源中得到任何利益，反而可以通过放宽排污企业排放标准，与排放企业搞排污分赃制。

2. 水利建设激励机制逆淘汰

在水利设施建设中存在一种逆淘汰的激励机制，在水利资金使用中，相关部门是浪费中腐败，腐败中浪费，真正节约使用水利资金的部门确实一无所得。我国水利设施的修护管理体制都是采用政企一体化模式，就是一种拿别人钱替别人办事的模式，既不讲效果又不讲节约。因为现行水利的建设与维护中，节约了不归己，浪费了可以浑水摸鱼。比如一个水利工程建设，修建不按标准来，偷工减料，平时也不好好维护，就等着快点烂，好再向上级争取建设资金。这种政企一体化水利设施修护体制，倒霉就是国家和民众，国家多掏钱，民众受灾受难。相反，如果把水利工程建设得很好，维护得很好，你是为国家节约了资金，为老百姓做了好事，但是领导不会喜欢你，因为领导没有好处了，你自己没有好处，只能甘于清贫。

3. 农村水利管理权责不一致

目前投资的和管理的不受益，投资的是省级以上的人民政府，管理的是乡级排灌站，收益的种地的农户。上级投资是山高皇帝远，监管不力，级级雁过拔毛，流失严重，初步估计国家对农村排灌设施的投资有30% ~50%落到实处就是万幸了。特别是在目前种地零负担的情况下，乡排灌站的收入不要从农户手中收，他们的工作根本不需要对农户负责。由于排灌设施的公共性，又导致农户搭便车的思想严重。

4. 水资源价格体系不能体现水资源真实价值

根据共赢经济学理论，水资源应该是全国人民共同所有，每个人都要平等享受水资源，享用水资源多的人就要向其他人支付对价，这种对价就是水资源税。国家把征收的水资源税应该平均分给每一个国家公民。由于水资源有质量的差异，稀缺性的差异，所以水资源税或因为质量不同和稀缺性的不同，有不一样的征收标准。但是我国水资源体系没有这样标准，并且计划经济的政府定价的体制扭曲了水资源的真实价值。

综上所述，在现行水务管理体制框架下，由于涉水管理部门对水资源开发利用目标和利益不尽一致，造成管水源的不管供水和排水，管取水的不管节约用水，管供排水的不管排污和水质，管排污的不管河流纳污。这种体制破坏了水资源的流域性和完整性，违背了水资源的自然循环规律，人为造成水资源紧缺、水环境恶化和水灾害加剧，既不利于资源的节约，又不利于环境的保护。

二、我国水务管理体制创新方案

1. 建立明晰的水资源产权制度

水资源分为地表水、地下水，地表水又分为外河水、水库水（含一些哑河）、雨水、沟渠水。其中地下水和地表水中的外河水、水库水取水实行收费制。沟渠主要用于排积水，所以从沟渠引水可以免费，但是向沟渠排污水却要收费，雨水免费使用。以水域为界划分产权，建立水资源经营公司，规定水资源经营公司权利与义务，再放手让水资源公司依据市场规律从事经营活动。我在这里就以安乡县为范例建立明晰水资源产权制度。

（1）以四个大垸水利委员会为基础，分别建立四个水资源经营公司。安乡县一共有安保、安澧、安造、安昌四个大垸水利委员会，负责安乡防汛抗洪工作。以大垸水利委员会为基础组建的水资源公司，除了负责防汛抗洪工作外，还负责征收水资源税，水资源保护工作，但是管辖范围是地表水按河道划分，地下水以管辖地域划分。河道水域内渔业资源和水力资源属于水资源公司。河道两岸的排污由水资源公司管理，制定排污标准，征收排污费，如果因为水源污染对客户造成损失，要负责赔偿责任。

（2）以排涝和灌溉的电排站为基础，把相应水系沟渠产权划归电排站。电排站向受益农民或企业征收排涝费，享受沟渠两岸的副产品经营权，承担电排站和沟渠维护的责任，向排污企业征收排污费，负责沟渠水源污染对农民及相关企业造成的损失，灌溉用水由电排站向水资源公司购买，再销售给客户。

（3）放开自来水经营，打破自来水供应垄断。不管是城市自来水供应，还是农村自来水供应，任何企业和个人只要是与水资源公司达成了协议，就可以取水从事自来水经营。

2. 建立高效廉洁的水利建设投资体制

一是规范水利建设资金投资，国家按着里程和河堤标准等级按时按期拨付建设养护费，不需要向上级争取，不搞会哭孩子有奶吃。二是建立水利相关企业合法合理创收机制和权责一致的奖罚机制。针对现在水利设施的建设与维护中，节约了不归己，浪费了可以浑水摸鱼的情况。就要在相关企业建立独立核算的企业制度，一个企业只要承担企业自己的责任，就可以自由支配国家拨付资金和各类经营收入。对企业考核就是各类设施是否完好，功能发挥是否正常，如果不符合要求，相应客户有投诉，并查证属实，那么就扣下当年经费，并责令改正，拒不改正者，取消企业经营资格，对企业花了多少，钱怎么花，都不在考核之列。

3. 建立基于市场机制的水资源价格体系

怎么才能通过水资源价格体系体现出水资源质量的差异，稀缺性的差异呢？在这里提出一套基于市场机制水资源价格体系。在全国范围内，把水资源分成了无数个水资源公司管辖，每个公司都自定价格向客户收费，但是如果水质不能达到三级水质就不能向客户收费，并且三级以下水源如果因为自然流动造成客户损失，还要负赔偿责任。水资源公司之间也可以互为客户，但是如果是水的从上游自然流动到下流造成水资源从一个公司到另一个公司不属于销售关系，但是上游造成污染需要向下游赔偿。水资源公司的销售水价的50%就是水资源税，如果水资源公司从其他水资源公司购水的进项水资源税可以抵扣，如果水资源公司经营自来水或者其他经营用水，参考其销售其他自来水公司或其他水经营公司的价格。水资源税由各地汇总后，全部上缴国家财政，国家财政通过二次分配全部平分给所有中国公民。

三、水务新体制的运行机制分析

1. 有利于节约用水

原来体制下水资源基本上免费获得，就是象征性收一点水资源费也是地方水利部门的财富。比如安乡自来水公司一年漏掉的水比销售的水还要多，他们反正是取水不要钱，交一点水资源费也是向客户代收，漏掉水不用付钱。原来农业用水也是免费，都是采用漫灌方式，不节约水资源，又容易造成土壤板结。新机制下，地下水和河流、水库水都要钱，并且谁都可以办水厂，谁都可以自己向水资源公司买水，也就有了竞争。

2. 有利于保护水源

以前污水排放管理由环保局负责，把污水排放标准定高了，减少水源污染，环保局没有任何好处，相反，环保局通过放松污水排放与相关企业搞分赃制。新机制下，一定范围内水资源产权明确到了水资源公司，由水资源公司与企业谈排放标准和排放收费，如果水源被污染不但向客户收不到水费，反而要向客户赔偿。水资源公司既不会无限制控制排放标准，也不会任其排放污水，因为污水排放标准过高，企业就会投资污水处理设备，不交排污费，污水标准过低，水源被污染了，就会影响水费收入。

3. 有利于提高水利系统效率

我国现行水利建设体制是水利部门“用政府的钱，为人民办事”，属于拿别人钱替别人办事的模式。如果相关人员真正节约使用水利资金搞水利建设将一无所得，相反他们在浪费中腐败，腐败中浪费却可以浑水摸鱼。新机制下国家的钱是固定数量按时拨付，不管你超支节约都由自己负责，但是建设和运行效果却受人民群众监督，水费、渔业、发电等收入也是靠自己努力经营，多赚钱才行。新机制不管怎么工作，如果排涝不及时，垮堤破垸，相关部门人员就承担责任，轻者罚款，重则走人进牢房。

4. 有利于水资源跨区域调度

南水北调的西线工程不能很快实施因为产权不清导致利益分配格局发生了变化。新机制下，就不存在利益分配问题导致水源调度不力的问题了，相反四川希望把部分水资源卖到黄河流域，因为现在水自然从四川流到重庆等下游地区是没有收入的。

5. 有利于社会公平正义

一方面水资源税平均分给所有中国公民，使所有中国公民在水资源税享受方面是公正的。另一方面，尽管不同地方水资源丰富程度不同，不同地方公民享受水资源价格不同，水资源丰富的地方水的价格低一些，但是需要支付防洪费用要多一些。对于每一个公民来说，你用的水少，交的水资源税就少，用的水多交的水资源税就多，故也利于节约用水。

第四节　用市场经济思维重构科研体制

新中国60多年来只有一个国内学者获得诺贝尔自然科学奖和诺贝尔经济学奖，科研造假、抄袭论文等现象层出不穷，半数以上科技成果成“展品”，“泡沫”专利和“垃圾”专利横生。科技界之所以出现这样的状况，就是因为中国改革开放30年，而中国科研体制还是由政府主导的计划经济体制。因此，我在此提出用市场经济思维重构我国科研体制，设计一个依靠市场力量实现社会、政府、科研学者三方共赢的科研新体制。

一、现行科研体制的三大弊端

1. 课题制是市场经济中计划经济的变种，是造成学术腐败、压制创新的根源

所谓课题制就是对科研课题的确立、课题的组织管理、经费的核算、课题的验收、课题的监督和检查等各环节全面实施管理的科研管理制度。这个制度出发点是为优化科技资源配置，提高科技经费的使用效益，促进公平竞争，保障国家科技课题招投标活动当事人的合法权益。但实际上违背了市场规律，制造腐败、压制创新、好心办坏事的想当然的体制。

首先，课题制体现的是官员意志不是市场需求。北京大学生命科学学院院长饶毅教授和清华大学生命科学学院院长施一公教授在接受美国科学杂志采访时说：每年针对特定研究领域和项目颁发的申请指南表面上的目的是勾画“国家重大需求”，但是实际上项目的申请指南却常常被具体而狭隘地描述，人们基本上可以毫无悬念地意识到这些“需求”并非国家真正所需，经费预定给谁基

本一目了然。政府官员任命的专家委员会负责编写年度申请指南。因为显而易见的原因，专家委员会的主席们常听从官员们的意见，并与他们合作。所谓“专家意见”不过反映了很小部分官员及其赏识的科学家之间的相互理解。

其次，这种课题制导致相当比率的研究人员花了过多精力拉关系，却没有足够时间参加学术会议、讨论学术问题、做研究或培养学生。① 导致大量研究人员没有时间研究，也就不可能有什么创新研究成果。

最后，就算政府主管科研的官员与专家委员会的专家全部是大公无私的，课题制选定课题也不能反映市场的真正需求，他们对科研未来的发展也只是一面之词。全国政协副主席、中科院院士王志珍指出，目前我国的科技成果转化率大约在25%左右，真正实现产业化的不足5%，与发达国家80%的转化率差距甚远。② 这就是最好的证明，没有人能够先知先觉科研领域所有未来，世界上所有伟大的发明和发现没有一个是事先计划好了的。

为什么这么遭人诟病的课题制却是科技部（包括其他部委）趋之若鹜，争相采用制度呢？

主要是我国的公务员薪酬制度隐含了一个逆淘汰机制造成的。我国薪酬制度都是把公务员当作了不食人间烟火的圣贤，其实公务员也是普通民众，也需要养家糊口，一样有自己的物质追求。在理论上，我们的国家部委都是清水衙门，但是国家部委集中了中国的精英，每一个职位都是成千上万人追逐的对象。为什么？有权力就不是真真正正的清水衙门。尽管按国家规定一个处级干部基本月工资也就2000元，其他福利就算2000元，也就4000元，真是这样的话，一个处级干部在北京几乎不能生存，每个部委除了财政部给予一点工作经费外，也没有什么合法的收入来源，他们没有办法通过合法渠道增加自己的收入。但是他们每年掌握数千万、甚至几个亿待分配的科研经费，课题制是他们最好的选择，每个课题都有几个研究部门争取，这样就有了钱权交易机会。当然钱权交易如果曝光了，就会受到法律严惩，这就是各部委的处长们最郁闷的地方，他们也痛恨这种制度，也渴望有一种通过自身努力提高自己收入的制度，但是身在江湖，身不由己！只能做一个规则的接受者！

---

① 天朝的科研体制，这会彻底丢人丢到国际上去了 http：//www. btsmth. com/show_ snap-shot. php？ en_ name = Juventus&gid = 1323113 楼主 wmlake（四叶三叶草）

② 半数科技成果缘何成“展品”《瞭望新闻周刊》（2010 - 10 - 29）文/《瞭望》新闻周刊记者陈钢 蔡玉高 张舵 孙铁翔

2. 科技部和其他科研主管部门的职能和机构设置还停留在计划经济阶段

科技部在其网站上列举了其主要职能：牵头拟订科技发展规划和方针、政策，起草有关法律法规草案，制定部门规章，并组织实施和监督检查。负责组织制订国家重点基础研究计划、高技术研究发展计划和科技支撑计划，负责统筹协调基础研究、前沿技术研究、重大社会公益性技术研究及关键技术、共性技术研究，牵头组织国民经济与社会发展重要领域的重大关键技术攻关。会同有关部门组织科技重大专项实施中的方案论证、综合平衡、评估验收和制定相关配套政策，对科技重大专项实施中的重大调整提出意见。一目了然，整个就是一个计划经济职能，一点市场经济的痕迹都没有。

科技部内设了办公厅、政策法规司（创新体系建设办公室）、发展计划司、重大专项办公室、科研条件与财务司、基础研究司、高新技术发展及产业化司、农村科技司、社会发展科技司、国际合作司（港澳台办公室）、人事司、机关党委、监察局、离退休干部局等14个司局；直属科学技术部机关服务中心（科学技术部机关服务局）、国家科学技术奖励工作办公室、中国科学技术信息研究所、中国科学技术发展战略研究院、中国科学技术交流中心（中日技术合作事务中心）、中国农村技术开发中心、科学技术部火炬高技术产业开发中心（中国技术市场管理促进中心）、中国生物技术发展中心、中国21世纪议程管理中心、科学技术部高技术研究发展中心（科学技术部基础研究管理中心）、科学技术部信息中心、国家遥感中心、科学技术部科技评估中心、国家科技基础条件平台中心、国家科技风险开发事业中心、科学技术部科技经费监管服务中心、中国国际核聚变能源计划执行中心等17个事业发展中心和研究所。这些内设机构和直属部门除了每个部委都设置的办公厅、人事司、监察局等几个综合部门外其他都是一些分配国家科研经费的计划职能部门。这些计划职能部门不可能把国家科研经费完全有效分配到国家社会经济发展需要的项目。因为没有人是先知先觉的圣贤，所以也没有人知道国家未来社会经济发展需要什么样的科研项目。因此，计划分配科研项目也就不可能科学，负责分配的权力人士往往通过谁会做人，就给谁。有些真真正正搞研究、古板的学者就有可能因为不会请客送礼、拉关系，往往拿不到科研经费。

3. 国家知识产权局政策缺失导致“泡沫”专利和“垃圾”专利横生

中国知识产权研究会副理事长李顺德指出。我国专利核批存在的一个大问题是，大量含有明显“共有知识”的专利申请得到批复。比如，一些专利发明人将公共知识进行篡改和修正后即获得批准，甚至大量恶意申请谋取不当利益。他们以不正当的方式申请大量泡沫专利，跑马圈地，妨碍他人合法申请专利；通过大量泡沫专利的申请授权，以此获取光环，虚假宣传谋取市场份额；恶意提起专利侵权诉讼，利用法律漏洞，打压竞争对手，企图垄断技术市场。这种专利申请模式被讽刺为“买彩票＋敲竹杠”模式。①

为什么这种“买彩票＋敲竹杠”专利模式得以滋生呢？就是因为我国的专利审批部门——国家知识产权局从某种意义上说是谁交的钱多，就保护谁。之所以出现这种结果受限于国家知识产权局机构规模和专业水平，更重要的是受限于专利审批收费模式。有些学者指出三个原因：我国专利审查人才匮乏，专利审查员尤其是发明专利审查员必须懂技术，还要精通法律、外语等，而相应的审查人员培养机制尚未建立。审查综合能力有待提升，全流程审查质量管理体系不够完善，包括质量管理体系、质量反馈机制、审查业务运行控制体系、质量管理信息数据库等需要进一步健全和建立。对专利审查员缺乏完善的监管制度，专利的批复和核准成为权力寻租的工具。② 我认为更重要的是专利审批收费制度存在一个严重的逆淘汰机制，这个逆淘汰机制鼓励了“泡沫”专利和“垃圾”专利申请审批。我国专利申请审批收费制度设计存在严重缺陷。一是收费项目多，复杂，一个专利申请到批准、续年费，有十来种收费。二是收费与部门利益相关，收费越多，国家知识产权局可用经费就越多，导致国家知识产权局的员工存在创收压力。三是减免收费容易形成钱权交易，哪些人可以减免，那些项目可以减免人为操作空间大。

二、基于市场机制创新科研体制方案

1. 改革科研经费分配制度

废除课题制，建立按机构和人员的平均主义分配制度。这种制度就是让把所有科研机构都归口到科技主管部门管理，由科技主管部门长期按着固定比率分配给各个科研机构。建立科研监督检查制度，对于明显虚假、名不副实的科研机构进行清理。明显虚假、名不副实的科研机构的界定：一是没有机构和人

---

① “泡沫”浮生的专利大国 瞭望新闻周刊》（2010－10－29）文/《瞭望》新闻周刊记者王仁贵

② “泡沫”浮生的专利大国 瞭望新闻周刊》（2010－10－29）文/《瞭望》新闻周刊记者王仁贵

员，纯粹套取政府科研经费的机构；二是只有少数行政人员，没有科研人员，不做科研工作，没有科研成果，专门套取科研经费；三是只有少数行政人员，只有兼职科研人员，基本上没有科研成果，套取科研经费为主要职责；四是完整机构，但是其科研人员，大量到外单位兼职，走穴，或停薪留职。对于前三种科研部门给予取缔，没收其获取科研经费资格，对于后一种情况也要根据其实际情况，没收部分科研经费。这些没收的资金50%作为科技主管部门以后新增的工作经费和人员工资福利，另外50%进入科研经费预算与国家预算的每年新增科研经费进入国家科研经费管理账户，作为下年新增的科研经费。新增科研经费50%按原来比例发给原来的科研部门，另外50%用于新建科研机构，新建科研机构的经费没有用完可以累积到明年，但是不得挪用为科研主管部门的工作经费和人员工资福利。对于新建科研机构必须认真规划，如果10年出现新建科研机构出现了明显虚假、名不副实的科研机构的情况，要追究科技主管部门和科研机构当事人的行政和刑事责任，还要十倍追讨被骗经费，科研机构没有能力的，要科技主管部门偿还。

2. 重组科技部与知识产权局

科技部和国家知识产权局合并重组为科学技术知识产权部。除了内设办公厅、国际合作司、人事司、中国科学技术发展战略研究院、机关党委、监察局、离退休干部局、信息中心等综合司局外；其他原来科技部和国家知识产权局的司局都重组为科技经费监管司和若干知识产权认证专业司，包括基础研究司、高新技术发展及产业化司、农村科技司、社会发展科技司、生物技术司、工业专利管理司等。另重组几个直属专业研究所。科技经费监管司负责科研经费的分配，监察局主要负责虚假科研机构审查处理，知识产权认证专业司都是认证登记各研究机构的研究成果和审查相应专业工业专利工作。对于研究机构科研成果只认证登记，不做评级处理。把其他部委的科技管理机构全部归口合并到科学技术知识产权部。

地方政府科技主管部门只设到地市级，内部机构参照中央机构根据自己需要设置。

3. 改革专利审批收费制度

简化专利收费，只设专利申请审查费和专利保护费。专利申请审查费为1000元一件，同一类型可以归为一件，如果专利通过了审查批准，就免受审查费，给予免费登记。如果申请人申请一类专利包含多项内容，有部分不合乎条件，通过审查人修改删除不合乎条件的部分后通过审查，给予登记，但是不减免审查费。专利保护费就是该专利转让、出租或被侵权赔偿时收取相应金额5%的专利保护费。如果因为专利登记机关错误造成专利纠纷损失，专利登记机关要负连带责任。如果申请人专利符合条件，没有通过，申请人可以通过复议、诉讼等方式审查，如果复议或者诉讼成功，专利审查部门不但退还审查费，还要赔偿复议、诉讼造成的损失。专利没有转让、出租或被侵权赔偿时不收取专利保护费。

科研机构成果认证只收认证费，每项1000元，如果通过认证，就减免收费。认证成功的成果只要科研单位同意都以进行免费专利登记。

4. 建立优胜劣汰的薪酬制度

科学技术知识产权部除了国家规定人员工资和工作经费外，还有两个收入来源作为工作人员工资福利和工作经费。一是查处虚假科研机构的没收所得的50%，二是专利审查费、专利保护费和科研成果认证费。一是查处虚假科研机构的没收所得的收入高不高，就看中国假科研单位多不多，如果查出1亿元，以后每年科学技术知识产权部都可以享受这5000万元作为工作经费和工资福利经费，没有查出来，只好自认倒霉。二是专利审查费、专利保护费和科研成果认证费，就看你的水平高不高了，水平高，假专利就会被审掉，还有审查费，真专利也会有市场，还可以收取大量的专利保护费。水平低，假专利横行，天天打官司，还可能赔钱。

三、新科研体制的运行机制分析

1. 最大限度控制虚假科研机构

新体制下，科技主管部门只要抓到一个子虚乌有的科研机构，就可以发一笔小财，这个机构的科研经费就会有一半经费作为科技主管部门的工作和工资福利经费，科研主管部门就会发现一个抓一个，发现两个抓一双。原来虚假科研机构也是科研主管部门的财神爷，虚假科研机构不搞科研，消耗少，科研经费很大一部分可以朝贡给科研主管部门，是搞一种分赃制。这两种体制都有一部分经费给了主管部门，但是这两种体制有本质区别：新机制下，经费所得是科研主管部门积极履行自己责任的奖励，而且还有50%可以用发展祖国科研事业。

2. 有效控制虚假科技研究成果

新体制认定科研成果只考察其创新性，不管其社会意义，科研主管部门只负责登记认证，实现免费专利保护，没有科研经费支持和评奖经费奖励。科研成果对社会贡献的大小都由市场说了算，对社会有用的成果，企业就会给发明研究者支付专利费，科研主管部门也可以获得专利保护费。对于虚假的研究成果，科研主管部门不给认定，反而可以收取鉴定费，让虚假科研成果申报者得不偿失。

3. 最大限度的让科研适应社会需要

新机制下，国家科研经费都用于建设科研机构和培养科研人员，这些经费都只能保障科研机构运转和人员基本工资福利。一个研究机构要获得高收入，就必须把自己的研究成果销售出去，卖给需要的单位或者个人。原来机制下，你只要把研究成果交给主管部门交差就行，出现全国政协副主席、中科院院士王志珍所说的目前我国的科技成果转化率大约在25%左右，真正实现产业化的不足5%，与发达国家80%的转化率差距甚远的情况就不足为奇了。

4. 最大限度的保护真正专利和创新

新体制审掉一个假专利，可以得到审查费，放过一个假专利，就没有审查费，并且就不会有专利保护费，弄得不好，还可能会造成吃专利官司，负上连带责任。原来的体制，不管你的专利合不合格，通过了都会交审查费，进行专利登记了，每年还要交年费，打专利官司的时候，专利登记机构也没有任何责任。“泡沫”专利和“垃圾”专利横生也就是情理之中的事情了。

第十章

高效行政体制改革

第一节 构建高效廉洁的理想政府

建立怎样的政府组织结构才能达到用最少的成本给人们提供满意的公共产品和服务的目的呢？一是政府组织结构中没有提供多余的产品和服务产品部门，二是需要政府提供的公共产品和服务在政府结构中都有部门承担，三是政府组织机构能够高效的提供公共产品和服务。理想政府的组织结构就是要求既没有多余部门，也没有缺少的部门。

一、理想政府职责和组织框架

1. 理想政府职责

共赢经济学理论对政府职责界定如下：一是为企业提供公平竞争的环境，包括反垄断、管制负外部性。二是保障国民平等自由发展权，通过征收高额稀缺资源税建立普惠制社会保障体系保障每一个公民都能享受基本的幼有所教、病有所医、住有所居、老有所养、入土能安等服务。三是保障国家和国民的安全。四是维护公正的社会秩序，就是惩罚违法犯罪。五是自我革新，自我完善。

2. 政府组织结构框架

为企业提供公平竞争的环境和保障国民平等自由发展权主要属于行政部门的职责。保障国家和国民的安全属于军队的职责。维护公正的社会秩序属于司法部门的职责。还需要一个规范这些部门的职责的立法部门。在这里和经济改革结合最紧密就是行政部门改革，下面就如何建立一个理想的国务院组织机构进行研究。

二、国务院组织结构的现状

国务院行政机构根据职能分为国务院办公厅、国务院组成部门、国务院直属机构、国务院办事机构、国务院组成部门管理的国家行政机构和国务院议事协调机构。其中：国务院组成部门包括外交部、国防部、国家发展和改革委员会、教育部、科学技术部、工业和信息化部、国家民族事务委员会、公安部、国家安全部、监察部、民政部、司法部、财政部、人力资源和社会保障部、国土资源部、环境保护部、住房和城乡建设部、交通运输部、水利部、农业部、商务部、文化部、中华人民共和国国家卫生和计划生育委员会、中国人民银行、审计署等 27 个部委。国务院直属机构包括国家税务总局、国家工商行政管理总局、国家质量监督检验检疫总局、国家新闻出版广电总局、国家体育总局、国家安全生产监督管理总局、国家食品药品监督管理总局等 7 个正部级机构和国家统计局、国家林业局、国家知识产权局、国家旅游局、国家宗教事务局、国务院参事室、国务院机关事务管理局等 7 个副部级机构。国务院办事机构包括国务院侨务办公室、国务院港澳事务办公室、国务院法制办公室、国务院研究室等。国务院组成部门管理的国家行政机构包括国家信访局、国家粮食局、国家能源局、国家国防科技工业局、国家烟草专卖局、国家外国专家局、国家公务员局、国家海洋局、国家测绘地理信息局、国家铁路局、中国民用航空局、国家邮政局、国家文物局、国家中医药管理局、国家外汇管理局、国家煤矿安全监察局等。

三、需要重构的国务院行政机构

在国务院行政机构中需要改革重构的机构主要涉及国务院组成部门、国务院直属机构、国务院组成部门管理的国家行政机构等三类。这些机构有的需要撤销合并、有的需要转变职能。

1. 需要撤销合并部门

一是工信部和质检总局可以合并。工信部属于一个典型行业主管部门，是计划经济遗留下来的，同时又管理信息行业标准和产品质量标准。质检总局除了管理一部分行业标准和质量标准外，还负责企业产品质量监督检查。工信部行业企业主管职能可转入国资委，工信部的行业产品生产标准和质量管理的职能要并入质检总局，重组为工业行业标准和产品质量监督部，承担除了食品药品之外商品质量标准和生产工艺标准制定和商品质量检查的职能。工商局、商务部、农业部、林业局等部门质检与标准制定职能并入进来。

二是商务部和工商总局可以合并。商务部从外贸部和内贸部演化而来，除了承担进出口管理的职能外，还承担外贸行业和内贸行业主管部门职能和部分质量监督，对于行业主管部门职能应该取消，质量监督职能应该划入工业行业标准和产品质量监督部。工商总局是计划经济向市场经济转轨的事情成立的企业登记注册管理、市场秩序管理部门和流通领域质量监督部门。商品质量监督职能划入工业行业标准和产品质量监督部和食品药品监督总局。这样商务部和工商总局合并组成新商务部。改革发改委的企业管理职能应该撤销，价格反垄断职能并入商务部组成的新国家反垄断局。

三是监察部和审计总署可以合并。监察部是政府部门和国有企业的违纪违法行为进行监督检查的部门。审计总署主要负责对国家财政收支和法律法规规定属于审计监督范围的财务收支的真实、合法和效益进行审计监督，也是政府部门和国有企业的经济违纪违法行为进行监督的部门，更多是起到发现问题作用。这两个部门合并有利于提高监督效率。

四是农业部、水利部、林业局合并。兼并了原农业部、水利部、林业部的一个生物物种，水利设施，生态环境规划管理的部门，其他职能都取消。要打破过去行业主管部门的利益格局，以市场取代行政管理，组成一个生物环境和水利资源保护部。

五是银监会、保监会、证监会合并。保监会、银监会、证监会属于典型行业主管部门，保监会和银监会应该转型，成为行业监管部门，对企业违法经营行为进行监管，而非提高行业进入门槛，保护垄断。保监会于银监会应该合并，组成金融监管委员会，让银行和保险公司可以相互进入各自领域，打破行业壁垒，增加行业竞争强度。

六是地震局、气象局合并为自然灾害预报局。

2. 需要转变职能的部门

一是在现有国务院组成机构中还存在计划经济遗留下来的行业主管部门。这些部门需要转变职能，要从行业主管部门办成行业监管部门。这些部门包括教育部、科学技术部、工业和信息化部、民政部、住房和城乡建设部、交通运输部、水利部、农业部、商务部、文化部、卫生和计划生育委员会、国家新闻出版广电总局、国家体育总局等部委机构。这些机构主要所属下属企事业单位要脱钩，要成为纯粹行业监管部门，企事业单位管理权限都交到国资委或者直接交到党中央国务院。比如：高校与教育部，三大通讯公司与工信部，都要脱钩，这样就可以避免行业行政垄断。

二是改革开放后新设部门也需要转变职能。证监会要代表广大公众股东，确保上市公司大股东和高管不鲸吞公司资产，损害公众股东利益。国资委要代表国家股东，监督管理国企高管，确保国企高管不鲸吞国有资产，损害国家利益。

三是发改委、财政部、人民银行。发改委、人民银行、财政部是主要宏观调控部门。

四、理想行政组织结构

理想国务院行政机构根据职能可以为企业提供公平竞争的环境，保障国民平等自由发展权，保障国家和国民的安全，维护公正的社会秩序，自我管理革新等几类部门。

1. 为企业提供公平竞争市场环境的部门

管理负外部性、垄断等维护公平竞争市场经济环境的部门，包括科学技术知识产权部、商务部、工业标准和质量监督检查部、环境保护部、生物环境和水利资源保护部、交通运输部、食品药品监督部、中国人民银行。

2. 保障国民平等自由发展权的部门

负责通过征收高额稀缺资源税建立普惠制社会保障体系保障每一个公民都能享受基本的幼有所教、病有所医、住有所居、老有所养、入土能安等服务的部门，包括人力资源和社会保障部、卫生和计划生育委员会、教育部、民政部、国土资源部、住房和城乡建设部。

3. 保障国家和国民的安全的部门

保障国家和国民安全的部门包括外交部、国防部、国家安全部、国家民族事务委员会。

4. 维护公正的社会秩序的部门

司法部、公安部、职能都是惩罚违法犯罪。从广义政府角度讲，还包括法院、检察院。

5. 自我监督管理革新的部门

国务院办公厅、财政部、税务总局、监察和审计部、国家发展和改革委员会。

五、国务院的组织结构新构架

国务院的组织结构新构建为国务院办公厅、国务院组成部门、国务院直属机构、国务院办事机构、国务院组成部门管理的国家行政机构和国务院议事协调机构。其中：国务院组成部门包括外交部、国防部、国家发展和改革委员会、教育文化部、科学技术知识产权部、商务部、工业标准和质量监督检查部、环境保护部、生物环境和水利资源保护部、交通运输部、食品药品监督部、国家民族事务委员会、公安部、监察部、民政部、司法部、财政部、人力资源和社会保障部、国土资源部、住房和城乡建设部、交通运输部、中华人民共和国国家卫生和计划生育委员会、中国人民银行等22个部委。国务院直属机构包括国家税务总局、国家新闻出版广电总局、国家体育总局、国家安全生产监督管理总局、国家旅游局、国家宗教事务局、国务院参事室、国务院机关事务管理局等8个直属机构。国务院办事机构包括国务院侨务办公室、国务院港澳事务办公室、国务院法制办公室、国务院研究室等。国务院组成部门管理的国家行政机构包括国家信访局、国家粮食局、国家能源局、国家国防科技工业局、国家烟草专卖局、国家外国专家局、国家公务员局、国家海洋局、国家测绘地理信息局、国家铁路局、中国民用航空局、国家邮政局、国家文物局、国家中医药管理局、国家外汇管理局、国家煤矿安全监察局等。

第二节 理想政府的职员薪酬体系

我国食品安全事件层出不穷，生产安全事故此起彼伏，生态环境灾难接二连三，贪污腐败屡禁不止，政府机构高度膨胀，中央各部委时有出台的经济政策往往起到相反的效果。表面看来，食品安全事件、生产安全事故、生态环境灾难是政府在质检、安监、环保等外部性管理缺位，贪污腐败是党和政府反腐倡廉不力，政府机构膨胀是政府机构改革的不到位。深入分析，发现这些问题的根源在于现行公务员薪酬制度存在一个逆淘汰机制，这个机制扭曲了官员与社会利益关系，导致官员私利与社会公利背离，官员追求自身利益最大化往往导致社会利益的最小化，而官员追求社会利益最大化也往往导致个人利益最小化。因此，要消除这些弊端，那么就必须设计出官员的私利与社会公利统一的公务员薪酬制度。

一、现行公务员薪酬体系的逆淘汰机制

我国公务员工资包括基本工资、津贴、补贴和奖金。我国公务员薪酬体系存在问题很多，一是合法收入太低，灰色收入太乱。一个办事员的基本月工资最低才625元，国家级的领导工资不到10000元。二是我国公务员工资体系太复杂，分出了近千个等级，就是我这个经济研究爱好者看着头都痛，别说普通人了。三是等级森严，差距过大，工资从625元到10000元，15倍的差距。四是津贴、补贴和奖金没有统一的标准，实行哪个单位钱多就发得多的政策。这个薪酬体系中存在一个逆淘汰的机制。

1. 合法收入低，导致非法收入泛滥

除了耐得住寂寞，守得住清贫，不以物喜不以己悲的少数圣贤官员外，多数官员属于理性的经济人，按着个人利益最大化选择自己行为。公务员合法收入低，但是他们手里都掌握了可以进行钱权交易的公共权力，又没有合法渠道提高自己的薪酬，就有部分掌握公权力的人搞钱权交易，灰色收入就产生了，其他人也就看着钱权交易实际上风险很小也跟着学，结果许多有点公权力可以交易的公务员都或多或少的参与钱权交易。在这种情况下，如果真的把有贪腐行为的官员都抓起来，结果就会搞得没有人做事了，导致多数县市级纪委和检察院的反贪局不能真正反贪，但是需要创收养人和保障工作运转，反而自己也不能保证清廉。如果合法薪酬高些，特别有通过自己的努力可以提高自己合法收入，冒风险搞钱权交易人就会大幅减少。一般私营企业经理搞钱权交易就比较少，因为私营企业有一套让员工可以通过自己努力提高合法收入机制，没有这种机制企业，那么他们钱权交易也就会多一些。

2. 工资体系复杂，容易引发寻租

因为工资体系复杂，可以人为操作的空间大，有些人为了可以拿更高的工资，他们就会收买人事部门人员，弄虚作假，最后国家遭殃。比如找关系提前晋级，事业工资换成行政工资，行政工资换成事业工资等，花样百出。公务员等级森严，工资多少与级别联系紧密，差距巨大，增加跑官买官的原动力。

3. 靠山吃山政策，导致部门积极创收

他们创收手段有三：一是“雁过拔毛”。就是上级利用自己对下级的资金控制，在给下级拨付资金时，克扣部分资金，一般下级单位既要给上级单位纳贡，又要给经办人员贿赂一定的财物。二是“坐地创收”。比如公安部门存在与“黄赌毒黑”中的“黄赌”创收的问题，质监部门存在与违法工厂“创收”问题，城管部门存在与不法商户的“创收”的问题，交警在超载执法中与客运车主“创收”的问题，价格监管部门与违价单位存在“创收”问题，环保局与污染单位存在“创收”问题等。监管部门与监管对象“创收”主要是财政供给制度造成，一般地方政府只保证工资，什么福利、奖金、工作经费实行多劳多得的政策。

二、逆淘汰公务员薪酬制度的危害

1. 逆淘汰公务员薪酬制度导致政府在外部性管制中缺位

由于公务员薪酬的福利奖金部分实行“多劳多得”的政策，导致监管部门与监管对象形成了利益关系。这种利益关系甚至是半公开的，甚至还下达了上缴“罚款”的任务。当然这种利益关系表面上看，监管部门对监管对象违法行为的处罚，但是他们的处罚的目的达不到禁止违法行为的目的，因为要真正禁止违法行为，就要让违法者得不偿失。如果违法所得 100 万元的话，处罚只有 20 万元，是鼓励违法者继续违法。正是这种逆淘汰的公务员薪酬制度导致了监管部门从监管对象获得利益，最终引发了层出不穷的食品安全事件，此起彼伏的生产安全事故，一场场的生态环境灾难。

2. 逆淘汰薪酬制度导致鼓励浪费制造腐败的经济政策出台

我国经济政策都是国家部委经济主管部门制定的，但是经济主管部门权力大，合法收入渠道少。因此，他们在制定经济政策时总是故意预留口子，让潜规则不被追究。逆淘汰经济政策随处可见。比如我国医保政策、社保政策等，都是实行交了钱，政府才给你补贴。结果弄虚一些作假地方劳动部门获益，既能骗取国家资金，并受到表扬，讲诚信地方劳动部门吃亏，既没有上级资金支持，还要受批评。为什么？因为你搞了假投保，国家就会给补贴，而且投保率又高，工作得力，当然得表扬，实事求是的部门，投保率低，又挨批评。

在现行薪酬制度下，主管部门的权利越大，其创收能力就越强，部门工作人员薪酬待遇就越好。因此，主管部门在制定政策方案时，千方百计扩大自己的权利，甚至为了让专家学者拿出让自己满意方案搞利益交易。我觉得这次新医改政策方案就很典型，新医改方案，谁都看得出来问题很多。

3. 逆淘汰的薪酬制度导致政府机构无限膨胀

“收费养人，养人收费”在各地方行政事业单位已经成为常态。《京华时报》2010年10月16日报道，某某区文化局文化市场管理办公室向管辖范围中的网吧收取每年2000元的年检费，还有每年12000元的管理费。老板们称，“管理费”都是以“罚款”的票据收取的。该单位编制本来是8人，可实际注册领工资的人数将近70人。像某某区文化局文化市场管理办公室超编8倍还是个别现象，但是超编50%以上单位确实非常普遍，可以说全国所有行政事业单位超编人员在1000万人以上。如果每人按工资和工作经费3万元计算，那么就多消耗财政收入3000亿元。并且还有好多职位和机构就是虚设的，没有任何价值，比如县级发改部门的重点办、三产办、以工代赈办属于内设副科级单位各有三个编制，但是发改局加起来没有一个人从事这三方面的事情。

由于我国公务员薪酬制度的限制，一个单位收费再多，也不能以福利奖金发给个人。但是领导可以通过超编进人收黑钱，一个县级行政事业单位进一个人，往往花费三万元以上打通关节。一个单位的人员多了，各种领导职位就可以增加。所以每个单位领导都有让机构膨胀冲动。

三、逆淘汰公务员薪酬制度的原因分析

1. 逆淘汰公务员薪酬制度产生的历史渊源

封建等级观念对现代中国社会影响深远。我们的一些决策咨询机构和决策者在设计政策时，习惯性地把国民分成三六九等。以城乡户口为载体的政策性城乡国民待遇差异正在消失，以干部身份为载体的干群国民待遇差异还继续着。而在干部这个群体的内部更加等级森严，我国公务员制度基本上都是比照我国古代封建官僚等级制度把公务员分成了14个等级，每个等级中又分领导职务，非领导职务，实际上就有26等级，每个等级享受工资待遇又分成了10多个到近百个等级，薪酬就分成了几百个等级。

2. 逆淘汰公务员薪酬制度产生的现实基础

西方经济学把所有的人都定义为理性经济人有失偏颇，但是80%以上人都是理性经济人，特别涉及自身利益时，80%人都会选择对自己最有利的行为。这几乎在理论学术界达成了共识。领导干部是社会的精英，社会利益意识会多

一些，可能有30%～40%可以为了社会的利益可以牺牲个人利益的圣贤，也还有60%～70%的人属于理性经济人。就是说我们公务员组成是大多数属于理性经济人，少数属于圣贤，这就是产生逆淘汰公务员薪酬制度的现实基础。但是我国公务员薪酬制度设计却是以大公无私的无产阶级先锋队为前提的，与我国人性的现行基础相矛盾，就导致我们的薪酬机制就隐含了私利与公利背离的激励机制，形成了逆淘汰的薪酬激励机制。

3. 逆淘汰公务员薪酬制度产生的经济因素

一是计划经济遗留的产物。我国机构设置，是从计划经济体制下脱胎而来，尽管三十年来有了很大变化，但是也没有完全改革到位，往往是计划与市场的混合体。存在各种各样履行计划经济职能或过渡性职能的部门，这些部门为了生存，抢着做一些不该做的事情。二是凯恩斯主义经济理论本身存在严重缺陷。凯恩斯主义理论本身就是一个鼓励消费制的经济理论。近十多年来，国家根据凯恩斯主义的经济理论调控经济，制定了一些鼓励消费的政策。导致少数公务员不能名正言顺按效分配，却能在消费中腐败，腐败中消费。为国家和社会创造了100万财富，什么也得不到，如果消费了100万元，就可以收回扣。无论是计划经济理论，还是凯恩斯主义经济理论，都没有科学界定政府与市场的分工边界，政府经常处于该做的不做、不该做的抢着做的状态。目标都出现问题，再怎么完美的绩效考核机制都只能是逆淘汰的绩效考核机制，与之相联系的薪酬制度也只能是逆淘汰的薪酬制度。

四、优胜劣汰的公务员薪酬制度设计

1. 公务员保障性工资设计

公务员保障性工资就是实行相对平均主义原则，分为级别工资和资历工资（加参加工作年限），并且实行整体水平每年增长10%的固定增长机制。公务员薪酬等级只分5个等级，一是国家领导人级，二是省部级，三是司厅级，四是处级，五是科级。国家领导人月薪1.5万元，省部级1.4万元，司厅级5000元，处级4000元，科级3000元。年资就是每工作一年增加工资50元。国家领导人和省部级领导没有绩效工资，所以他们保障性工资比其他公务员高得多。

每月1.4万元确实很少，也许在五星级酒店吃请不了一桌饭，买不到一斤普洱茶，但是国家领导人和省部级领导不是理性经济人，都是圣贤，他们不应该奢侈浪费，何况这也是我国目前普通职工工资10倍了，足以让我们的领导人过上比较富足的生活了。国家领导人和省部级领导不需要金钱激励他们为社会做贡献了，他们需要名垂青史的激励，如果不是这样的圣贤，他们也不配做国家领导人和省部级领导。司厅级以下尽管保障性工资比较低，但是他们有绩效工资，可以通过努力为社会多做贡献来提高自己的收入，他们绩效工资可以数倍于自己的保障性工资。

2. 公务员绩效工资设计

（1）用共赢经济学理论重构政府机构。根据共赢经济学理论，如果一个部门不是履行反垄断、管制负外部性、公性企业（国有或上市企业）治理中的信息不对称和通过征收资源税建立普惠保障体系等四方面的职能，那么这个部门就可以取消；如果政府机构的一项职能不是管理反垄断、管制负外部性、公众性企业（国有或上市企业）治理中的信息不对称和通过征收资源税建立普惠保障体系等四方面内容，那么这项政府职能就可以取消了。在此，就以这个原则来重构政府机构，一是交通运输、水气电热、教育科研、文化传媒、教育科研、医疗卫生、殡葬福利、金融保险等实现严格管办分离，对这些行业的事业单位全部进行企业化改造。二是加强外部性管理部门，环保、质检、安监的力量需要加强，交通运输、水气电热、教育科研、文化传媒、教育科研、医疗卫生、殡葬福利、金融保险等行业的监管也要加强，但是这些监管是市场主体违法行为的监管，而不是像现在直接干预市场主体的经营活动，限制其他资本进入这些行业。三是重组顶层制度设计机构和一些综合服务部门，国家发改委应该定位为一个顶层制度设计机构，而不应该把各个部委搞成发改委的专业司。只有根据共赢经济学理论重新定位了政府职能，重构了政府机构，确保了政府工作内容的正确性，才能建立优胜劣汰的公务员绩效考核机制。

（2）建立优胜劣汰的绩效考核机制。新的绩效考核机制就是要实现公务员私利与公利的统一，达到经济人官员追求个人利益最大化，顺便实现社会利益最大化，圣贤官员在追求社会利益最大化时，顺便实现了个人利益最大化。在重构政府机构之后，就可以建立优胜劣汰的公务员绩效考核机制了。

一是取消部门创收机制，只要有收费职能的各类事业部门，都改组为企业部门，各部门都凭性价比更高服务吸引服务对象，服务对象自由选择服务机构付费消费，国家承担责任就是把财政补贴资金按平均主义原则的直接补贴每个相关受益人，这些部门的绩效考核也由市场决定了，部门提供服务好，成本低，收入就多，效益就好。二是执法监管部门罚款也一律上交到国家财政，与地方政府收入脱钩，地方政府就再不会按创收的多少考核部门绩效了，只实行最简单定量考核，对外部性管理部门只考核其出现事故和投诉的数量，综合服务部门只要考核投诉数量，顶层设计部门考核总的事故和投诉数量。三是对外部性管理部门、顶层制度设计部门、综合服务部门实行工资工作经费用包干制，节约归己，禁止各个部门创收，对创收行为一律参照贪污受贿严惩。

（3）建立机构改革与绩效相结合薪酬制度。

第一，一级政府根据共赢经济学理论设计机构改革总体方案，把所有部门的人员都按需求分配到用共赢经济学理论重构的新政府部门，财政给定每个部门的人员工资总额和工作经费总额。第二，根据绩效考核等次给定了机构工资和工作经费，只拿出工资和工作经费的10%浮动，实行严格的打分制，就是得零分的，也发给90%的工资和工作经费，但是如果达不到规定合格分值，对该部门工作人员就严格考察，必须开除占员工总额10%的不合格工作人员。第三，在机构改革中，在人员安排上实现内部化，创造一种动态弹性人员上岗机制，每个机构都自主根据工作需要确定工作人数，分流方案就是通过调节在岗人员工资福利与分流工作人员工资福利差距控制在岗工作人员人数，如果选择在岗人多了，就提高分流人员待遇，少了就降低分流人员待遇。绩效工资与机构人员多少挂钩，就是一个机构，在职责一定情况下，员工工资总额和工作经费是一定的，机构工作人员越少，每个员工的绩效工资就越高。工作需要安排，单位安排分流人员回来上班不用请示上级主管部门，但是招收新人必须由本级政府统一安排。

五、优胜劣汰薪酬制度的运行机制分析

逆淘汰的公务员薪酬制度导致了层出不穷的食品安全事件，此起彼伏的生产安全事故，接二连三的生态环境灾难，愈演愈烈的贪污腐败，不断膨胀的政府机构，一个又一个引发浪费制造腐败的经济政策。优胜劣汰的公务员薪酬制度如何解决这些问题呢？

1. 有效地消除负外部性监管部门的利益获取机制。原来机制下，对违法行为罚款归地方政府所有，地方政府又给执法部门按比例分成，如果真的没有违法了，执法部门反而无法生存。新机制下，罚款全部上缴中央财政，执法部门没有创收职能和任务，对违法行为打击越严厉，违法行为越少，他们的执法成本就越低。执法效果越好，违法行为越少，政府给予工资和工作经费就越多，执法成本越低，节约经费就越多，员工的福利待遇就越好。食品安全事件、生产安全事故、生态环境灾难等就会遭受严厉打击，从而逐渐消失于公众视野。

2. 从源头有效控制党政官员的腐败行为。原来官员工资待遇分出了几百等，基本工资差别就很大，不同单位更是相差万里，巨大收入差距就加剧了公务员跑官买官的欲望。新制度下，在一个城市官员待遇差别非常小，保障性工资几乎没有差距，绩效工资也是根据自己工作效果来，都没有了创收机制，每个单位之间总收入水平差别很小，具体哪个单位效益会好些主要看你工作效率的高低，你的工作效果，效率高，工资就会高一些，但是也不像以前单位不同收入水平相差万里。官员跑官买官积极性就会大幅度下降，并且真要跑官买官，难度也加大了。比如一个县之内，跑官几乎没有意义，县委书记最多只能管到正科级，正科级与办事员待遇没有差别了，最多就是多搞点事，多花几块钱的办公经费，并且还受几十双眼睛盯着，因为你浪费一分钱，就会少发员工一分工资。如果想跑想买处级干部就要到市里去，就进入一个陌生人世界，会花很多冤枉钱，说不定还会受骗。中央部委的官员合法收入会有显著提高，他们就没有必要在制定政策时故意预留腐败口子，政策设计水平高了，可以大幅度减少“雁过拔毛”式腐败。

3. 建立起来了政府机构自我控制机制。原来政府机构是收费养人，养人收费，合法工资非常少，非法收入无限多。现在，一个机构的员工工资和工作经费总额基本固定，人员越少，工作效率越高，工资收入就越高。原来政府机构希望给自己增加新职能，因为有职能就有收入。现在政府机构希望淘汰自己过时没有用的职能，因为少一个职能就可以少搞一件事，少一份开支，自己就可以多得一分收入。

后　记

无心之作　水到渠成

《富国策》是笔者一部集经济理论、经济行政体制改革研究于一体倾力之作。其共赢经济学理论采撷西方经济学和政治经济学之精华，重构需求规律、价值规律等基本经济规律，解决了“市场还是政府”难题，找到了计划经济和资本主义市场经济危机根源。其中国改革策几乎为中国经济社会发展中的所有难题提供了科学简单可行的政策方案，并构建出一个实现了官员私利与政府公利统一的政府机构体系。《富国策》的创作立足现实，追根寻源，历时 7 年，大致经历了社会热点行业机制研究、提炼理论精华、理论指导实践、追根寻源四个阶段。

一、社会热点行业机制研究

2008 年随着美国金融危机爆发，中国经济社会各种矛盾也集中爆发出来，面临这些经济社会中的热点难点问题，我那“天下兴亡，匹夫有责”责任感就油然而生。全国范围都出现了此起彼伏的出租车罢工罢运潮，我就进行了《和谐共赢的城市出租车管理模式研究》，提出了一种能够实现政府增收、出租车司机减压、管理机构扬眉、民众出行满意的城市出租车管理新模式。城市自来水企业管理水平低下，浪费严重，但是价格上调的消息遍布大江南北，长城内外，骂声一片。我就探索一种水厂与管网分离，打破城市自来水行业垄断，管网公司分级管理的提高责任心的办法，能够达到政府增收、水价合理调整、企业增收、经营者增收、民众满意的效果，写成了《水厂与管网分离——节流增效》。

我国医疗行业民众反映强烈，医患矛盾突出。我又提出一个医院治疗病人的病种包干机制，药品器材价格实现市场调节的能够实现患者、政府、医院、药厂多方和谐共赢的医疗体制，撰写成《和谐共赢的医疗体制研究》。我国在粮食生产流通领域执行调控政策引发的各种问题，我就研究在粮食生产流通领域建立以市场机制为主导，构建一种既能提高粮食生产能力，保障粮食安全，又能提高农民收入，又减轻财政压力的基于市场机制的粮食生产流通体制，撰写成了《遵循市场规律构建和谐粮价》。我国房地产行业价格高企，老百姓买不起房，但是政府的调控政策一个接一个，却收效甚微。我发现房价高企的根本原因就是政府土地供给政策极易造成官商勾结，导致房地产行业寡头垄断问题，因此，我研究出了以土地出让价格控制土地出让数量，解决目前大城市中房地产行业供给寡头垄断的问题，还提出一种通过减少空壳农户增加耕地的政策，从而达到房价下调、政府增收、耕地增加、百姓无忧的效果，完成了《和谐共赢的房价机制研究》。

我国国民收入分配严重不公，收入贫富悬殊，我就收集参考了各种文献和资料100多篇，花费了一个多月时间，完成了《和谐共赢的国民收入分配机制研究》。我随后又撰写了《出口退税该寿终正寝了》。针对我国腐败情况我撰写出来了《和谐共赢的反腐倡廉机制研究》。通过整理我的硕士论文《公办与民办学校并轨研究》完成了《和谐共赢的基础教育体制研究》。我国价格部门在制定政府定价商品和服务价格时基本上都把企业具体成本当成了社会一般成本，违背了价值规律，形成了一个鼓励浪费的政府定价机制。我就提出了在成本监审中引进黑箱理论解决政府科学定价问题，写成了《黑箱理论在成本监审实践中的应用》。看着美国金融危机愈演愈烈，我就探寻金融危机爆发的根源，提出避免金融危机的方法，完成了《和谐共赢的金融体制研究》。

二、提炼理论精华阶段

研究撰写了这些文章后回头一看，发现这些行业尽管存在的问题各种各样，但是造成的问题根源相同，都是由于政府在制定政策时忽视市场经济规律，制定了一个个扭曲市场机制的政策造成的。我就通过了近四百年世界经济发展史的研究，寻求市场调节经济和政府管理经济各自特性，完成《国民经济发展理论研究》和《国民收入分配理论研究》。通过这些研究初步确立了整个研究的核心经济理论成果：不管是美国还是中国和其他国家经济要健康发展，其政府都必须把握“市场调节经济效率高但导致收入分配不公；政府管理经济的效率低、对资源浪费大”的各自特性，遵循“市场机制适用于初次分配领域，但是要求政府做好反垄断、管制外部性、消除信息不对称影响等三件事维护市场机制运行的环境；政府机制适用于二次分配领域，在资金分配方面要实行近乎平均主义的公平，但是在公共产品和服务供给方面又要充分发挥市场机制高效率的特性”的“市场还是政府”原则。

通过对我以往研究成果的归纳分析，发现所有研究都是围绕一个问题进行，即解决“市场还是政府”的这个世界性经济学理论难题。受到李小龙武学思想的启发，我归纳出了“有为而无为，无为即有为”经济哲学思想，撰写了《有为而无为，无为即有为》。经过反复思考和研究，我又对《国民经济发展理论研究》《国民收入分配理论研究》《有为而无为，无为即有为》三篇文章进行了整合，最后研究撰写成了《共赢经济学理论初探》，初步形成了自成一体的共赢经济学理论思想。共赢经济学的核心思想就是市场机制适用于初次分配领域，但是要求政府做好反垄断、管制负外部性、控制可能造成负外部性的信息不对称等三件事维护市场机制运行的环境；政府机制适用于二次分配领域，在资金分配实行近乎平均主义的公平原则，但是在公共产品和服务供给又要充分发挥市场机制高效率的特性。用“有为而无为，无为即有为”的经济哲学思想科学概括了市场与政府的辩证关系。也就是一种个人（或组织）在追求个体利益最大化时达到社会利益最大化，同时个体在追求社会利益最大化时也能够达到个体利益的最大化的经济理论、政策、制度的共赢经济学理论。

在共赢经济学思想指导下，我完成了《共赢经济学市场理论研究》《共赢经济学反垄断理论研究》《共赢经济学价格理论研究》《共赢经济学理论外部性理论研究》《共赢经济学公众企业治理理论研究》《共赢经济学财税理论研究》《共赢经济学行政体制构建理论研究》等文章。形成了一个比较完整的共赢经济学理论体系。

三、理论指导实践阶段

在初步形成核心经济理论后，我反过来又研究了具体行业，在接下来几年时间对中国几乎所有人民群众反映强烈的行业领域都进行了详细研究。从货币政策、财政政策等宏观政策到医疗卫生、住房城建、教育科技、交通能源、节能环保、养老金融、贸易投资、三农户籍、行政体制等具体行业体制机制都进行详细深入研究。完成了《构建公平高效的货币政策体系》《公平高效的财政体制研究》《打造自由平等的市场经济环境》《自由平等的投资体制研究》《自由平等的贸易体制研究》《责权利一致的公众企业治理制度》《让市场实现城乡和谐均衡发展》《自由公平诚信的金融体制研究》《和谐共赢的大宗农产品政策》

《打造资源节约型和环境友好型社会》《系统性能源体制改革方案》《构建普惠制民生社保体系》《构建和谐共赢的养老体制》《构建和谐共赢的教育体制》《构建和谐共赢的医药卫生体制》《构建和谐共赢的住房与城市建设体制》《构建和谐共赢的殡葬体制》《共赢城市垃圾处理新模式》《交通运输管理体制创新》《水务管理体制创新研究》《用市场经济思维重构科研体制》《理想政府的组织结构》《理想政府的职员薪酬体系》等近百篇体制机制改革设计文章。

四、追根寻源炉火纯青

至此，我为共赢经济学建立了初步的理论体系，明确了市场和政府的分工原则，也为中国经济社会发展出现的几乎所有热点难点问题提出了全面系统的改革方案。但是对于为什么要确立这样的原则还没有足够理论支撑，也就是说还处于知其然不知其所以然的阶段。我又决定从最基本经济规律开始研究。首先是对西方经济学的理论基础效用论和政治经济学的理论基础劳动价值论进行深入研究，完成了《统一西方经济学和政治经济学的理论基础——统一效用论和劳动价值论》。并对个人利益最大化的假设、需求定律、价值规律、现代货币流通规律进行了再研究，又完成了《统一效用论和劳动价值论》《个人利益最大化规律》《对需求规律再研究》《重新认识价值规律》《现代货币流通规律》。从而把西方经济学对个人利益最大化的假设上升为了个人利益最大化规律，完善和补充了需求定律，并上升为需求规律，增加了价值规律内涵，重新认识和描述了价值规律。又通过对信用货币本质进行研究，形成具有独特共赢经济学色彩的现代货币流通规律的定义。最终形成了统一西方经济学的效用论和政治经济学的价值论，借鉴西方经济学和马克思的政治经济学，并从微观经济学层面揭示了计划经济行不通和现行市场经济会爆发经济危机的根源的共赢经济学。让我从知其然不知其所以然的阶段进入既知其然又知其所以然的阶段。

任凌云
2016 年 7 月

致　谢

我能够完成《富国策》的创作离不开经济学前辈的启发，老师的指导，同学朋友的帮助，同事家人的支持以及媒体支持和帮助。所以我要感谢所有帮助和支持过我的人。

首先是我的母校——国防科学技术大学和北京物资学院。1993年我进入北京物资学院，母校给我们开设了近60门基础课和专业课，使我奠定了深厚的知识功底。2003年我进入国防科大攻读公共管理硕士（MPA），学校的教授们对我们要求严格，教课一丝不苟，特别是周中朝导师对我尽心尽责的指导，他严谨的治学态度让我受益终生。国防科大的周中朝、王瑞、吴鸣、徐苏红、林丽珠等老师，北京物资学院的魏国辰老师，安乡三中（现安乡五中）的张明月老师，他们给我了直接的指导、帮助和鼓励。

其次是给我灵感的专家学者。《市场还是政府》的作者沃尔夫博士和译者陆俊先生，沃尔夫博士提出的“市场还是政府”的问题让我有了创作的欲望和最初的灵感，陆俊先生给了我学习《市场还是政府》这本好书的机会。吴敬琏先生、天则经济研究所的茅于轼、张曙光、盛洪、北大的张维迎、周其仁等学者，他们潜心研究中国现实经济问题，他们勇于探索，理性思考，启发了我。还有参加中挪经济论坛的李实、周天勇等学者，他们也给了我一些启发。亚当·斯密、马克思、凯恩斯、科斯、庇古等经济大师，是他们奠定了共赢经济学理论的基石。

蓟小玲——我的妻子，我仕途上进步不大，生活上粗心大意，但是她都一直默默地支持我。我的同学王和玉给了我帮助和提出了中肯的意见。我的老领导金德贵和同事熊兴芝、邱荣福、李铁岚、江定跃、龙清安、王志明、丁海燕等时常与我探讨，给我提出了很好的建议和意见。湖南省发改委徐永健、韦敬华、湖南省发展研究中心的唐宇文、彭蔓玲等给我不少鼓励和支持，并建议我向报刊投稿。还有三农问题专家李昌平、陈文胜等专家学者的支持和帮助。

我还要感谢国研网、求是理论网、光明网、中国社会科学网、草根网、中国改革论坛网、共识网、领导决策参考网、精英博客和华声论坛、价值中国、经济学家网、中国权威经济论文库和她们的工作人员。国研网刊发了我 30 多篇文章，国研网的编辑和客服人员张丽娟等的帮助和鼓励提升了我的信心。感谢贾雪、苏敏编辑的厚爱。领导决策参考网采用我 50 多篇文章，多次首页推荐，还将部分文章编入领导决策参考内参。精英博客给了我的文章多次首页推荐的机会，李丹丹编辑的鼓励和鞭策让我非常感激，精英博友张吉泉让我体会到了真诚。华声论坛的版主们给我 60 篇文章加精，价值中国将我 34 篇文章在专栏中推荐，他们激励了我。经济学消息报发表了我 3 篇文章，让我体会到了第一次拿稿费的喜悦。《中国市场》杂志发表了《共赢经济学理论初探》，非常感谢王露编辑支持与厚爱，让我领到了感觉厚厚的 640 元稿费。草根网帮我建立博客，还把我吸纳为草根智库专家委员会委员，还经常把我的博文在头条推荐。感谢中国改革论坛网的编辑胡文娟为我设立个人主页，多次推荐我的文章。

最后，《富国策》能够出版离不开经济日报出版社领导和编辑的支持与帮助，也离不开北京中联学林文化发展中心工作人员的辛勤工作。贾春宝先生和高连奎先生，他们不辞辛劳，帮我写了《富国策》的序言。我感谢所有支持和帮助我的人，他们都是送人玫瑰、手留余香的幕后英雄。

任凌云

2016 年 8 月